CARAVANES DU SEL

HANS RITTER

CARAVANES DU SEL

Traduit de l'allemand
par Thérèse Arminjon

ARTHAUD

Cet ouvrage a été réalisé
par les Editions Atlantis
dans le cadre de l'accord de coédition
qui les lie aux Editions Arthaud.

Edition française

N° d'édition: 1594
ISBN 2-7003-0368-7
Dépôt légal: 4ᵉ trimestre 1981
Composition: Nord Compo, Villeneuve-d'Ascq
Imprimé en Suisse

Mise en pages: Heinz Egli
Photogravure: Fotoincisione Moderna, Bergame
Impression: Vontobel Druck AG, Feldmeilen
Reliure: Buchbinderei Grollimund AG, Reinach

SOMMAIRE

If you are travelling to the North Country far
Where the winds hit heavy on the borderline
Remember me to the one who lives there
For she once was a true love of mine

Bob Dylan

PRÉFACE

Il est caractéristique de la situation actuelle de notre société qu'un livre sur les caravanes de sel au Sahara paraisse au début d'une décennie qui sera marquée par l'ensemble des problèmes posés par un développement technique qui tend de plus en plus, apparemment, à soumettre l'homme plutôt qu'à le servir. On découvre d'autres formes de vie, d'autres civilisations qui ont vis-à-vis de la nature une attitude plus raisonnable. On en vient peu à peu à s'accorder sur le fait que ces sociétés apportent aux problèmes fondamentaux de la vie de l'homme, à l'échelle tant individuelle que collective, de meilleures solutions que n'en ont pu fournir les sociétés industrielles, malgré un niveau économique avancé et un important système de protections sociales. On cherche une alternative à ces formes de vie et l'on espère la trouver dans les civilisations extra-européennes. L'ethnologie, qui a pour objet l'exploration de ces civilisations, exerce un attrait sans cesse grandissant et pourrait bien devenir la science à la mode des années 80. Mais la réalité de cette « vie simple » est fort éloignée de la représentation idyllique que les Occidentaux en mal de civilisation se font de ces formes de vie « simples » et « naturelles », et le livre de Hans Ritter nous le montre bien. La vie de ces caravanes dans le Sahara qu'il nous décrit à la lumière de sa propre expérience est une vie de risques, une lutte quotidienne pour le seul droit d'exister. D'idylle il n'est nullement question, mais bien plutôt de la liberté que l'homme acquiert par le renoncement.

Les grandes caravanes qui assuraient autrefois la jonction entre le monde méditerranéen et les pays du Sud ont été relayées par les transports automobiles. Aussi les caravanes de chameaux sont-elles souvent présentées comme la survivance d'une époque révolue qu'il faut s'attendre à voir disparaître dans un avenir proche. Nombreux sont les voyageurs qui, faute de voir des caravanes sur les grandes routes, croient qu'il n'y en a plus au Sahara. Les parcours des caravanes, tracés en fonction des puits et des pâturages, sont la plupart du temps très éloignés des routes. Hans Ritter nous montre qu'à l'heure même de la conquête spatiale, les caravanes de chameaux ne constituent pas un anachronisme mais qu'elles sont, pour une part importante de la population nomade du Sahara, la trame de leur existence. La vie nomade n'est pas, comme voudraient nous le faire croire maints rapports d'expert, le reliquat d'une forme d'économie depuis longtemps dépassée, mais bien le moyen le plus judicieux dont l'homme dispose, d'un point de vue économique autant qu'écologique, pour tirer parti des gigantesques espaces du plus grand désert du monde.

Ce livre abonde en données ethnographiques relatives à la structure interne des caravanes, aux problèmes d'organisation et aux problèmes humains, aux conflits et aux rythmes saisonniers. On apprend ainsi qu'une caravane de sel représente un système d'accumulation du savoir et des expériences de plusieurs générations, caractérisé par une souplesse et un dynamisme qui le rendent apte à dominer les situations les plus difficiles. C'est un de ces systèmes traditionnels qualifiés à tort d'« encroûtés ». Car de tels systèmes allient au mieux les possibilités économiques et techniques aux données sociales, et garantissent la satisfaction de tous les besoins que la société juge légitimes. On trouve encore de tels systèmes socio-économiques ailleurs que chez les nomades du Sahara, dans les sociétés d'agriculteurs sédentaires d'Afrique. On sait hélas encore peu de chose à leur sujet car elles n'ont pas jusqu'à présent fait l'objet de recherches systématiques. Cela tient probablement à ce que les auteurs des plans de développement considèrent que ces systèmes ne présentent aucun intérêt, qu'ils sont conservateurs et font obstacle aux projets de développement. Car en Afrique le développement ne part pas de la base, il n'est pas le prolongement d'une impulsion déjà amorcée : il passe par la voie institutionnelle. La planification gouvernementale est présentée à la population paysanne comme un ordre contre lequel aucune résistance n'est admise. Il n'est pas laissé à la population concernée la moindre chance de participer à la réalisation des objectifs du plan. Les projets de développement s'abattent sur l'homme comme des coups portés par le destin. Ils perturbent et détruisent le système socio-économique en place, et en temps de crise livrent à la catastrophe ceux auxquels ils s'appliquent. La catastrophe engendrée en Afrique par la sécheresse de la période 1972-1974 dans le Sahel en est un poignant exemple. Nous savons que cette sécheresse n'a pas été un événement unique et qu'il y a eu déjà dans le passé des périodes de sécheresse. Il y en aura d'autres dans l'avenir. Naguère encore les hommes parvenaient par leurs propres moyens à surmonter ces crises. Mais au cours des vingt dernières années, les programmes de développement visant à la sédentarisation des nomades ont eu pour effet une telle réduction de leur mobilité, et par là de la base de leur existence économique, que nombreux ont été ceux à ne plus pouvoir échapper aux zones de sécheresse. La période de sécheresse a tourné à la catastrophe. Les nomades du Sahel se sont alors trouvés à la merci de la charité des pays étrangers. Cette fois-ci, ils ont eu de la chance car il y avait dans le monde occidental un excédent de denrées alimentaires et suffisamment d'argent pour financer une aide. Mais on est pris d'inquiétude à l'idée de ce qui arrivera si la prochaine sécheresse n'est pas compensée par les mêmes excédents.

La mobilité des nomades pose à l'administration un problème délicat car ils ont toujours su se soustraire au contrôle administratif, politique et fiscal. Aussi l'administration coloniale française avait-elle déjà tenté de limiter leurs déplacements. Les gouvernements post-coloniaux, les nouvelles frontières ont continué de freiner cette mobilité. Aujourd'hui, en maints endroits, les nomades ne peuvent plus exister qu'en transgressant constamment à la fois les frontières et les lois. Si l'on ne veut pas que la plus grande partie du Sahara et de ses régions limitrophes reste économiquement stérile et que les nomades soient contraints à demander l'aumône en permanence, il faut maintenir leur mobilité, voire la leur rendre. Non seulement à l'intérieur des différents Etats mais aussi par-delà les frontières arbitraires. La vie nomade doit pouvoir reprendre son rythme, le facteur mobilité et le potentiel économique lié au nomadisme doivent être revalorisés. Pour cela, point n'est besoin de coûteux projets de développement, quelques accords entre Etats et des dispositions administratives suffisent. Hans Ritter montre en prenant l'exemple des caravanes de sel que le nomadisme peut donner de bons résultats. Il montre aussi combien deviennent relatives les valeurs des pays industriels dans les immenses étendues du Sahara, et qu'il est d'autres objectifs humains pour lesquels la vie vaut d'être vécue.

Prof. Dr. P. FUCHS
Institut für Völkerkunde, Göttingen

CARAVANES

La caravane de Chinguetti

Depuis des jours, je traînais à Zouerate, une ville sinistre de baraquements au pied du mont métallifère de Kedia d'Idjil, dans le nord de la Mauritanie. Le désert s'était transformé en un terrain industriel, encore que l'on aperçût dans les environs les tentes de quelques nomades opiniâtres. A l'horizon, par-dessus les toits des baraques de tôle rouillée, leurs chameaux semblaient flotter comme en un mirage dans le nuage de sable des tempêtes de décembre. Ces bêtes, tels des messagers du monde que je cherchais, m'encourageaient à poursuivre mes randonnées et mes investigations sur les nomades et les caravanes de sel. La *sebkha,* lac salé asséché, l'une des plus importantes réserves de sel du Sahara, n'était pas loin. Au Moyen Age on la comparait à Terhazza, cette ville du sel que se disputaient le Maroc et le Mali, et qui approvisionnait en sel toute la courbe du Niger, et on l'appelait « Terhazza el Gharbie », la Terhazza de l'Ouest. Mais aujourd'hui « Idjil » signifie production de fer, industrie : le minerai du Kedia d'Idjil est exploité à ciel ouvert et transporté par voie ferrée jusqu'à la mer, à cinq cents kilomètres, pour être embarqué au port de Cansado. Les installations minières, la ligne de transport et toute la ville de Zouerate ont été construites à la hâte après 1960, une fois établie la rentabilité de l'exploitation, compte tenu de son éloignement de la côte. Il paraissait absurde de penser aux caravanes de sel dans un tel environnement ; toutefois, ayant déjà vu sur certains marchés du Mali du sel gemme de Mauritanie, je gardais encore un petit espoir. Jour après jour, je sillonnais l'espace désordonné des rues et des places où, entre les bâtiments de béton badigeonnés de jaune et les tentes des Maures et des R'gibat, étaient disséminés les baraquements des mineurs.

C'est précisément à ses gisements de sel que la Mauritanie doit de posséder le mont métallifère, car lors du détachement de l'ex-Sahara espagnol, dont la délimitation territoriale opposa la France et l'Espagne en 1900, les Français s'assurèrent les salines. En revanche la fameuse mine de fer (que mentionnait déjà au XIe siècle El-Bekri) était tombée dans l'oubli ; ce n'est que des dizaines d'années plus tard qu'on la redécouvrit et que l'on se pencha sur l'étude de sa rentabilité [1].

Mes rapides marches de reconnaissance et les occasions qu'elles me donnaient d'être invité à des « riz sénégalais », le riz au poisson des Noirs, ou à des thés rituels chez les Maures, me confrontèrent d'emblée aux deux caractéristiques les plus frappantes de la « République islamique » : le partage de la population en deux groupes, les Blancs et les Noirs, et un Islam honoré d'une manière presque ostentatoire, principalement par les Maures à peau claire qui se nomment *Beidani,* les Blancs. Ils descendent de tribus de bergers et de guerriers arabo-berbères, la couche supérieure remonte aux Beni Hassan venus d'Arabie. Parmi les Noirs se trouvent des restes de la population d'origine, les Bafour et les Sarakollé (Soninké), toutefois la plupart descendent d'esclaves ramenés des bassins du Sénégal et du Niger. En outre, quelques groupes de population comme les Peul (Foulbé), les Toucouleur (Tekrour/Foutankobé), les Ouolof et les Nemadi jouent un rôle secondaire.

Je ne connais pas d'autre peuple chez qui la conscience de son identité se dégage avec autant de force que chez les Beidani de la République islamique de Mauritanie (R.I.M.), chez eux et en pays étranger. Opiniâtres et fiers, les Beidani se distinguent de tous les autres, des non musulmans comme des autres groupes islamiques. Ils semblent quelquefois même ignorer ces derniers. *Trab el beidan,* appellent-ils la Mauritanie, « pays des Blancs ». Chaque fois qu'en Afrique occidentale j'ai rencontré des Maures — connus pour faire de grands voyages pour leur négoce — je les ai identifiés au premier coup d'œil : ils sont d'un physique presque stéréotypé, on devine sous les amples boubous blancs ou bleus leur silhouette maigre et austère, des turbans sombres et volumineux surmontent leurs visages barbus et comme taillés à coups de serpe, et on les reconnaît à la façon caractéristique qu'ils ont de s'accroupir en petits groupes pour manger dans le même plat, boire le thé et s'entretenir dans leur âpre dialecte hassania. Comme détachés de ce qui les entoure, ils forment, que ce soit à l'autogare de Bamako ou à l'aéroport de Dakar, un îlot mauresque reconnaissable. En réalité les Beidani n'ont d'homogénéité ni ethnique ni sociale, mais leur image de marque, leur apparence « typiquement mauresque », permet de les identifier au sein des peuples africains voisins. « Rien ne distingue d'une façon tranchante le comportement et les coutumes d'un Maure de ceux d'un autre Maure », écrit Bokar N'Diaye dans *Groupes ethniques au Mali* et les Sarakollé (Soninké), qui vivent au sud de la Mauritanie et au nord du Mali, disent : « *Sourakhé soumbané.* Tous les Maures sont les mêmes [2]. »

A plusieurs reprises, les mouvements d'expansion de l'Islam sont partis du Sahara occidental : la conquête du Maroc et de l'Espagne (avec la fondation de Marrakech en 1062), la destruction de l'ancien royaume du Ghana (1077) par les Almoravides, les « hommes du cloître », sont des exemples historiques de la dynamique religieuse et guerrière de la souche mauresque. Les Maures ont adopté la religion des Arabes, immigrants dans leur pays et plus tard conquérants, et l'ont conservée plus qu'aucun autre peuple ouest-africain.

L'une des questions que l'on m'a posées le plus souvent était de savoir si je croyais à Allah et à Mahomet. Et parfois les plus âgés de mes hôtes tenaient même, avant de me laisser entrer dans leur tente, à me faire réciter le credo islamique, que je répétais après eux mot à mot : « *Ana schèdu la illah il Allah, ana schèdu Mohamed rassul Allah* » — (Je crois en Allah et en son prophète Mahomet). Le mot *nasrani,* Christ, chrétien, était ici bien plus qu'un simple nom propre, il contenait une notion de mépris, de ségrégation, de monition, de péril et d'incantation. Murmuré et crié, il me précédait et me poursuivait encore quand je quittais une tente ou une maison — rappel incessant du fait que je me trouvais vraiment en « République islamique ». Cependant je restais un voyageur : au milieu de gens tiraillés entre le scepticisme qu'inspirait un nasrani et les exigences de l'hospitalité — conflit d'autant plus étrange que la foi de mes hôtes était plus grande —, c'était presque toujours la débordante hospitalité propre aux Maures qui l'emportait. Bien que la politique intérieure de la Mauritanie ne soit pas exempte de rivalités entre Beidani et Mauritaniens noirs, on ne peut faire la sourde oreille au dénigrement et aux railleries dont l'autre groupe est quotidiennement l'objet ; et pourtant, une société de races mélangées s'est bel et bien développée autour d'une religion commune : elle se caractérise par une interdépendance symbiotique et le lien inextricable d'un vécu collectif, doublés paradoxalement de continuelles tentatives séparatistes. Tous les aspects de la vie sont empreints de cette bipolarité ethnique que la confrontation permanente du quotidien institutionnalise, émousse et atténue.

« C'est mon captif ! » C'est par ces mots qu'un frêle gamin qui pouvait avoir sept ans, un petit Maure de Kiffa, me présenta un camarade de classe, brun de peau ; il se moqua de lui jusqu'à ce que le gosse nègre, costaud, lui donne une taloche. Puis le « captif » empoigna son « maître », l'entraîna avec lui et tous deux reprirent en ricanant le chemin du retour de l'école. « Ils n'ont pas la tête, les Maures », tel était en gros le commentaire d'un Noir de Zouerate à qui je faisais part de mes projets sur les caravanes. « Les Maures t'emmènent dans le désert et te laissent mourir de soif », me prévenait-il. De son côté, un Maure me déconseillait de jamais me rendre chez un Noir : « Ils mettent des somnifères dans les plats qu'ils te servent et, la nuit, te font les poches. » C'est ainsi que je recueillis tour à tour des Maures et des Noirs la version déformée de ce qui leur semblait caractériser la vie des autres. Il n'est qu'un point sur lequel ils étaient tous d'accord : « Ici, il n'y a plus de caravanes ! » Mes questions relatives à la caravane de sel, *el bil el melha,* ne provoquaient généralement qu'un haussement d'épaules. Je finissais par croire à peine, moi-même, à la possibilité de jamais rencontrer des caravanes dans cette colonie industrielle et moderne, sortie du sol d'un coup de talon. Peut-être les salines n'étaient-elles plus exploitées non plus, victimes des vastes installations minières de la Miferma (Société des mines de fer de Mauritanie) dont un sourd grondement et des nuages blancs de poussière s'élevant lentement après chaque explosion infligée au flanc du plateau d'un brun rougeâtre trahissaient l'activité. Pourtant, c'est précisément la visite du supermarché qui me mit sur la voie des caravanes, du retour au monde des chameaux défilant sans un bruit à travers les dunes ondulées, des nuits glaciales et des belles journées de silencieuse traversée, depuis ce gisement qui allait devenir la cible du Polisario *(Frente Popular por la Liberacion de Segia el Amra y Rio de Oro),* au monde des tentes de laine sombre, des puits isolés, des troupeaux de chèvres dispersés dans une mer de steppe et des pâtres à l'allure archaïque. Je me prenais à demander machinalement déjà, sans grande conviction, à tous les Maures que je voyais ici également assis sur le pas de leur porte, ce qu'ils savaient de *bil el melha.* L'un d'eux me répondit que ses amis les caravaniers devaient venir le lendemain pour se ravitailler. Je n'avais qu'à me trouver là : « *seba emschi hun* » ; et en effet le lendemain l'homme me présenta à un vieux Maure qui menait prudemment à la ville son blanc chameau. Il hésita puis, après avoir lancé deux fois un « nasrani » d'exclamation sur un ton qui trahissait une attitude doublement sceptique, à la fois les réserves propres au pieux musulman et celles du conducteur de caravane, il se déclara disposé à m'accepter. Je ne me rendis compte de la chance extraordinaire que j'avais eue qu'un peu plus tard, lorsque j'appris des employés des salines que cette caravane était la première de l'année.

C'est aujourd'hui le 2 décembre 1973. Depuis quelques jours je suis en route avec la caravane de sel. Les rayons de soleil se brisent en étincelles bleuâtres sur les bords tranchants et scintillants des barres de sel qui tanguent et crissent tout doucement dans leur lent acheminement à travers les vagues de dunes, balancées au rythme du long pas des chameaux. La sécheresse a incommodé les chameaux d'Achmed, dix-huit seulement lui ont paru d'attaque pour venir à bout du long parcours qui conduit à Nioro, au Mali. Lentement, il donne le mouvement à notre caravane. Comme les autres bêtes paissent dans le Sud, il n'a que son fils aîné Mohamed pour l'aider ; deux hommes peuvent très bien s'occuper des chameaux. Les frères de Mohamed veillent pendant ce temps sur les autres troupeaux. Le reste de la famille campe actuellement dans son village de toile à côté de Chinguetti ; les femmes y prennent soin des chèvres, un petit troupeau d'une cinquantaine de têtes.

Une petite caravane hivernale et solitaire ; en dépit du soleil ardent qui, à midi, coupe la journée d'une pause brève mais intense, le paysage semble né du froid. Un vent sec glacial souffle jour et nuit, les longues chevauchées finissent par engourdir les mains et les pieds immobiles des heures durant. Le vent ôte toute chaleur au pâle soleil voilé de brume. Pourtant il est bien là, le soleil, qui commence par chauffer agréablement, jusqu'à le rougir, le côté de la peau qui n'est pas exposé au vent, tandis que l'autre côté reste encore froid. L'après-midi, à peine me suis-je enfin réchauffé que déjà réapparaissent ces ombres ténébreuses glissant par longues vagues sombres au-dessus de l'étendue noire des plateaux et de la luminosité des dunes, qui rapidement pâlissent : la froidure de la nuit s'annonce, et le désert commence à se décolorer. Nous traversons un jardin fantastique, hostile, figé par le froid, un jardin dans des tons pastel qui semble fait de verre et de glace. Je règle le pas de mon chameau sur le rythme de la caravane à une distance suffisante pour pouvoir contempler la chaîne qu'elle forme, sa lente disparition dans le creux des dunes puis sa réapparition. Le vieux, en quête de la trajectoire la plus favorable, trace souvent de longues courbes. Mon chameau de course me donne le loisir de prendre des raccourcis pour rattraper la caravane. Privilège grisant et fallacieux : mon estimation des distances n'est pas toujours bonne et la caravane disparaît dans la mer de dunes. Alors je lance ma bête à sa poursuite, avant que le harmattan, qui jamais ne cesse de souffler, n'ait balayé les traces, car dans ces étendues de sable parsemées de touffes d'herbe et creusées de profonds sillons, la vue se perd à quelques centaines de mètres dans un brouillard tourbillonnant.

Le soir, enveloppés dans des couvertures, nous nous accroupissons autour du feu, des rochers et des arbustes nous fournissent une maigre protection contre le vent implacable qui couche les flammes et donne une lueur blanche aux malheureux bouts de bois ramassés en chemin. Le vieux prépare le thé et distribue les cacahuètes *gertie* qu'il sort toujours en premier de son sac à provision fermé par un cadenas targui et qui redonnent instantanément des forces en attendant que le repas soit prêt. Le thé et les cacahuètes sont offerts, mais quant au plat chaud, je dois me le préparer moi-même. Je m'en étonne un peu car dans d'autres caravanes la nourriture m'avait toujours été servie d'office, que j'eusse ou non des provisions. Mais à vrai dire je ne me plains pas — du moins pour l'instant — puisque j'ai encore des provisions suffisantes. Leur viande séchée est de mauvaise qualité et si dure qu'il faut des pierres pour la casser avant de la faire bouillir avec le riz. Et encore je parviens à peine à manger ces morceaux, trop filandreux pour mes dents gâtées qui n'en sentent que les nerfs et les tendons. La viande proprement dite avait été depuis longtemps consommée sous forme de rôtis et les bouchers avaient visiblement amalgamé les déchets en ce qu'ils appelaient « viande séchée ».

Brusquement les deux hommes se dirigent vers l'obscurité, Achmed — le vieux et pieux marabout de Chinguetti — et son fils Mohamed Lemin âgé de vingt-cinq ans. Ils clament une à une les sourates de leur prière vespérale tandis que je reste comme abandonné, assis à côté du feu. « Nasrani », disaient-ils tous les jours sur un ton moqueur, presque méprisant, jusqu'au moment où j'ai pu comme eux marcher toute une journée sans recourir à mon chameau. « Te voilà un vrai Beidani à présent », constate Mohamed. Pourtant au début je ne pouvais m'empêcher d'être surpris par le soin avec lequel ils séparaient ostensiblement leurs affaires des miennes : le moindre objet dont je me servais, de la corde avec laquelle j'attachais mon chameau au verre dans lequel je buvais mon thé, était qualifié de nasrani et ainsi sorti de son contexte pratique, déclaré provisoirement corps étranger. Mon chameau lui-même, qui pourtant venait de la caravane, fut désigné du nom de *schamul en nasrani*, le chameau du chrétien, et le vieux sortit de ses bagages un vieux boubou bleu qu'il m'engagea à enfiler pour que mon chameau ne fût pas effarouché à la vue d'un nasrani.

Bien souvent je ne pouvais m'empêcher de penser aux caravanes touareg : je m'y étais senti gai et heureux, la communauté de la caravane m'avait spontanément réservé un accueil chaleureux et généreux. On s'était mutuellement prêté du matériel. En revanche, ici, je butais contre une démarcation bien précise. C'est avec de telles pensées que je suivis, au début, à pied ou à dos de chameau, ce vieil ascète, ténébreux et rigide, qui tous les jours, huit heures durant, marchait comme un automate sur le sable, donnant le pas à ses chameaux, sans autre pause que celles, très courtes, requises par la prière. Le moindre trait de son visage basané et buriné était une évocation de sa vie longue et rude dans l'isolement du désert. Son fils était plus doux et parlait un peu le français. Pourtant je fus long à croire que j'avais réussi à briser un instant le mur invisible qui nous séparait, long à déceler ces réactions impulsives, franches, qui transgressaient le règlement très strict auquel les privations du désert imposent de se plier.

Aujourd'hui les chameaux ont disparu, échappés pendant la nuit, en quête de pâturages. Un silence inhabituel ce matin à l'aube m'en a donné une vague intuition dans mon demi-sommeil. On n'entendait pas blatérer les chameaux ni leurs sabots claquer, ni les caravaniers vaquer à leurs occupations matinales qui, d'habitude, me réveillent. Je me voyais déjà rebroussant chemin à pied, Zouerate n'était encore pas trop loin mais ils allaient bien les retrouver, les chameaux ; je laissais dériver mes pensées. Le vieux n'était plus là lorsque je réussis à m'extraire des diverses enveloppes de mon sac de couchage. Puis Mohamed se mit lui aussi sur les traces des chameaux. Depuis des heures je suis là, seul avec des paquets de barres de sel, les bâts rouges des chameaux, les ustensiles de cuisine empaquetés dans la couverture rayée vert et blanc d'Achmed, les cendres du feu matinal qui se meurt peu à peu — seul parmi les dunes jaune d'or. Emmitouflé dans une couverture je me réchauffe au soleil qui monte lentement. Les nuits semblent maintenant de plus en plus froides. Le vent qui avait pris tout d'abord la forme d'une tempête a bien un peu faibli, mais souffle sans relâche, à tel point qu'il me faut fermer mon sac de couchage jusqu'en haut, y compris le trou prévu pour respirer. Comme il est bon de rester ainsi au chaud !

A l'horizon, comme surgissant des dunes, la muraille bleue du Kedia d'Idjil. Je me prépare un petit déjeuner, du riz sucré et du thé, et contemple les guerba encore toutes rebondies. Je médite une fois de plus sur les premiers jours, le départ subit avec la caravane. Zouerate est à trois jours derrière nous, derrière les lacs salés et les vagues de dunes parsemées de touffes d'herbe ; ils donnent à ce paysage le nom d'*hammami*, une mer infinie de vagues et de collines, petites, toutes petites, qui se sont formées dans le sable autour d'épaisses touffes d'herbes vertes ou brunes selon qu'elles sont vivantes ou desséchées. J'ai toujours devant les yeux l'image du vieux, estropié par une morsure de chameau dont il porte au pied la cicatrice, chaussé de sandales de cuir de l'épaisseur d'une feuille de papier. Dans le vent glacial, dans la brume de sable derrière laquelle on devine le soleil dans un vague halo de lumière, il marche à la tête des bêtes, tirant le premier chameau au bout d'une longue corde, entouré des rubans de poussière blanche et poudreuse que chaque pas soulève des renfoncements et des vallons remplis de sable calcaire. Un vieux derviche, *scheibani*, le sage, se nomme-t-il fièrement. Sans halte, sans manger, inlassablement, il va son chemin, claudiquant, du matin au soir, ne s'offrant pas même une gorgée d'eau. Ses bras sont appuyés sur un bâton qu'il porte en travers des épaules et auquel est attachée la corde tressée par laquelle il tient son chameau. Le soleil décline enfin : le vieux cherche un pâturage, quelques rares touffes d'herbe la plupart du temps, car cette année n'en a pas vu pousser beaucoup. Les paquets de sel sont déchargés précautionneusement, on s'empresse d'allumer un feu, de faire du thé et de distribuer des cacahuètes. D'un geste méticuleux, il ouvre le cadenas de cuivre et déploie le *tasufra*, un sac de cuir peint, vide sur le sable autour du feu des sacs plus petits, la théière, le marteau à casser le sucre, les casseroles et les gamelles. Dos au vent, les mains tendues au-dessus des flammes, il emmagasine de la chaleur puis s'enroule dans une couverture verte et refait son long turban noir. Son visage demeure impassible et grave, recouvert d'une

1
La caravane de sel traverse les dunes de Makteir en Mauritanie.

2-3
Le matin, on charge les chameaux des barres de sel adile *de la* sebkha *d'Idjil en Mauritanie (voir ph. 90).*

4
Le guide de la caravane, Achmed.

5
A la recherche d'un passage dans le labyrinthe des dunes de Makteir. A l'arrière-plan, la masse sombre d'un haut plateau gara *typique de l'Adrar mauritanien.*

6
Formations de sable.

7
La caravane de sel, chemin faisant.

8
Certains jeunes chameaux sont très récalcitrants. Lorsqu'une bête se montre particulièrement sauvage, on lui jette une poignée de sable dans la bouche au moment où elle l'ouvre pour blatérer, puis on la lui ficelle.

9
Ce puits à peine visible consiste en un bidon d'huile découpé, enfoncé dans le sol, et sur lequel on remet le couvercle après utilisation. Mohamed, le fils du guide de la caravane, puise de l'eau avec le seau en cuir delu *; par terre à côté du puits, une de nos guerba, vide (outre en peau de chèvre ; voir également ph. 18). Le chameau porte une selle mauritanienne* rahla *et un sac de cuir décoré* tasufra.

10
Le guide de la caravane, Achmed, occupé à tresser des cordes, l'une des besognes les plus courantes des caravaniers. La malformation visible sur son mollet droit est due à une morsure de chameau.

11
Première collation à la halte du soir : quelques cacahuètes gertie, *dont Achmed a rempli une jatte d'émail pour tous les membres de la caravane.*

12
Chasseur de gazelles dans la vallée de Nudach, dans l'ouest du Hodh, en Mauritanie.

2

3

7

8

9

10

fine pellicule de sable qui n'a épargné que les yeux, souligne ses traits anguleux et trahit l'effort dont il ne parle pas, sauf peut-être en prière. Il y a Allah et le désert, le ciel, le vent, le sel, les chameaux, la chaleur ardente des jours et les nuits glaciales, tel est son univers. Auprès de qui se plaindrait-il ? Allah a voulu cette vie pour lui, il l'accepte donc comme telle. Le pied a poussé tordu et soudé, le gros orteil courbé, raidi et paralysé. Et rien ne l'empêche de marcher, ni son pied tordu ni son orteil paralysé, et la nuit il gèle dans ses couvertures qui laissent passer le vent. Il se blottit derrière une dune, le turban bien serré, les mains engourdies par le froid, et dort jusqu'aux premières lueurs de l'aube. Tôt ou tard, il arrivera à Chinguetti ; à Tidjikdja, Aïoun et Nioro, on vend le sel aux Bambara et aux Malinké qu'il désigne dédaigneusement du mot targui d'*akli*, esclaves. Faisant preuve à l'égard de lui-même d'un humour impitoyable, il dit soudain en riant, montrant le brun sombre de ses bras, qu'il est lui aussi noir comme un akli. Et j'essaye de lui répondre avec mes quelques mots d'arabe et d'hassania que tous les hommes sont fils d'Allah, les esclaves et les chrétiens comme les autres. Mais le vieux rit puis se tait, fixe le feu, se détourne et se prosterne dans le sable pour prier son dieu : « *Ana schèdu la illah il Allah, ana schèdu Mohamed rassul Allah.* »

Comme elles s'écoulent lentement, les heures de réflexion et d'attente dans la solitude forcée ! J'aperçois enfin avec soulagement, dans la pénombre de la soirée qui commence, les ombres du troupeau que l'on ramène. Cette fois-ci, les bêtes sont attachées aux pieds. Épuisés, père et fils prennent place près du feu que j'avais allumé à leur approche. Ils ont passé dans le désert une journée entière sans boire ni manger, ne lâchant pas un seul instant la trace des chameaux. Le lendemain matin, la caravane reprend son cours normal. Nous laissons les hammami, traversons un paysage de rêve composé de dunes plus élevées et luisantes, séparées les unes des autres par des zones noires de plaines empierrées — un lugubre contraste avec la forme arrondie des petites dunes qui émergent de la pierraille. Lorsque je regarde en direction du soleil, je vois des montagnes de sable blanches, à l'éclat blafard, tandis que je perçois en me retournant des couleurs d'une sombre opacité, des jaunes orangés profonds. Et tout au loin se dessine peu à peu l'ombre de l'Asebet d'Hassian, une sombre côte dans la mer de dunes. Traversant des zones de sables mouvants, de mottes de sable dures comme du bois, comprimées par le vent qui leur a donné de drôles de formes, la caravane serpente entre les dunes à travers des vallées où le soleil irradie. En sueur, je marche à côté des bêtes et prends des photos. Le soir, nous atteignons ladite montagne et campons entre des rochers noirs. Des traces de caravane balayées par le vent et comblées de sable mènent à un puits — des pierres plates empilées, des ossements de chameaux, un bidon d'huile coupé en deux pour boire.

La voix de Mohamed me réveille plus tôt que d'habitude, me semble-t-il. Le soleil accroche à l'angle supérieur d'une arête rocheuse, toute en longueur et noire, un premier point lumineux dont le reflet scintille sur les cailloux noirs de la plaine où nous campons. Jetant au loin un regard scrutateur, Mohamed répète dans les bribes de français qu'il possède : « Il y a personne. » Le rayon de soleil grandit très vite sur l'arête dispensatrice d'ombre et éclaire la plaine. Des fleurs blanches ressemblant à des chardons projettent à contre-jour une lueur claire devant les roches noires qui sont encore dans l'ombre. Notre campement, à l'abri du vent, se réchauffe d'un seul coup. Je reconnais à présent une silhouette qui s'approche dans une sorte de balancement, suivie de deux autres qui atteignent le camp. Encore assoupi, je suis moins attentif à ce qui se passe qu'au brusque et violent changement de couleurs : la combinaison de bleus, de blancs éclatants, de noirs violacés des vêtements déployés au vent, des sombres turbans, les visages à moitié voilés. Je vois scintiller le canon d'un fusil, j'aperçois la chair crue et sanguinolente d'une gazelle fraîchement tirée, des gouttes de sang brunes sur les roches noires. Ces hôtes inattendus, qui semblent sortis tout droit d'un désert inanimé, nous offrent — quelle agréable surprise ! — la gazelle. Ce sont des R'gibat. L'un d'eux parle couramment français, il a été dans l'armée, il connaît Nouakchott ; il me montre fièrement ses jumelles. Leurs tentes ne sont pas loin, mais nous n'avons plus le temps d'une visite. On nous laisse la viande pour un prix dérisoire, 200 ugiya, environ 18 francs. Après un dernier verre de thé, les chasseurs prennent congé. Une fois qu'ils sont partis, Mohamed se contente de dire en français : « Ce sont des sauvages. » Nous nous mettons en route avec du retard, marchons jusqu'à la nuit tombée. Une fois franchie la montagne, nous établissons le camp sur un plateau pelé qui lui fait suite. La pleine lune monte lentement dans la pureté du ciel nocturne, d'abord un disque d'or, puis blanche, étincelante, diffusant une lumière froide. Nous nous faisons griller des morceaux de gazelle et cuire dans la cendre, sous un tas de braises, du pain fait de farine et d'eau. Dans un vieux plat émaillé, le riz bouillonne. Comme on se contente de peu ici, pensé-je en retirant du feu, à l'aide de mon couteau, le pain rudimentaire, dont je secoue la poussière avant d'en dévorer un petit morceau brûlant et légèrement carbonisé. Les branches craquent au loin ; les chameaux tirent à eux les rares acacias, mangent le peu de vert qui reste à ces arbres enlisés dans le sable et dépérissant lentement. La sécheresse sévit aussi en Mauritanie. Des pâturages qui depuis très longtemps donnaient du fourrage se dessèchent, les quelques espaces verts qui restent encore sont de plus en plus assoiffés et le vieil Achmed a visiblement du mal à en prendre son parti. Dans des pâturages normaux, les bêtes restent au camp, elles ont de quoi se nourrir, tandis qu'à présent elles parcourent toutes les nuits de grandes distances, se dispersent sur des kilomètres en quête d'un peu d'herbe. « C'est pas normal », dit

Mohamed en français, mais c'est tout. Et c'est ainsi que la recherche des chameaux tous les matins prend chaque fois l'allure d'un événement qui fait palpiter et perdre du temps, et se poursuit jusqu'à ce que la dernière bête soit enfin retrouvée. Mais il faut bien qu'ils mangent, les trajets quotidiens dussent-ils être raccourcis du temps passé à récupérer les animaux égarés. Achmed se refuse à attacher les bêtes. Je crois que ce refus en cache un autre : celui d'admettre la situation nouvelle engendrée par la sécheresse. Il est tout simplement habitué à ce que les chameaux trouvent de quoi se nourrir à proximité du camp et il espère probablement découvrir enfin à nouveau, d'un jour à l'autre, un bon pâturage bien gras. Il n'est plus question, depuis longtemps déjà, d'effectuer en dix jours le parcours Zouerate-Chinguetti, l'estimation a doublé, on parle maintenant de *äschrin enhar,* vingt jours, et au lieu de se rapprocher, notre but initial s'éloigne à nouveau. Aujourd'hui, les chameaux ont encore disparu mais entre-temps je me suis adapté au fatalisme de rigueur et je ne m'impatiente plus chaque fois que l'on marque une pause d'un jour qui n'était pas prévue ; on est si bien ici, le soleil donne une lumière douce et les arbustes épineux auxquels j'ai accroché la toile qui me sert de tente pour me protéger du vent font une agréable pénombre. De surcroît je sais que les tentes des R'gibat ne sont pas loin et que l'on n'est qu'à deux jours du dernier puits. A midi deux femmes viennent se joindre à nous près du feu. Ce sont des R'gibat ; au loin on devine les ombres de quelques tentes. Le vieux est encore à la recherche de ses chameaux, Mohamed s'occupe de nos hôtes. Nous prenons le thé ensemble, elles nous offrent du beurre de chèvre et des pointes de flèches préhistoriques. « Veux-tu une femme ? », demande aussitôt Mohamed. « Ce sont des sauvages, elles ont plusieurs maris. » Puis il s'adresse à nouveau aux femmes, plaisante et rit avec elles, et leur traduit apparemment son « offre ». Tout le monde rit, les femmes me jaugent d'un œil amusé. Mohamed ricane, sa question n'était pas vraiment sérieuse, ils ne voulaient que tester mes réactions — ils se jouent de moi, le nasrani. Pour finir, les visiteuses voilées de sombre sirotent leurs dernières gouttes de thé avant de disparaître dans la lueur vacillante du lointain. Cette fois, Achmed a ramené les chameaux dès l'après-midi. Le lendemain matin, reposés, nouveau départ. Un campement de plus qu'on laisse derrière soi, marqué des trois pierres dans la cendre, sur lesquelles s'appuyait la marmite...

Rien n'arrête la vue, le regard se perd dans les vagues de l'horizon. Mon chameau paît à côté de moi les feuilles d'un arbre. La caravane est bientôt prête, on vient de charger la dixième bête des pains de sel qui font entendre un léger cliquetis, quatre ou cinq de chaque côté, attachés deux par deux avec des cordes, disposés les uns sur les autres à la manière des tuiles d'un toit. Il est temps de penser à ma monture, à boucler les rahla, à fixer par-derrière le grand sac à provisions d'Achmed, les deux guerba, le sac contenant le matériel photographique et les seaux en cuir. A nouveau, il n'y a pas d'eau pour se laver, peu à manger, j'ai tellement faim tout au long du jour que je mange des morceaux de sucre, la seule chose consommable sans cuisson, au petit déjeuner je pense déjà au dîner, je regarde avec horreur mes mains crasseuses et gercées, je redoute les nuits froides. Pourtant, dès que le soleil monte, que la longue procession des animaux chargés se met en marche, que la caravane traverse les lumineux espaces, qu'Achmed pousse d'un air triomphant son *la illah il Allah* dans le matin, tout est oublié, et la crasse et la faim et le froid et l'isolement — c'est une nouvelle journée de caravane qui commence. Nous marchons à nouveau à travers sable et rochers, dunes et plateaux caillouteux, à travers des plaines où le vent crépite, enflammées de soleil, pétrifiées par le froid, et chaque journée de caravane dissipe un peu de mon inquiétude, de mon impatience, m'accoutume à cette vie, m'apporte une paix profonde, malgré le vent, la chaleur et la diminution progressive de mes réserves de riz et donc de ma ration quotidienne.

« Aujourd'hui-même, dit Achmed entre deux gorgées de son thé matinal, nous devrions atteindre ma tente. » Il parlait du camp de sa famille. De plus en plus souvent j'avais relevé dans leurs conversations le mot *kheima,* tente. Le paysage avait changé ces jours derniers, les lumineuses étendues de dunes l'avaient cédé à de mornes plaines caillouteuses d'un brun presque noir et à de sombres barrières montagneuses s'élevant progressivement à l'horizon. La vallée dans laquelle nous arrivions s'étranglait peu à peu du nord au sud, bordée des pentes escarpées de parois rocheuses déchiquetées ; les traces à peine visibles des pistes caravanières des plaines convergent ici en formant de profondes ornières. Après avoir franchi un col signalé par des pierres juxtaposées *(redjem),* nous accédons à un haut plateau délimitant l'oued de Chinguetti. Le col est jonché de grands tas de pierres ; comme l'ont fait avant eux des milliers de guides de caravanes et de nomades, Achmed et Mohamed déposent à leur tour une pierre chacun. H. Lhote écrit à propos de cette coutume pratiquée également par les Touareg et qui est antérieure à l'Islam : « Ils croient certaines pierres hantées et, pour se concilier les esprits, placent à proximité des ex-voto sous forme de cailloux. C'est ainsi qu'au passage de certains cols, de sentiers encaissés ou situés dans des endroits périlleux, on rencontre souvent d'énormes tas de pierres ressemblant à des tumuli...[3] » La sombre pierraille s'étend en vagues plates devant les pas trébuchants des bêtes fatiguées, puis les vallées s'élargissent ; nous avons atteint le rets des innombrables rivières de l'oued de Chinguetti, toutes à sec. Dans la soirée nous croisons la piste d'Ouadane, première trace de civilisation depuis presque un mois, et, peu après, le village de toile d'Achmed. Entre les arbustes et les acacias, on aperçoit les pignons pointus des tentes, brun foncé, les silhouettes sombres des femmes venant à la rencontre de la caravane ; je commence à décharger mon chameau, suspends les guerba à un arbre au milieu du camp et étale ma couverture à quelque distance des tentes. Depuis quelques jours je n'ai rien mangé d'autre que du riz, du riz et de l'eau, je suis affamé, affaibli et j'attends avec impatience le repas prévu. La femme de Mohamed me tend une jatte pleine de riz, les trois verres de thé habituels, mais tout cela m'est servi hors de la tente, et c'est encore une nuit que je vais passer à la belle étoile. Je suis bel et bien un nasrani et ne suis mêlé à la vie des croyants musulmans que dans la mesure où c'est strictement nécessaire. Méfiantes, les femmes d'un certain âge me font réciter les premières lignes du Coran.

Je suis réveillé par un grattement sur mon sac de couchage. Je n'aperçois tout d'abord qu'un plat d'émail rempli de bouillie de mil juste sous mon nez puis, en ouvrant mon sac, je découvre la porteuse de cette jatte. Il s'agit apparemment de mon petit déjeuner car les familles des caravaniers sont déjà assises, elles aussi, à l'entrée de leurs tentes, penchées au-dessus d'un unique plat de mil à même lequel ils mangent tous en se serrant les uns contre les autres. Une petite Négresse d'une dizaine d'années m'observe, debout devant moi, sans un mot, les bras croisés dans le dos, faisant ainsi particulièrement ressortir à travers sa robe râpée une de ces énormes hernies ombilicales si fréquentes en Afrique.

Cette petite fille, esclave d'Achmed, fait partie des « esclaves de tentes », ses parents ou ses arrière-grands-parents ont dû être déportés ici du Sénégal. En dépit de tous les démentis officiels, on trouve encore beaucoup d'esclaves en Mauritanie, toutefois leur niveau de vie diffère, bien souvent, très peu de celui de leurs maîtres. Il n'y a plus aujourd'hui de dispositions légales facilitant l'entretien d'esclaves mais l'alternative laissée à ces derniers est peu séduisante — ils peuvent repartir à zéro en devenant par exemple manœuvres à Nouakchott ou à Zouerate, tout seuls dans un environnement complètement étranger. Par ailleurs un Beidani ne peut plus se permettre une attitude impudemment despotique, si bien que, pour autant que j'aie pu l'observer, l'ancien rapport maître-esclave s'est mué en une sorte de symbiose plus ou moins librement acceptée, un peu comme chez les Touareg. Mais on parle sans ménagement des esclaves comme d'*abid*, c'est-à-dire « captifs ». Il semble que maints Beidani considèrent en toute conscience les Nègres comme des créatures qu'Allah a vouées à leur service une fois pour toutes. Ibn Battuta, lors de sa visite d'Oualata, déplorait déjà le fait que les Noirs, qui pour lui étaient nécessairement des esclaves, s'y comportent comme des maîtres [4]. « N'as-tu donc pas d'esclave ? », m'avait souvent demandé Mohamed en chemin, et il avait du mal à me croire quand je lui répondais qu'en Europe il n'y avait pas de Nègres. « C'est pas normal », se contentait-il de remarquer à sa manière stéréotypée de répondre chaque fois qu'une chose l'étonnait. Mohamed possède une maison à Chinguetti. Sa femme laissa le village de toile pour nous accompagner. La caravane avait maintenant l'allure biblique d'une migration familiale ; dans l'impressionnante chaise à porteurs, une pittoresque armature d'ébène ciselé se balançant sur des coussins de cuir multicolores, trônait la silhouette voilée de bleu de la jeune femme tenant dans ses bras un bébé caché sous des épaisseurs d'étoffes. Elle ouvrait la caravane conduite par Achmed. La nuit, les pieds de la chaise — qui sous la tente, dressés comme une table, servent à entreposer les couvertures et les provisions — étaient recouverts d'une bâche et le tout servait de tente pour la mère et l'enfant.

Le 26 décembre nous atteignîmes enfin Chinguetti, dans la chaleur ardente de midi accumulée à l'abri du vent derrière les dunes scintillantes d'un jaune orangé. Nous affluions lentement, dans la lumière aveuglante réfléchie de tous côtés par les murailles de sable, vers notre première destination, tant attendue. De certains points sombres, lointains, sur le sable se profilaient peu à peu des formes, des contours : les premiers palmiers, des maisons, des hommes. Des huttes arrondies en forme de tonneau, des maisons à pignon recouvertes de torchis, des tentes disséminées au pied de dunes retenues par des haies de palmes, derrière lesquelles se cachaient des jardins, tout comme les oasis du Souf ou du Tidikelt. Quelques-unes de ces brunes silhouettes se hâtent à notre rencontre, des femmes et des enfants, et nous observent à distance. « *El bil, el bil* », crient-elles, « la caravane ! ». Sans s'arrêter, Achmed nous dirige toujours vers la cité, vers les silhouettes dentelées des maisons, sortes de cubes fondus dans le spectre de midi qui leur donne une certaine unité, surplombée par le massif minaret de pierre de la mosquée. Chinguetti est une des villes les plus importantes de la Mauritanie traditionnelle ; septième des villes saintes de l'Islam en même temps que centre religieux, elle a donné son nom au pays : dans le monde arabe la Mauritanie est connue sous le nom de *trab chengit*. L'édification de la mosquée et la fondation réelle de la ville commencèrent au début du XIIIe siècle [5], les travaux auraient duré quarante ans. D'autres implantations ont eu lieu dans cette région (il en reste le nom du village d'Abweir), probablement beaucoup plus anciennes, certaines remonteraient même à la peuplade négroïde des Bafour. La ville voisine d'Ouadane, encore plus ancienne, a des rapports étroits avec Chinguetti ; les deux villes servaient d'escales aux caravanes sur l'un des parcours occidentaux du Maroc au Niger et elles ont, aujourd'hui encore, des intérêts dans le commerce du sel. Ainsi, la famille d'Achmed est de Chinguetti, les ouvriers des salines d'Idjil sont d'Ouadane. Il y a des caravanes de sel qui passent par Ouadane, m'a dit Achmed lorsqu'on put apercevoir pour la première fois le mont caractéristique de Guelb-er-Richat, qui tient lieu de poteau indicateur de cette ville.

En 1870, le chef politique et religieux des tribus du Sahara occidental, Ma el-Ainin, séjourna trois ans à Chinguetti avant de gagner, plus au nord, la région de

Seguia el-Hamra pour laquelle se bat le Polisario et où il fonda, avec l'aide du sultan du Maroc, la ville de Smara, en plein désert, pour servir d'escale aux caravanes et comme centre intellectuel et religieux. C'est de là qu'il dirigea la résistance contre les Français qui s'avançaient depuis le Sénégal et le Maroc ; toutefois, après les grands succès du début, il dut battre en retraite et se retira à Tiznit, au sud du Maroc, où il mourut. En 1913 Smara fut entièrement détruite : quelques ruines ainsi que la « Porte de Smara » d'El-Aaïoun rappellent encore cette ville dans laquelle Ma el-Ainin avait prévu d'ériger la plus grande mosquée du monde islamique. Chinguetti, en revanche, est toujours là, mieux conservée que Tichit et Ouadane ; rien ne saurait mieux témoigner de l'âge de cette ville que sa mosquée : une architecture en dalles de pierre typique du sud de la Mauritanie. On trouve, dans les ruines mises au jour à Koumbi Saleh et Aoudaghost, un type de construction analogue, qui dénote une étroite parenté avec les constructions de l'ancien Ghana, et aussi les niches triangulaires caractéristiques. Les œufs d'autruche scellés sur les créneaux sont un élément magique soudanais, particulièrement frappant, tel qu'on en voit à Djenné ou à Tombouctou.

Chez Mohamed nous trouvons un accueil plus chaleureux qu'au village de toile d'Achmed : des visiteurs sont attroupés dans la cour, on sert une grande jatte émaillée pleine de riz et, pour la première fois, on me fait manger dans le plat commun. Dans une petite annexe de cuisine située dans la cour, l'esclave s'affaire, casse à l'aide d'une pierre la fameuse viande séchée puis fait passer une cuvette et un pichet d'eau pour qu'on se lave les mains. L'atmosphère est très gaie, Achmed lui-même, généralement si grave, parle et rit de bon cœur, avec un entrain inhabituel. Tout nouvel arrivant s'entend raconter l'inévitable histoire du nasrani qui était apparu à Zouerate et qui voulait à tout prix se joindre à eux. Mohamed, quant à lui, avait gardé le souvenir d'un petit épisode du début de la caravane, qu'il ne manquait jamais de conter de son mieux : tous les jours, l'exclamation d'Achmed *leila hun* — (c'est) ici (que nous passerons) la nuit — signifiait pour moi le salut, le « halte ! » officiel. Je reconnaissais généralement le moment béni où allait prendre fin son infatigable marche aux regards qu'il commençait à jeter dans toutes les directions, à son examen attentif du sol et des touffes d'herbe, maigre pâturage pour ses chameaux. Un soir, comme nous semblions en être arrivés à ce stade, je me risquai à me mettre, comme Achmed, la main au-dessus des yeux pour scruter l'horizon et à crier *leila hun.* Est-ce la manière amusante avec laquelle je m'étais hissé dans la sphère de son autorité ou bien le fait que mon geste, visiblement, avait de justesse devancé le sien, toujours est-il qu'ils en riaient encore quand nous établîmes effectivement le camp à cet endroit et que *leila hun* passa désormais dans le langage courant de nos longs parcours, accompagné d'un regard en coin dans ma direction et d'un geste scrutateur.

13
Grande tente de femmes : à l'intérieur, un lit démontable en bois (Aïoun El Atrouss, Mauritanie).

14
Accueil dans le petit village d'Aouj près de Kiffa dans la région d'Assaba. La théière elbered *est aujourd'hui indispensable à chaque foyer mauritanien. Toutefois l'usage du thé vert, prétendument typique aujourd'hui et qui est un thé de Chine, ne s'est répandu qu'au siècle dernier avec la migration vers le sud des Uled bou Sba du Maroc ; la forme de la théière est, d'après Monod, une copie fidèle de la théière anglaise du début du XVIII*e *siècle.*

15
Femme hartani de Tamchakett, Mauritanie, concassant le grain dans une de ces meules en pierre archaïques dont se servent couramment aujourd'hui les nomades du Maroc et du Sahara occidental. Les Touareg en revanche, pour la même opération, utilisent généralement un broyeur en pierre préhistorique (voir ph. 41).

16
Une femme hartani avec ses enfants et une petite beidani concassent le mil (Aïoun El Atrouss, Mauritanie).

17
Myriam, la femme du caravanier Mohamed, dans son village de toile près de Chinguetti.

18
Le nouveau puits de béton de Tegdaoust, non loin d'Aoudaghost (dans l'ouest du Hodh, Mauritanie).

19
Au puits de Sorba, près de Koumbi Saleh.

20
Le guide Achmed aide sa belle-fille Myriam à grimper sur le chameau pilote de la caravane. Un châssis en bois, qui sert en fait à ranger les nattes sous la tente, tient lieu ici de chaise à porteurs. Il repose sur une selle en bois elle aussi et s'appuie des deux côtés sur de grands coussins de cuir tisiaten. Le jerrycan en plastique accroché au chargement contient une réserve de beurre liquide. Par terre, au premier plan, un accoudoir et, invisible dans son ballot de tissu bleu, le bébé de Myriam.

21
*Le minaret de la mosquée de Chinguetti, édifié au début du XIII*e *siècle. Construction de style berbère, comparable aux casbahs marocaines (tour conique de plan carré, quatre tourelles d'angle échelonnées, décorations géométriques en fenestration). C'est un exemple du style berbère de l'architecture mauritanienne, par opposition aux édifices plutôt « soudanais » de villes telles que Oualata, Nema et Tombouctou (voir ph. 109 et 126).*

16

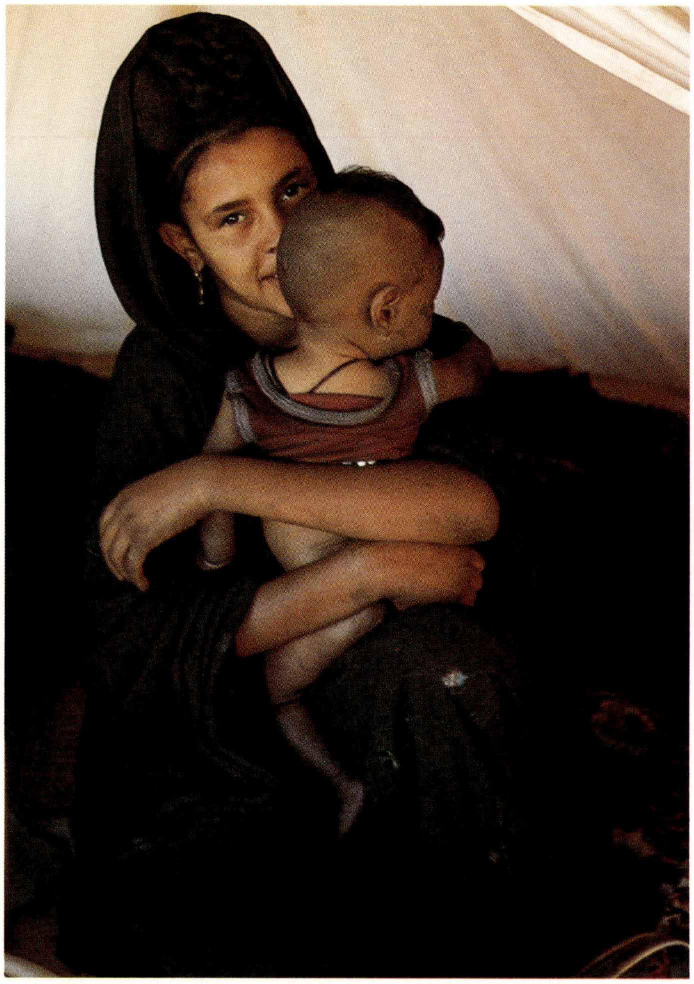

17

19

20

Tarhalamt, la caravane de sel des Touareg

« Idrissa, criai-je dans l'obscurité, où sont les Kel Gress ? » On n'entendait que le grattement du pas des chameaux. « Nous n'avons plus d'eau, attends ! » Mais il continuait sans un mot. Pourquoi ne s'arrêtait-il pas pour attendre la suite de la caravane qu'il avait délibérément semée à son rythme effréné ? La brusque irruption de la nuit nous avait coupés des autres ; de la majeure partie de la cohorte, on ne voyait ni n'entendait plus rien — peut-être s'étaient-ils déjà arrêtés pour la nuit ? Je descendis de selle, inquiet, pour m'entretenir avec Idrissa. Le sable doux me renvoya les dernières bouffées d'air chaud, dans la froideur nocturne succédant à une journée ardente et radieuse, et je longeai en sueur les ombres grises de nos bêtes acharnées à la marche, reniflantes, pour remonter jusqu'à la tête de notre chaîne composée de onze chameaux. D'une voix perçante, comme absente, Idrissa lança seulement : « Je ne veux pas perdre de chameaux, on continue — *tekele ghas !* » L'indifférence cassante de sa voix me fit peur, elle trahissait un sentiment d'insécurité surmonté à grand-peine, associé à la résolution panique et opiniâtre de courir le risque absurde de perdre le reste de la caravane. C'était sa première caravane, il lui incombait par-dessus le marché, fait imprévu, de la mener seul jusqu'au bout dans un rapport de rivalité croissante avec les Touareg Kel Gress, caravaniers confirmés, mais qui disposaient de mauvais vieux chameaux. C'en était trop pour le jeune Idrissa qui n'avait que dix-neuf ans, il semblait à bout de nerfs et de forces.

La jonction avec les Kel Gress s'était faite par la force des choses, à Fachi, car il n'y avait pas de quoi nourrir les chameaux jusqu'à Bilma. Il se sépara donc de Moha, son futur beau-père, et de ceux qui l'accompagnaient, acheta son sel à Fachi. Pour moi aussi, Fachi était une étape inattendue. En raison des affrontements éclatés au Tchad, la gendarmerie, en l'occurrence un aimable Targui Sidi muté pour raisons disciplinaires, exigea mon retour immédiat à Agadez. Il savait bien que je n'étais pas un espion, mais les ordres émanaient du préfet. C'est ainsi qu'avec Idrissa je m'étais joint aux Kel Gress de retour de Bilma : une communauté provisoire pour la traversée du Ténéré et pour attraper, maîtriser et bâter les bêtes. Au fond il méprisait ces Touareg du Sud, mélangés de Haoussa, bruns de peau. « Le chef *madugu* est un esclave parvenu », dit-il. « As-tu vu ses chameaux ? Ils marchent à l'allure de l'âne. Les Kel Gress n'entendent rien aux chameaux ! » Jusque-là, Idrissa ralentissait ses bêtes, un peu plus rapides que celles des autres, ou bien il les attendait à la tombée du jour s'il les avait devancés, car en fin de compte il ne pouvait se passer d'eux. Mais depuis peu il essayait en même temps de me faire participer de plus en plus, comme auxiliaire de remplacement ; il s'était toujours montré bienveillant et libéral à mon égard, à l'aller déjà, tandis que je faisais encore partie de la suite de Moha, il était donc naturel pour moi de l'aider. Cependant la perspective de mener seul avec lui la caravane jusqu'au bout, simplement pour montrer aux Kel Gress qu'il était capable de se débrouiller seul, ne me réjouissait pas outre mesure. Les Touareg eux-mêmes se mettent généralement à trois pour hisser sur les chameaux les ballots de sel qui pèsent une centaine de kilos. Mais nous n'avions pratiquement plus d'eau et c'était déterminant. Patiemment, je fis une nouvelle tentative : « Le chef *madugu* ne sait pas où nous sommes, dis-je, ils n'ont pas le temps de nous chercher ! » « Je connais le chemin. » « Une tempête peut venir et nous n'avons plus d'eau. » « Il n'y a pas de tempête pour l'instant. » « Mais, Idrissa, nous ne pouvons pas bâter les chameaux tout seuls ! » Même lorsqu'un chameau s'écroula et jeta bas sa charge, il ne s'arrêta pas. Il le releva promptement, abandonna sur le sol le précieux sel, y compris les sacs empaquetés et le bât. « Les hommes, cria-t-il en colère, ne sont pas Dieu. Quand ça ne va plus, le sel peut rester dans le sable, la caravane est finie. Je prends alors mes chameaux et m'en vais loin ! »

L'écheveau des traces de la piste caravanière se ramifiait ici sur plusieurs kilomètres, dans la partie avancée du massif de l'Aïr — dans le vent de sable persistant, les Kel Gress nous rateraient demain, dussent-ils passer sur une piste éloignée d'à peine quelques centaines de mètres de la nôtre. Et moi, l'Européen angoissé, je pensais à l'épuisement de nos réserves d'eau et à la distance peut-être grande qui nous séparait du prochain puits. Je me rappelais encore ce jour où, alors que nous circulions en camion dans cette région, une caravane targui venant de Bilma nous arrêta : à peine virent-ils le camion qu'ils plantèrent là leurs chameaux, accoururent vers nous et, presque morts de soif, nous demandèrent de l'eau. Précisément, le pas cadencé des chameaux faisait maintenant tinter l'eau si fort dans la guerba que je savais qu'elle était presque vide. Il n'y avait plus qu'une quantité d'eau infime, ridicule, résonant d'un bruit sec et caverneux. Le puits de « l'Ex-Arbre », *tafagak,* l'arbre mort du Ténéré, était à trois bons jours torrides derrière nous. Les guerba bien pleines, glissantes, rebondies, que nous avions alors hissées sur les chameaux s'étaient rapidement ratatinées, pendillaient frêles, comme un minable tas de cuir sur les ballots de sel. Idrissa cependant continuait sa chevauchée dans les ténèbres d'une nuit sans lune, en tête de ses chameaux que des cailloux au sable mêlés faisaient trébucher de plus en plus souvent et vers qui allaient toutes ses pensées. Que me restait-il à faire sinon à poursuivre moi aussi, à attendre qu'il recouvrât son calme ? L'histoire que Sidi m'avait racontée à Fachi me paraissait à présent presque prophétique : « Connais-tu *iaro,* l'accouchement ? », me demanda-t-il un soir. « C'est ce que nous faisons quand l'un d'entre nous se met à délirer dans le désert : nous construisons la nuit, avec des pierres, une petite tombe et la lui montrons le matin ; regarde, tu es maintenant une femme, tu as accouché. Mais l'enfant est mort, et ça c'est sa tombe. Avec un peu de chance, il est alors délivré des esprits. » Hier nous avons atteint l'Adrar Amzager, la « montagne » qui borde le Ténéré. Première falaise sur le rivage de la mer de sable : un cône rocheux noir, récif dansant dans la brume de chaleur au milieu d'une pente caillouteuse, éboulis d'éclats de basalte semblables à de l'anthracite, sombre îlot dans une mer de sable issue de roches décomposées. Les Touareg l'appellent simplement *kadewan,* le rocher. Il marque les étapes les plus dures. Seul le couteau *asegis ghas* — le coup de grâce — attend les chameaux qui n'achèvent pas le parcours, m'avait déjà raconté Idrissa à l'aller. Ici, on n'a pas le temps de traîner des bêtes épuisées. On ne vient à bout de ce désert qu'en fuyant ! A perte de vue, de tous les côtés, le *hammada,* désert de pierre crevassé, brûlant labyrinthe, sinistre paysage lunaire aux collines piquées de roches effritées, de rigoles qui se perdent dans des sables mouvants. Fraisées à travers la surface obscure jusqu'au fond clair, les lignes serpentantes des voies frayées par les caravanes luisent d'une blancheur éclatante. Écheveau creusé dans le sol, imprimé de millions de pattes de chameaux, ourlé de squelettes de chameaux, de tombes et de monticules de pierres — une piste caravanière extorquée au désert, vieille comme le monde, à travers un pays mort depuis longtemps : *tarreit wan tarhalamt,* la piste de la caravane de sel.

A la manière d'un robot, la lente chaîne de chameaux semble glisser vers son but. La bouillie de mil froide, *agheshira,* qu'Idrissa nous distribue deux fois par jour, n'est plus qu'un souvenir nostalgique, ma gamelle tangue brûlante et vide sur un ballot de sel, quant à ma cuiller, je l'ai coincée sous une sangle de mon bât, à portée de la main, pour la prochaine ration, celle de l'après-midi. La chaleur de midi dure de 10 h à 16 h ; les heures s'écoulent avec une lenteur désespérante, seconde par seconde, selon la monotone cadence du pas des chameaux. Les conversations se sont taries depuis longtemps, seul nous relie d'un bout à l'autre des rangs de chameaux ouverts en éventail le chant de la guitare d'Haruna, brefs intervalles proposés comme un défi à la chaleur et à la fatigue. Le reste du temps, l'infini d'un silence compact dans lequel le crissement des harnais, des ballots de sel, le bourdonnement des essaims de mouches, le glouglou clapotant de l'eau dans ma guerba donnent l'impression irréelle d'un grand bruit. A tout moment je tends la main vers ma gourde pour boire, d'abord avec volupté, l'eau encore fraîche du matin, puis avidement les dernières gouttes, tout à fait chaudes. De jour en jour je dois la remplir un peu plus souvent, nous sommes à la mi-mars, les jours se réchauffent. Tous se sont mis des couvertures et des étoffes sur la tête ; à moitié endormis, nous nous dandinons, blindés contre la chaleur, la poussière et les mouches, vers le lointain profil montagneux. Sur chacun des dômes la même lumière aveuglante : du sable blanc au milieu d'éboulis noirs jeté en une couche vaporeuse et frémissante entre le brasier céleste et la fournaise terrestre, voilé par un fin ruban de poussière.

Le bruit mat d'un choc me fait sursauter, un des chameaux des Kel Gress s'est effondré à côté de moi. La chaîne de chameaux s'immobilise. El-Hadj Isa, le propriétaire, revient déjà sur ses pas en courant, suivi de son aide Haruna. Quelques tapes, coups de pied, vains tiraillements sur le mors. La bête épuisée fait des contorsions et blatère plaintivement. Cette fois, le moment est venu : *asegis ghas.* Le couteau ! Les ombres de la caravane poursuivant sa route sans s'arrêter s'amenuisent rapidement. Haruna saisit l'animal au mors, Isa enfonce le poignard sous le sternum, dans l'artère. Privée de ses forces, la puissante bête endure le coup et, toute tremblante, commence à chanceler puis bascule lentement, telle une épave, dans la mer de sang qui s'écoule de son flanc. Ce n'est qu'une bête, pourtant cette mort exerce une atroce fascination. Comme il est prompt à admettre sa victime, le désert, à l'aspirer en lui ! Déjà le sang s'encroûte dans le sable formant une tache brunâtre, un voile de sable chaud recouvre l'animal à peine mort et commence à le dessécher ; corrodé par la chaleur et le vent, il sera bientôt momifié, dur comme du bois, un squelette de plus au bord de la piste. Il ne reste plus assez de temps pour égorger la bête. Isa ne lui ôte pas même le mors. C'est une vraie course de fond pour rattraper la caravane. Dans la soirée un deuxième chameau s'écroulera, on le tuera de la même façon. Bien qu'il ne s'agît jamais que d'animaux des Kel Gress, Idrissa n'avait plus qu'une pensée : sauver ses bêtes à lui, continuer la route, en finir avec ce sinistre désert de pierraille.

A chaque fois, il y avait eu des incidents, ici l'épuisement du retour se manifestait chez les hommes et chez les animaux. C'est ici qu'en 1970 mon ami Helmut, lors d'une chevauchée nocturne, avait mit pied à terre, épuisé, et s'était endormi. Ce n'est qu'au petit jour, accablés de sommeil, que nous remarquâmes son absence. Je fis demi-tour avec le guide de la caravane et un chameau en plus pour porter l'eau. « Nous chercherons pendant deux jours ! », cria-t-il en levant la main d'un air dramatique. Nous l'avons retrouvé au bout de quelques heures. Le sang à la tête et les lèvres sèches, il accourut vers nous. Il avait heureusement trouvé la bonne voie parmi toutes celles tracées par les chameaux. Et avec la dernière caravane, en 1974, le 8 mars, nous campâmes ici sans eau. Je faisais route avec des Haoussa qui eux-mêmes suivaient les Touareg sans connaître le chemin. Ils avaient raté l'unique puits de l'arbre du Ténéré et n'avaient aucune réserve. Jamais je n'oublierai cette première matinée sans eau, la montée beaucoup trop rapide du disque solaire blafard dans la brume de chaleur, le minuscule campement de la caravane face à la lointaine silhouette anthracite de l'Adrar Amzager. Nous amenâmes nos chameaux chargés hâtivement vers la piste des voitures : c'était notre seule chance même si, bien souvent, on pouvait rester des journées entières sans voir passer une voiture ni un camion. Les heures chaudes de la journée étaient partagées entre l'abandon fataliste à un état somnolent et le besoin nerveux d'explorer l'horizon. Un point sombre se mit à danser au loin : Landrover ? Camion ? Machinalement je tendis l'oreille, guettant un bruit de moteur. Le mouvement illusoire cessa brusquement, l'objet que j'avais remarqué se détacha de la brume : un éclat de rocher gros comme le poing, qui se réfléchissait dans l'air comme s'il avait été scié du sol — un mirage. Ce n'est que l'après-midi que nous perçûmes tout à coup un lointain vrombissement et distinguâmes trois ombres dansantes. « Une voiture ! » Les silhouettes des trois cavaliers enveloppés dans des couvertures et qui se balançaient en silence s'animèrent un instant. Trois véhicules se rapprochèrent, et c'est seulement en courant que je reconnus des Landrover. Nous nous étions déjà tous précipités chacun sur un récipient à eau puis, formant une large chaîne, nous fonçâmes dans leur direction, remplis de crainte à l'idée qu'ils pourraient continuer. Mais ils s'arrêtèrent et — aussi incroyable que cela paraisse — je me retrouvai en face de mon ami Peter Kolb qui, avec d'autres médecins munichois, se rendait à Agadez par la Libye. Les Haoussa eurent droit à cent cinquante litres d'eau et moi à une place en voiture. « J'ai d'abord pensé qu'on allait nous tomber dessus, raconta Peter, nous avons failli ne pas nous arrêter. » Et avec ce souvenir en tête, j'en étais maintenant une nouvelle fois à vivre ce moment d'attente et d'insécurité. La matinée était claire cependant, nous attendions à l'ombre d'un rocher, tout en buvant parcimonieusement un peu de l'eau qui nous restait. A midi enfin se rapprochèrent lentement les silhouettes tordues des chameaux, fantômes se coulant dans la vallée sur des mamelons plats. C'étaient nos Kel Gress.

La dernière étape de la caravane avait commencé pour moi. Au sud d'Agadez je me séparerais des Touareg, car j'étais invité à séjourner dans un village peul situé sur le parcours et je comptais m'y octroyer quelques jours paisibles pour me remettre de ces semaines harassantes. Il y avait exactement soixante jours que j'avais rencontré là-bas les gens de la caravane dans la première phase des préparatifs et pourtant ce moment me semblait remonter beaucoup plus loin dans mon souvenir : les journées torrides, les nuits glaciales du Ténéré passées dans un demi-sommeil me faisaient entrevoir comme à travers un voile le début de la caravane, le départ longtemps attendu et sans cesse reporté, ma visite chez les Peul qui utilisaient le même puits que nous, les moments d'attente que je trouvais insupportablement longs, tout cela était voilé aussi par le nombre et la précision des détails qui me revenaient en mémoire : à peine quelques petits paquets, quelques nattes, les bâts et des couvertures composaient, entassés en demi-cercle, notre campement, nous n'avions que cela pour nous protéger du souffle incessant de l'harmattan. Seuls quelques acacias effrangés, à moitié desséchés nous abritaient du soleil (les caravaniers n'emportent jamais de tente). Je m'étais plié à cette habitude mais par la suite, lorsqu'il fit vraiment très chaud, je tendis la toile qui me servait de tente entre les maigres branchages et ils vinrent volontiers s'asseoir près de moi à l'ombre.

Entre l'écran bleuté de l'Aïr au nord et la falaise de Tiguidit, découpée comme à la scie en autant de mirages, au sud, s'étendaient d'immenses plaines herbeuses traversées de dunes et de monticules pierreux, parcourues et habitées par des vachers et des nomades éleveurs de chameaux. J'y avais élu domicile pour le moment. Un minuscule domaine en marge du désert avec un âtre, des nattes pour dormir et un acacia desséché auquel pendillaient nos guerba : piteux et ridicule, intenable, me dis-je de prime abord en arrivant, et encore ne me doutais-je pas que j'allais y vivre tout un mois, que le moindre arbuste, la moindre bosse sur le sol allaient bientôt me devenir familiers, la moindre nuance dans l'éclairage des collines caillouteuses étincelant d'un brun noir métallique, les taches de sable et les touffes d'alemos rayonnant dans le couchant. Au bout d'une semaine à peine, tandis que nous revenions du puits situé à une bonne quinzaine de kilomètres, après une longue chevauchée à travers la steppe aride, j'eus l'agréable impression de rentrer « chez moi » lorsque de loin j'aperçus le camp.

Chaque jour les caravaniers essaimaient en quête d'alemos pour nourrir les chameaux, arrachant brin par brin avec une petite faucille les tiges rêches qui leur égratignaient les bras. Les gigantesques tas de paille ainsi amoncelée étaient ficelés et tapés avec une massue en bois, pressés pour devenir des balles compactes. Ma joie de pouvoir enfin me joindre à une caravane ne tarda pas à tiédir lorsque je me mis à compter pour la première fois les bottes d'alemos rassemblées en une semaine. Il y avait tout juste dix balles, ma déception n'avait d'égale que la fierté avec laquelle les Touareg embrassaient du regard, avec un geste triomphant, l'étendue fauchée : tous les quelques mètres une touffe arrachée, des centaines devaient suivre, quelques kilomètres carrés de steppe fournissaient juste la provision de fourrage nécessaire pour la traversée du Ténéré dans les semaines à venir, car on ne trouvait de fourrage ni à Fachi ni à Bilma. Dix bottes la première semaine, chacune pesant à peu près un quintal : de quoi charger cinq chameaux. Et ils étaient quarante à se disperser en quête du précieux fourrage. Les chameaux et leur fourrage, l'alemos, étaient des concepts de base ; des mots qui me poursuivirent dès le premier jour de la caravane. Quel que soit notre état de fatigue, que nous eussions faim ou soif, que nous soyons assis à prendre notre petit déjeuner ou serrés, le soir, autour d'un feu, à savourer une tasse de thé, aucun mot ne revenait plus souvent, aucun sujet de conversation n'avait plus d'importance que les *imenas*, les chameaux, et l'alemos, le fourrage. Dans le détail il y a des distinctions précises entre les différentes herbes que paissent les chameaux. Elles sont complémentaires par leur valeur nutritive, leur teneur en sels et en vitamines, la saison à laquelle elles apparaissent, hiver ou été. Les principales sont l'*alwat* (*schouwia thebaica* ou *purpurea*), l'*afasos (panicum turgidum)*, l'*alemos* comme nom générique quand on parle de fourrage et d'herbage. (Il y a probablement une parenté avec l'*alum*, la paille[6], car les Touareg francophones disent « on fait la paille » quand ils récoltent l'alemos.)

« Quand serez-vous de retour chez vous ? » Yakouba et Gurman tressaient des cordes, assis près du feu, le vieux préparait le thé. Au début ils riaient chaque fois que je voulais savoir « combien de temps » durait une chose, mon impatience d'Européen les amusait. Puis le vieux me tendit un verre de thé et dit : « Quand nous aurons vendu le sel. » Trente fois il s'était rendu à Bilma. Aussi régulièrement que revenaient les hivers et les étés, il faisait la navette entre les salines du Sahara et les marchés du Nigeria. Fier et posé, il traça trois fois dix traits dans le sable, un trait par année de caravane. « Maintenant je suis vieux et ça va lentement. C'est aux hommes *midden* de faire les travaux pénibles. » Avec un sourire de contentement il agita son biceps et en étira la peau flasque en riant.

Le départ avait eu lieu plus tard cette année, en janvier seulement, les chameaux devant encore se revigorer après les pluies dans de frais pâturages. Le sel attendrait. Et Yakouba, qui partait en caravane pour la première fois, avait dû fournir des chameaux supplémentaires. Quant à Gurman, il en était à sa cinquième caravane. Il avait reçu de l'Amrar sa formation de guide. Le vieux expliquait chaque arbre, chaque montagne, cha-

22
Le campement préparatoire d'une caravane de sel targui, dans le sud du massif de l'Aïr, au Niger. Le camp lui-même consiste simplement en un mur formé par l'entassement des sacs contenant le chargement et des nattes. On reconnaît au fond le fameux alemos *(variété d'*Aristida*), ces herbes essentielles dont on nourrit les chameaux, et, suspendues à un acacia, les outres d'eau (voir ph. 33). Gurman, l'un des caravaniers, prépare le mil pour le dîner.*

23-26
Cette série de photos montre le chef de la caravane Moha (Amrar) occupé aux besognes indispensables aux préparatifs d'une caravane : il coud, dans des peaux de chèvres, de nouveaux sacs ameital *pour le chargement (ph. 23), qu'il remplit de mil abora (sorgho) (ph. 26).*

24
Tressage d'une muselière tagmamt *pour les chameaux. Sa fonction n'est pas de mettre les chameaux dans l'incapacité de mordre, mais d'empêcher les plus gloutons de se servir, chemin faisant, dans les ballots de fourrage du chameau qui les précède.*

25
Moha taille dans un tronc d'acacia une massue plate magesges. *On l'utilise pour battre l'alemos, le fourrage des chameaux, en bottes lisses et compactes (voir ph. 32).*

27
Le repas quotidien, la bouillie de mil eshink *bouillonne dans l'une de ces marmites d'aluminium que les forgerons africains confectionnent en refondant les rebuts de la civilisation (épaves d'auto, d'avion, etc.).*

2

23

24

25

26

28

31

32

30

28
De bon matin, au camp de la caravane : l'Amrar (Moha) prépare le thé dans un brasier de fils de fer tressés kasseror. *Yakouba et Gurman préparent des bois* asserda *à partir de branches encore vertes qu'ils recourbent au-dessus de la flamme, puis polissent et enfin percent, à un bout, d'un orifice qu'ils durcissent à la flamme : c'est au moyen de ces monumentales aiguilles que l'on fait passer la bride du chameau à travers les bottes d'alemos.*

29
Un caravanier se recoud une crevasse avec une aiguille à coudre et du fil.

30
Un visiteur vient saluer la caravane à son camp. Sur son chameau, fixée par-dessus le chargement de sel, la selle de course qui, en l'occurrence, ne sert à rien.

31
Les jeunes chameaux récalcitrants sont équipés d'une espèce de harnais. Quand ils sont trop agités, on les attache étroitement deux par deux, par la tête et le cou, et ils se matent ainsi mutuellement. Il leur arrive même de s'écorcher jusqu'au sang.

32
Blatérant, un jeune chameau chargé de bottes d'alemos refuse de se coucher. La massue magesges *a été fixée sur le chargement de son flanc droit (voir ph. 25).*

33
Le fourrage coupé avec la faucille elgeshwad *et laborieusement rassemblé est ficelé dans des filets tressés* tatati. *Une fois tassés et serrés en bottes, les tas que l'on voit sur la photo donneront tout juste une ou deux chamelées, soit deux à quatre bottes.*

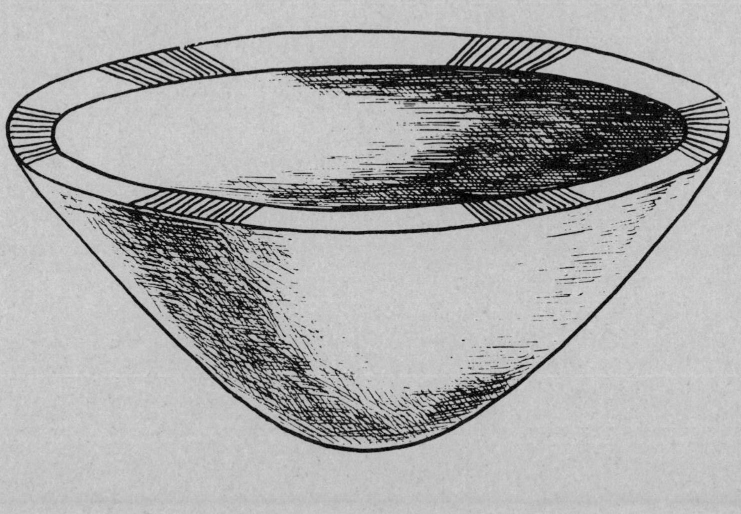

que changement dans les formations de dunes et la coloration du sable, les vagues sentiers menant à un puits et les aires de pâturage. La nuit, il ne manquait jamais, tendant les bras vers le ciel, d'expliquer les constellations : *amanar,* Orion, *shattahad* (le cyclope), les Pléiades, *melli,* la Voie lactée. La Grande Ourse s'appelle *talemt,* la chamelle. Bizarrement, l'éclipse de lune que nous vîmes sur le chemin du retour n'éveilla aucune attention particulière. Il est intéressant de noter que les Touareg voient eux aussi dans la constellation d'Orion une figure mythique. Le vieux la désignait du terme *ales wassueran,* un « grand homme ». Le dernier à se joindre à nous avait été Idrissa, mais il campait à part. « C'est la coutume », m'expliqua Yakouba. « Il va épouser la fille de l'Amrar. Il ne faut pas qu'ils prennent leurs repas ensemble. »

Pendant que les hommes suivent la caravane, femmes et enfants restent seuls de longs mois. Seuls les fils accompagnent quelquefois la caravane, en tant qu'« apprentis ». Ainsi Gurman avait-il avec lui le jeune Djebrin, un gamin grêle de huit ou neuf ans qui était pour nous un aide infatigable : devait-on ramener, attraper ou bâter les chameaux, aller chercher de l'eau ou du bois pour le feu, transvaser les chargements, Djebrin était toujours là. Et il capturait tout ce qui était plus petit que lui et bougeait : lézards, iguanes, les quelques oiseaux qui avaient suivi les chameaux, et même, un jour, une jeune autruche qu'il ficela aux bagages. Le soir, sa proie cheminait dans la casserole et agrémentait l'ennuyeuse bouillie de mil de savoureuses bouchées. Quand il n'avait rien d'autre à faire, ce qui était assez rare, il dormait, bercé par le pas dodelinant des chameaux, pelotonné sur leur chargement.

Le commerce du sel de Fachi-Bilma est principalement entre les mains des Touareg de l'Aïr, dont les Kel Owi constituent le groupe prédominant, et des Kel Gress, tenus à l'écart par les premiers et vivant dans le sud du Niger. Au cours de mes précédentes caravanes au Niger, je m'étais toujours trouvé avec des Kel Gress et une fois seulement avec des Haoussa. Ceux-ci faisaient partie, exception faite de Yakouba, des Isaqqamaren, originaires du Hoggar : caravaniers depuis des temps reculés, connus pour être des *keen traders,* des marchands dans l'âme, comme écrit Nicolaisen [7]. Hanoteau [8] et Duveyrier [9] en parlent comme des vassaux des Kel Rhela, les « seigneurs du Hoggar ». D'après Lhote, ils sont issus des liaisons de femmes touareg avec des Arabes [10]. Littéralement, Isaqqamaren signifie « étendus sur le coude, la tête dans les mains [11] ». Ils eurent le contrôle de deux routes caravanières importantes, celle de Ghat à In Salah et celle de In Salah à Agadez. La tradition leur prête les qualités les plus variées ; cela dit, le fait que certains d'entre eux participent aujourd'hui au commerce de Bilma est un signe de leur faculté d'adaptation et de leur mobilité. Hanoteau a transcrit le poème que lui a dit un esclave, specimen intéressant d'autoportrait saharien :

ⵙⵈⵎⵔⵏ ⵓ ⵜⵏ ⵜⵂⵔⵎⵎⵏⵜ ⵎⵙⵏ ⵓⵍⵗⵏⵀ
ⵅⵍ ⵙ ⴹⵜ ⵣⵏⵅ ⵓⵔ ⵂⵏ ⵍⵀ ⵓⵯⴹ ⵍⵎⴹⵏ ⵙⵜⵔⵏⵀ

« Isaqqamaren ou ten tererim, eddunet musen ikheladhenin, ful as abat ezzenef ur hin, ellan uuiedh lemadhen istarnin... »

« Ne dites rien des Isak'k'amaren, ce sont des gens très mélangés ; il n'est pas de condition qu'on ne trouve chez eux. Quelques-uns sont pauvres et cependant à l'abri du besoin ; d'autres sont abusés par le démon, d'autres n'ont que leurs bâtons pour tout bien. Il y en a qui font le pèlerinage et le renouvellent ; il y en a qui savent lire le Coran et l'apprennent par cœur. Ils ont dans les pâturages des chamelles avec leurs petits, et ils possèdent des boules d'or bien empaquetées... [12]. »

« A présent il n'y a plus ni maisons, ni marchés, ni autos, ni femmes, m'avait dit le vieux dès le premier matin, il n'y a plus que la caravane, travailler et marcher. » Je les sentais curieux de savoir comment j'allais m'adapter. Ils s'intéressaient autant à moi que moi à eux. Où donc étaient ma femme et mes enfants ? Y avait-il des chameaux dans mon pays ? Y avait-il des Touareg ou bien des Haoussa ? Cependant mes réponses étaient difficiles à comprendre pour eux, elles les faisaient rire. De chameaux, point, mais des vaches. « Ah ! alors beaucoup de Peul (des bouviers) ? » « Non, ce sont des Blancs qui gardent les vaches. » « Alors, dans ton pays, il n'y a que des *Kufar* (des Blancs), pas de *Tefinen* (les Haoussa) ni d'*Ifelan* (les Peul) ni d'*Imajaren* (les Touareg) — et pourtant il y a des pâturages et de l'eau. C'est vrai — *tidet ?* » Amusés, ils se remettaient au travail, ne sachant pas très bien ce qu'ils devaient croire de ce que je leur racontais. « Toi aussi, tu peux devenir targui », proposait le vieux. « Tu achètes quelques chameaux, des chèvres », et puis quand j'aurais envie de faire un tour dans mon pays, il me garderait les bêtes. « Il y a aussi de jolies femmes ici, blanches comme toi », plaisanta-t-il pour m'allécher.

Au puits je rencontrai deux de ces « Touareg blancs », le vieil Elias qui avait l'air d'un Arabe et un jeune homme qui avait à peu près mon âge. Je crus d'abord que c'était un coopérant qui s'était déguisé pour s'amuser, car son visage avait l'air « européen ». De surcroît ses mouvements gauches, en dépit de sa tenue targui de la tête aux pieds, le distinguaient des autres. Toutefois, en dehors de « bonjour », il ne parlait pas français et il ne tarda pas, légèrement embarrassé d'avoir soudain attiré sur lui l'attention générale, à retourner à ses bêtes. Les autres racontèrent en riant que son père était français mais qu'il avait quitté le pays depuis longtemps. Quant à ses sœurs, que l'on disait si belles, je n'eus jamais la chance de les voir. Yakouba connaissait également de « vrais » Européens. Il avait travaillé au Nigeria durant la sécheresse, comme veilleur de nuit, l'emploi standard des nomades en quête de travail. Cela ne lui avait pas rapporté beaucoup, à en juger par ses vêtements déchirés. Quelques bribes d'anglais déformé, un peu d'argent, un capital de base pour s'équiper pour la caravane. Maintenant il recommençait à zéro comme caravanier : « *Yes, mister, give mi, luk and wuk* », s'exclamait-il parfois à brûle-pourpoint, ravi de pouvoir s'exprimer en « anglais » avec quelqu'un. Ses employeurs devaient être des gens très ordonnés : le premier soin qu'il eut en me voyant arriver fut de se râcler les quelques poils de barbe qu'il avait et de recoudre sa chemise déchirée. Il jetait sur mes caméras un regard sceptique : « Ce sont des jouets d'enfant, *amagal wan tshibaraden.* Dans ce pays-ci, ça n'a aucune valeur. » Quand j'étais réveillé par le soleil le matin, mes quatre coéquipiers étaient généralement déjà assis autour du feu à boire leur thé dans l'air glacial et clair du matin avant de se munir de leur faucille *elgeshwad* pour aller couper de l'alemos. « *Wajuwan, matulid, mani eddes, mani esamed* », me saluaient-ils en chœur : « Comment vas-tu, as-tu bien dormi, n'as-tu pas eu froid ? » D'autres fois, quand ils étaient déjà partis, je trouvais la petite théière bleue du vieux sur un coin du feu, le verre *tirfinjer* retourné sur le couvercle : il m'avait mis au chaud le thé matinal. Il voulait me traiter comme son propre fils, avait-il promis.

Son plus grand plaisir, célébré avec amour, était la préparation du thé, qu'il parfumait avec différentes herbes telles que la *mannanad (artemisia campestris)* et l'*enele-n-idel (croton amabilis),* et dont il distribuait ensuite un verre à chacun avec la bienveillance d'un patriarche. Eu égard au frugal attirail qui était celui de la caravane, le service à thé, de forme très sobre toutefois, était numériquement d'une complication disproportionnée : une théière en émail bleue (venant d'Algérie) *elbered,* une petite casserole *ganko* improvisée avec une vieille boîte de conserve et une poignée en fil de fer pour chauffer l'eau, une longue boîte en fer blanc « Admiral Lotion Paris » servant de coffret pour les verres à thé, trois verres à thé tirfinjer, une manicle *sekul,* grande comme la paume de la main, pour saisir la casserole brûlante sur le feu, le couvercle d'une boîte en fer blanc comme support désigné, par euphémisme, du mot *tabla,* plateau, un réchaud en fil de fer enroulé *kasseror,* un sachet de thé *ala,* les herbes pour parfumer *mannanad, enele-n-idel,* et les herbes importées du Hoggar *tehereggeli (artemisia judaica),* contre les maux d'estomac. Enfin un sac de cuir contenant un pain de sucre *tekast* et une hache de pierre préhistorique *tefatist* pour casser le sucre.

Le soleil monte vite, m'incitant à me réfugier à l'ombre de mon arbre, un acacia mort. L'enchevêtrement des branches pleines d'épines et à moitié desséchées projette sur le sable un dessin papillotant. Je retire ma casquette et mon pull-over, me lave avec quelques gouttes de l'eau de la guerba dont l'apparence fait penser que d'autres s'y seraient déjà lavés. C'est l'eau normale des puits. Avec la chaleur, le vent se lève, poussant de fins rubans de poussière, détachant le sable le long de la steppe, me recouvrant, moi et tout mon bien, d'une pellicule rougeâtre de sable. Des moustiques et des mouches, et quelques guêpes d'un jaune vert me harcèlent de leur bourdonnement. Des scarabées noirs arrachés à l'engourdissement de la nuit froide dessinent dans le sable de minuscules empreintes de cuirassé. Mon passe-temps principal est la chasse aux corbeaux. D'un seul coup de bec, ils arrivent à faire un trou de la taille du pouce dans les sacs à provisions en cuir. « Gare aux corbeaux », répétait le vieux.

Le puits le plus proche, où l'on puise la précieuse eau trouble, se trouve à une quinzaine de kilomètres. Tous les deux jours, nous allons y chercher de l'eau. Une fois par semaine les chameaux sont abreuvés. C'est le point de rencontre des caravanes faisant route de Kano à Agadez, Peul-Bororo et Farfaru, ainsi que de toutes sortes de Touareg. Unique point d'eau dans un périmètre étendu, ce puits cimenté, d'une profondeur de quarante mètres, est beaucoup trop fréquenté, toujours sur le point d'être à sec. On y puise à cinq ou six cordes à la fois. Il nous faut attendre que ceux qui sont arrivés avant nous aient fini d'abreuver leurs bêtes.

A la croisée des différentes voies piétinées par les bêtes de trait, les troupeaux encerclent le puits en blocs serrés formant une étoile. Ce n'est qu'au bout de trois heures d'attente que nous parvenons à remplir nos guerba. Derrière nous affluent encore de la steppe illuminée des troupeaux plus ou moins importants. Nous abreuvons les chameaux la nuit, les bêtes des nomades qui vivent ici ayant la priorité dans la journée. Je dois retenir les bêtes, armé d'un bâton, elles ne doivent boire qu'une par une. Au début, c'est plutôt amusant de surveiller les deux colonnes de chameaux qui s'agitent et se bousculent. Leurs longs cous se tendent vers le ciel nocturne comme une armée de boas exécutant une danse, un mur d'animaux reniflant frénétiquement s'est constitué devant et tout autour de moi. Séparées par la corde du puits, elles s'élancent à tour de rôle pour boire. De toutes mes forces et dans un grand effort de concentration, je dois les retenir. « *Termat, termat,* » crient les caravaniers. « Vite, vite ! » Très occupés entre le seau à puiser d'une part et les chameaux d'autre part, ils risquent à tout moment, en cas d'une brusque poussée du troupeau, d'être précipités au fond du puits, qui est au ras du sol. Il n'est plus question de s'amuser : je me démène des heures durant dans la boue glissante et j'enjambe la corde du puits qui est à hauteur du genou, quand il s'agit de repousser vers l'obscurité l'autre moitié du troupeau.

Mais que l'eau était mauvaise ! Je la faisais bouillir pour la stériliser et pourtant je ne tardai pas à être pris de crampes d'estomac et de coliques. Les médicaments ne me soulageaient que momentanément. Le perfide bouillon aux couleurs changeantes contenait, outre la saleté visible à l'œil nu, des minéraux et des sels redoutables dont aucun traitement désinfectant ne venait à bout. Mais c'était de l'eau et il nous fallait en ingurgiter des litres. Un jour le puits, à force d'être exploité, fut à sec. Il nous fallut attendre deux jours pour qu'il y eût à nouveau suffisamment d'eau et que ce fût enfin notre tour.

« Nous savons que les Kufar, les Blancs, ne supportent pas la soif », dit Idrissa et l'on me déposa dans les environs, chez les nomades peul. Les Peul vivent du lait de leurs bêtes. Quand les pâturages sont bons, ils n'ont besoin que de très peu d'eau. Deux jours durant nous ne bûmes que du lait et cela me permet de mesurer ce qu'auraient été pour moi ces deux jours sans les Peul. « L'eau n'est rien, disent les Touareg, tant que tu en as. »

Le temps s'écoulait avec une lenteur que je trouvais, au début, insupportable. Mes provisions — riz et pâtes — en revanche diminuaient rapidement. J'étais de plus en plus souvent condamné à la bouillie de mil, je m'habituais à la nourriture des caravaniers, mais pas à leur eau. Un jour, le vieux lui-même contracta une fièvre. « L'eau d'ici rend malade. » Il disait cela comme il aurait parlé du temps qu'il faisait. C'était comme cela. Ils n'étaient pas pressés de repartir, bien plus leur importait de laisser paître les chameaux. Les Touareg se souciaient peu de l'endroit où ils campaient pourvu qu'il y eût de l'alemos. Les quelques jours passés ici comptaient à peine — une courte période de la caravane qui allait durer presque tout l'hiver. J'étais seul à vouloir lever le camp, à attendre le départ. Quatre mois durant — 120 jours, 2 880 heures ! — ils iraient par le désert, la brousse et les montagnes, parcourraient 3 000 kilomètres. Je calculais que chacun de mes caravaniers gagnait environ deux francs de l'heure. Une somme ridicule, un calcul ridicule : car il est aberrant de ramener le temps passé à des heures de travail. « Le temps, écrit M. Dupire, ne compte pas ou fort peu dans l'économie pastorale[13]. » Les chameaux ne peuvent suivre qu'une seule caravane par an ; les pâturages et les puits en déterminent le cours, la durée et le parcours. Les seules constantes du cycle caravanier sont le pâturage d'été, le pâturage de repos après les pluies, le pâturage en saison sèche pour constituer la réserve d'alemos et, en automne, la récolte du mil et des dattes. Il importe de s'adapter adroitement à ces données et le temps joue à cet égard un rôle secondaire. L'achat et la vente du sel, qui sont le plus souvent entre les mains des mêmes familles de marchands depuis des générations, font l'objet d'accords et de garanties fixés longtemps à l'avance. Plutôt que « le temps est de l'argent », on pourrait dire tout aussi bien « gagne qui sait attendre ». Attendre ne coûte rien, quels que soient les pâturages et le matériel dont on dispose : il n'est besoin que de connaissances précises et d'une bonne compréhension des techniques du travail. L'Amrar savait où s'arrêter, ses haltes étaient le fait d'une longue expérience : il savait dans quelle région trouver le meilleur fourrage pour ses chameaux, dans quelle vallée poussait le *terse (calotropis procera),* l'arbre avec le bois duquel on fait l'armature des bâts, *kaoken,* et à quel endroit il pourrait se réapprovisionner en bois pour le feu. Entre les diverses haltes, on tressait des muselières, des filets pour les bagages, des cordes pour les entraves, les rênes et le bât, et l'on achetait des provisions telles qu'oignons et fromage. Il récupérait en outre, des restes de notre feu, deux pleins sacs de charbon de bois qu'il vendrait à Fachi. Chaque vallée, chaque halte avait son intérêt. Un jour enfin, nous pénétrâmes dans le Ténéré. Et plus il ménageait ses chameaux au cours de ces préparatifs, plus il avait de chances de les ramener, eux et leur chargement. Un jour, il commanda à un artisan un mortier en bois ; il ne viendrait le chercher qu'au retour, à quelques semaines de là, et le paierait en sel.

Ce qui compte, c'est la recette globale, à destination, à Sokoto. Ainsi comptai-je sur les onze chameaux d'Idrissa 70 *cantou* (des cônes de sel), 25 *fochi* (des pains de sel), 17 sacs de dattes. Il en obtiendrait 3 000 francs CFA par *cantou,* 250 francs CFA par *fochi* et 2 500 francs CFA par sac de dattes *ameital* soit au total près de 300 000 francs CFA. A cause de moi, il dut abandonner quatre cantou, je lui payai donc pour le retour 15 000 francs CFA — un peu plus que le manque à gagner. Le ravitaillement de la caravane suivante, y compris le mil pour sa famille, lui coûtera environ 60 000 francs CFA. Il lui reste ainsi un bénéfice net d'environ 240 000 francs CFA. Non pas une fortune ni une aubaine, mais un bon revenu pour mener une vie dont le mode lui est familier et dont les structures traditionnelles sont intactes. Même au paroxysme de la sécheresse en 1974, l'ethnologue P. Fuchs dénombra pendant les seuls mois de février et mars 1 220 chameaux de caravane à Fachi. Et cette fois encore, alors que la saison se terminait, nous rencontrions toujours d'autres caravanes. La plus grande, d'environ 500 chameaux, était une véritable armée caravanière ; la plus petite, un groupuscule égaré de neuf chameaux, conduits par un Kel Owi de l'Aïr et ses deux fils.

L'après-midi finissait, les acacias morts dessinaient contre le ciel pâle du couchant des squelettes noirs, un crépuscule sans ombre recouvrait la steppe. Djebrin traîna un lourd mortier de bois près du feu et commença à battre de toutes ses forces les frêles grains de mil jusqu'à ce qu'Idrissa prenne la relève. Puis il mit sur le feu la casserole couverte de suie et fit bouillir de l'eau, du sel et de l'*abasai,* cette herbe verte qui ressemble à de l'épinard, pour préparer l'*egidi,* sauce destinée à relever le mil, en soi terriblement fade. Lorsque le mil fut suffisamment concassé, on mit de côté la casserole contenant la sauce et l'on commença à faire cuire la bouillie. A tout moment, se saisissant d'une branche enflammée, il en éclairait la masse bouillonnante pour surveiller la cuisson et restait patiemment près du feu. Au bout seulement d'une bonne demi-heure de cuisson, on versa dans un plat la bouillie fumante *eshink* avec la sauce verte et on l'arrosa d'un filet de beurre liquide. Le vieux tendit une cuiller à chacun et semblait vouloir m'encourager

34
Une femme targui de l'Aïr puise l'eau d'un puits du type abankor. *Ce sont plutôt des puisards, creusés avec une simple écuelle, dans lesquels se rassemblent les eaux souterraines.*

35-36
Outre les puisards, les Hartani sédentaires ont installé et entretiennent dans le pays qui précède l'Aïr des puits qui servent à arroser les jardins de ces minuscules oasis et qui sont pour les caravanes des points d'appui importants.

37
Les puits sont le lieu de rencontre des groupes humains les plus divers et de leurs bêtes : nomades touareg des environs et leurs chèvres, moutons, ânes, chameaux, caravanes formées de Touareg venus d'ailleurs et de Haoussa, de Peul-Farfarou et de Peul-Bororo, avec leurs grands troupeaux de bovins, comme c'est le cas ici à ce puits de béton nouvellement aménagé au sud d'Agadez. Les cordes du puits passent sur des rouleaux de bois tenus par de grandes fourches en bois, que les nomades apportent avec eux. Généralement plusieurs groupes puisent à la fois, disposés en étoile tout autour du puits. On voit ici une jeune Peul poussant des ânes, à une distance du puits qui donne une idée de sa profondeur.

38
Certains chameaux prennent un bain de poussière en se rendant au puits.

39
Yakouba remplit de sauce de mil agheshira *le récipient à boire. La blancheur de cette boisson faite de farine de mil et d'eau camoufle la saleté qu'elle contient : dans le récipient de droite, de l'« eau fraîche du puits » de particulièrement mauvaise qualité.*

40
Bon nombre de Touareg caravaniers habitent les montagnes de l'Aïr, en bordure sud desquelles passe la route des caravanes. Ces Touareg, par exemple les Kel Owi, sont enclins à la sédentarisation. Ils vivent dans des tentes tressées ou des huttes de paille. On voit ici le village de Selufiet, devant le massif de Tamgak.

41
L'aspect pratique de la vie des nomades dans le massif de Tamgak : les ustensiles de cuisine allient à peu près tous les stades de la technologie : meules de l'âge de pierre, carafes tajanu *taillées dans des cucurbitacées, assiettes* faken *d'herbes et de fibres de palme tressées en forme de spirale, casseroles métalliques diverses de fabrication industrielle. La marmite d'acier à moitié recouverte d'un linge a été laissée par une équipe de techniciens européens.*

35

36

tout particulièrement : *Eksch, chansa !* Mange ! » Après le repas et le thé, allongé pour dormir, j'entendis encore longtemps leurs voix et le bruissement du tressage des cordes, occupation à laquelle ils consacraient presque tous leurs moments de loisir. Les vieilles cordes cassant les unes après les autres, il fallait constamment en tresser de nouvelles. Les fibres cassantes du *doum* sont mises à tremper jusqu'à ce qu'elles deviennent souples puis, selon une technique comparable à celle du tressage de la ficelle, plusieurs cordons sont entortillés ensemble et finalement tapés avec des pierres plates pour former une corde flexible et lisse. La caravane avait besoin de rênes, de sangles, d'entraves et de muselières pour les chameaux, *tagmamt*. Au début, je ne pouvais m'empêcher de penser au travail qu'ils pourraient s'épargner en utilisant des cordes solides, de chanvre ou de perlon par exemple. Mais lorsque j'eus à plusieurs reprises l'occasion de voir une bête se cabrer et s'arrêter brusquement au milieu de la chaîne de chameaux, je remarquai combien il était préférable que la corde se rompît en cas de trop forte tension : le chargement restait sur le dos du chameau, les autres bêtes continuaient normalement. Quel chaos si, en pareil cas, les chameaux ne se détachaient pas automatiquement les uns des autres !

Les chameaux blatérants furent une nouvelle fois bâtés, le campement vidé, où ne restèrent que les cendres d'un feu pour misérable témoin de notre halte, et les longs rangs de chameaux alourdis reprirent leur défilé dans un paysage sans chemin, évoquant un monde primitif. A mon grand étonnement nous allions vers le nord, laissant derrière nous le désert de sable. Tout au long du jour nous voyions, dans un air vaporeux, les monts et les dômes de l'Aïr sans nous en rapprocher, car la large vallée caillouteuse que nous traversions décrivait une courbe orientée vers le nord-est qui nous maintenait à une distance constante des montagnes que nous longions. Chaque fois qu'une montagne nous paraissait proche, nous constations au bout d'une ou de deux heures de marche qu'elle ne s'était pour ainsi dire pas rapprochée, qu'elle se décomposait en une série de murs et de tours, s'enfonçait dans l'informe masse de pierre qui délimitait notre vallée, tandis que nous continuions notre marche vers d'autres buts illusoires.

Le fond de ces immenses vallées n'était pourtant nullement plat mais profondément crevassé et déchiré, formant de petits cols assez raides, des cuvettes de sable et des pentes caillouteuses. Nous chevauchâmes sur un sable crayeux, fin comme de la poussière puis sur des dalles de lave bleu-noir, des terrains quartzeux et d'autres où la croûte terrestre a éclaté sous l'effet de la sécheresse. Des arbres morts, encroûtés de boue, attestaient l'assèchement progressif. « Dans ce pays, la sécheresse règne », disaient les Touareg. Les squelettes des arbres donnaient à la vallée une atmosphère oppressante, on discernait partout des traces de l'anéantissement : puisards à sec, cadavres d'animaux calcinés, bribes de huttes abandonnées, en pièces détachées.

Ayant franchi une butte, nous tombâmes sur une série de tumuli. Tel un gigantesque champ jonché de taupinières, ils reproduisaient en miniature les montagnes qui les entouraient. La chaleur était pesante sur cette agglomération inerte de mamelons, elle était aspirée par les éclats de roche aux teintes sombres, recrachée par la poussière de sable d'une blancheur aveuglante d'où s'élevaient les tumuli. Aussi loin que je pouvais voir, jusqu'à la muraille montagneuse d'un noir scintillant, la vallée était remplie de ces excroissances au-dessus desquelles l'air semblait vibrer.

A l'approche du soir, un col ouvrant vers le nord nous fit quitter cette vallée et nous vîmes alors les premières montagnes, non loin de là. Le paysage changea brutalement. Si nous laissions derrière nous un sinistre paysage lunaire, tout de blanc grisâtre, voilé par la chaleur, le regard plongeait à présent dans l'air limpide de la soirée sur des montagnes d'un noir ombré, entre lesquelles serpentaient de vertes vallées. Devant nous, un labyrinthe rocheux, parcouru de bosquets et d'herbages éclatants. Des autruches paissaient entre les arbres et ne s'en allèrent que lentement à la vue de la caravane. Un tableau paisible, que pourtant je trouvais morne et peu engageant : d'énormes masses rocheuses, ternes, des cônes aplatis, des plateaux inclinés sur les bords, couronnés de petits blocs arrondis menaçant à chaque instant de dévaler la pente, écrasaient les couleurs plus riantes éparpillées au milieu de tout cela dans ces vallées, se changeaient le soir en ombres froides surgissant des zones de dépression. « *Tufat tenere* », dit l'Amrar tandis que nous prenions le thé. Le désert de sable vers lequel tout notre être était tendu, le « pays là-bas » n'était plus très loin. « Marcher, marcher, tout le jour », avait-il ajouté et je me demandais, saisi de doutes, ce que nous avions fait d'autre jusque-là ! Dès le lendemain matin nous nous dirigeâmes plein est. Nous laissâmes derrière nous les monts pourpres de l'Adrar Tabele qui marquaient l'horizon comme une lointaine muraille. L'Issekenougour, dernier contrefort de l'Aïr, un mont conique noir, était le but que nous devions atteindre et qui se dérobait du matin au soir, loin devant nous, dans un lac aérien. Les cols et les vallées se succédaient, nous venions à bout de chacune des ondulations de ces collines caillouteuses, toutefois le mont visé était toujours aussi loin. La terre semblait voyager avec nous, les cols à peine franchis se présenter à nouveau devant nous, les chameaux marcher sur place. Seul l'Amrar, que rien ne démontait, nous promettait que « la montagne » serait atteinte le jour même. Dans la soirée le paysage changea, la chaîne de montagnes se mit à ressembler au désert. Les arbres se raréfièrent, les cailloux s'amenuisèrent, plus grandes et plus profondes se firent les étendues de sables mouvants. L'heure à laquelle nous établissions habituellement le camp, le soir, était passée depuis longtemps, je commençais à sentir ce qu'un Targui entendait par « toute la journée ». Irrésistiblement, les rangs de chameaux dodelinaient dans l'obscurité. Les heures s'écoulaient les unes après les autres sous la lueur blafarde du crépuscule puis la lune éclaira la nuit glaciale de son reflet froid. Une froidure inaccoutumée s'insinuait à travers anorak et pull-over, raidissant les muscles, me plongeant dans un état de fatigue paralysant. Pour lutter contre cet engourdissement, j'allais par moments à pied, mais il m'était difficile de tenir longtemps le pas sur le sable mou et je ne tardai pas à grimper à nouveau sur le dos de mon infatigable animal, d'une douce chaleur. A peine avais-je remarqué que nous avions atteint notre mont conique, une pyramide d'une noirceur sinistre sur le sable blanc, que les premiers cavaliers commencèrent à s'ouvrir en éventail et à disposer leurs bêtes en petits groupes de campement, en demi-cercle. Comme chaque soir, j'aidai vite à décharger, ne soulevant qu'à grand-peine les paquets pesant sur les bêtes en sueur qui blatérèrent de soulagement.

Je me rappelais mon premier passage ici, des années auparavant, mon excursion aventureuse sur l'Issekenougour tandis que la caravane se livrait aux préparatifs de départ. Pour commencer, l'air limpide du matin me fit sous-estimer la distance qui me séparait du pied de la montagne. Après une brève escalade sans difficultés sur des blocs de rochers durs et grossiers, j'atteignis le sommet maculé de crottes de corbeaux et vis en-dessous de moi, au pied de la montagne, un « cercle de pierre » préhistorique. Un silence irréel m'enveloppait au faîte de cette montagne quasi insulaire surplombant les étendues pastel du désert qui faisaient avec le ciel clair une douce transition. Pas un souffle de vent, pas un mouvement autour de moi, pas un bruit sinon celui de mes pas et celui des battements précipités de mon cœur qui résonnaient dans mes oreilles. Tout en bas, j'apercevais, telles des fourmis, les bêtes de la caravane et les traces luisantes de leurs pas, unique signe de la présence des hommes. Loin derrière, les monts de l'Adrar Tabele, fragments montagneux rougeâtres, bleus et violets, qu'une plaine d'une blancheur éclatante séparait des pentes caillouteuses, composées de masses pierreuses crevassées par la chaleur, tout autour du mont, terminées en un treillis de fentes et de sillons éclatés. N'écoutant pas la raison, je me refusai à descendre avant que la caravane ne fût formée et prête au départ et que les premiers groupes ne se fussent mis en mouvement. Ce n'est qu'une fois pris dans un réseau de couloirs d'éboulis, d'où je ne pouvais plus voir ni la caravane ni ses traces, que je me rendis compte de l'avance qu'elle avait déjà prise. Je courus à travers rigoles et dépressions, scrutant le lointain dès que je parvenais sur une hauteur, mais la caravane avait disparu. Soudain la lanière de ma sandale craqua, au beau milieu de cette pente d'effondrement où il était absolument impossible d'aller pieds nus. Je finis par trouver une solution de fortune : je perçai d'un mousqueton la semelle de ma sandale et pus y passer à nouveau la lanière arrachée. Puis je repris ma course dans un bain de sueur, retrouvai les traces de la caravane et rencontrai Helmut qui déjà avait rebroussé chemin à ma recherche. Soulagés, nous commençâmes par nous asseoir, bûmes un peu d'eau et mangeâmes des dattes qu'il avait apportées. C'est alors que je sentis que je m'étais blessé le pied. Le mousqueton que le sable avait transformé en râpe m'avait scié la peau.

Je pensais à Idrissa, à qui une chute de son chameau ruant avait valu un hématome au-dessus de la cheville droite. A l'aide d'une lame de rasoir il s'était fait des trous dans la peau, avait laissé l'épanchement s'écouler puis avait tout simplement demandé un onguent. Une autre fois, le matin après le petit déjeuner, j'eus un autre exemple du stoïcisme et de l'art des nomades de se soigner eux-mêmes : avec un fil confectionné à partir d'un sac en plastique, Idrissa recousit une énorme crevasse que Yakouba avait au pied, exactement comme il aurait rapetassé les sacs à provision en cuir. Pour en revenir à moi, je repartis en boitant, le pied pansé tant bien que mal, sur les traces de la caravane disparue, et à midi, parvenus à un col escarpé, dernière barrière avant le Ténéré, nous les avions rattrapés. Je fus accueilli avec un reproche contenu. « Dans le Ténéré, entendis-je, on ne va pas seul sans chameau ! »

Finie la traversée de buissons épars et d'herbes brûlées par le soleil, de couloirs d'éboulis et de coups de vent intempestifs. Immédiatement s'ouvrait devant nous le désert absolu : étendue incommensurable dans une magnifique harmonie de couleurs, paix impénétrable dominée par les nuances de la lumière, le miroir déformant des couches d'air chaud entre les longues vagues de sable, les assauts de la chaleur et du vent : un bleu sans nuages, des jaunes et des orangés étincelants, le blanc scintillement de l'horizon vitreux éclipsé par le flot de lumière d'un soleil omniprésent, jusqu'à ce que la clarté du jour s'effaçât devant la lumière moelleuse et rougeâtre du couchant, les ombres bleutées de la fraîcheur vespérale. Pour les Touareg, le Ténéré était le pays de la faim, sans eau ni pâturages, dont il s'agissait de triompher rapidement. « *Akal wa laz ghas* », disait Idrissa. « Dans ce pays on ne trouve que la faim ! » Et pourtant, la vue soudaine de ce paysage majestueux les avait touchés eux aussi : les cavaliers, après avoir franchi le dernier col, avaient salué le désert de sable d'un véritable cri : « Le Ténéré, le Ténéré ! »

Une petite tape très douce sur mon sac de couchage me réveille. Idrissa, debout devant moi, son tablier de cuir déjà noué, me dit : « *Chansa, tekele.* On part », et retourne aussitôt à ses chameaux. Fatigué et endormi, je me traîne hors de mon sac, les muscles tout raidis par la longue marche nocturne. Le sable est glacial, l'air frais et limpide, le vent ne s'est pas encore levé. Le soleil, disque pâle de la largeur de la main au-dessus de l'horizon, n'a pas encore atteint le camp, l'ombre plate des dunes nous en protège. La pointe et la crête des dunes sont cependant déjà embrasées et lancent dans le ciel clair du matin des éclats jaune clair. Sous la casserole d'argile rougeoie la dernière flamme, le vieux l'attise avec ses sandales, les autres commencent à rassembler les chameaux. En vitesse je cherche un peu de crottin de chameau, une poignée d'alemos pour ranimer la flamme et réchauffer ma casserole de porridge au lait en poudre. Il n'y a plus assez de bois et il faudra attendre que l'on débite à nouveau la poutre de réserve, ce soir, pour faire cuire la bouillie de mil. Le matin ils se contentent des restes qu'ils réchauffent sur un feu bien modeste. Pendant que l'on charge les chameaux, j'ai le temps de manger, de prendre quelques notes et de faire mon balluchon. Guère de temps cependant, car les caravaniers ne seront contents que lorsqu'ils verront mon sac à dos tout prêt par-terre, même si, comme c'est généralement le cas, il reste encore un peu de temps avant le départ. J'aide alors au chargement. Entre-temps j'ai appris à saisir les chameaux par les lèvres supérieure et inférieure sans me laisser déconcerter si la bête blatère et crache, avec une espèce de gargouillement, le contenu vert de son estomac, et à leur tourner le cou sans me faire mordre. Ce long cou est le point faible du chameau : je tourne la tête en arrière jusqu'à ce que la bête tombe à la renverse, je lui attache les jambes afin qu'elle ne se redresse pas en sursaut sous le poids de sa charge. Les plus sauvages sont les jeunes chameaux, aussi les charge-t-on en dernier. Blatérant, sursautant, faisant des contorsions, piétinant des jambes avant, ils se défendent avec acharnement mais en vain contre la charge qu'on veut leur imposer. Quelquefois il faut être trois ou quatre pour les dompter. Quand ils sont enfin tous prêts, je me mets en route lentement, pour ménager mes forces, et j'adopte un pas régulier, reposant. Mohamed marche le long de la chaîne de chameaux, contrôle les chargements, les nœuds, les cordes et avant tout la fixation des outres. Pendant ce temps, je tiens les rênes de sa bête. Répartis en quatre files, nous traversons l'infini des dunes du Ténéré.

La chaleur monte, jetant sur la crête des dunes un léger voile de sable, des sables mouvants retombent en pluie fine et chantante sur les pentes des dunes. L'air cristallin se met à vibrer, à se liquéfier en images divergentes reflétant le vide. La ligne lointaine de l'horizon devient floue, recule, nous encercle. La caravane semble enfermée dans un paysage de mouvements illusoires. L'ardeur du jour s'insinue par-dessus les murs de sable, se déverse dans les larges vallées : un jaune cru, une blancheur aveuglante. Le ciel du matin perd ses pâleurs blafardes, le soleil, dans le ciel bleu métallique, darde ses rayons brûlants. Le sable qui est encore froid brûlera bientôt les orteils, on fera circuler le premier plat de mil qu'il faudra avaler en marchant. Le vent plaque sur mon dos trempé de sueur ma chemise incrustée de sable, le soleil a brusquement repris possession du désert. C'est le moment de grimper sur son chameau, de se laisser porter à son rythme dodelinant et monotone. A peine a-t-on vécu ces journées irréelles du Ténéré qu'elles s'estompent dans une sorte de rêve éveillé, unique, continu, scandé par les intervalles de la marche, de la course, de la marche, par la lumière du jour, l'obscurité glaciale et silencieuse. Des étendues illimitées, des couleurs claires, étincelantes, des dunes harmonieuses...

Nous avions atteint le puits du Ténéré trois jours auparavant. Fachi ne pouvait plus être loin. Soudain Yakouba courut en avant, traça une ligne dans le sable, se posta devant nous et cria : « *Tarreit abatten.* On ne va pas plus loin. » Un filet *tatati* entortillé autour de la tête, une faucille à la main, il nous barrait la route. « *Lafia lo, lafia lo.* Du calme, du calme », cria le vieux. Puis se mettant à parler haoussa : « Nous sommes des voyageurs de l'Aïr, nous nous rendons à Fachi. *Lafia lo.* » Tous me lancèrent un regard et rirent en me voyant fouiller dans ma poche en quête de bonbons. Je les jetai sur le sable avec un peu d'argent. Idrissa lui lança en riant sa ceinture à la tête. Une très ancienne coutume des caravanes était en train de s'accomplir, *gado,* une attaque symbolique au premier endroit d'où l'on peut apercevoir Fachi. Peut-être en commémoration des premières luttes entre les Noirs et les Blancs, de la progression des peuplades berbères du Sahara dans le *bled es soudan,* les rapports traditionnels de domination étant par jeu inversés. Ce genre de permutation des rôles sociaux — *joking relationship* — liée à des luttes simulées et au rituel échange de cadeaux eut également un effet stabilisant dans le système des relations de domination et de parenté des Touareg [14].J'eus l'occasion d'assister au déroulement du gado tant chez les Kel Gress que chez les Isaqqamaren.

Lors de la caravane de 1970, ils étaient presque une douzaine d'« esclaves de caravane », armés de haches, de bâtons et de faucilles, à s'être cachés derrière une dune, après avoir pris les devants sans se faire remarquer. Nous avions d'abord cru à une véritable attaque. Bien que les esclaves portent eux aussi quotidiennement des épées touareg, ils n'étaient armés pour le gado que d'« outils ». Les épées et les lances étaient le privilège traditionnel des distingués « Imajaren », la couche dominante des Touareg. Heinrich Barth, qui fut le premier Européen à voyager dans l'Aïr, il y a cent trente ans, eut une expérience similaire :

« Comme je me trouvais juste au premier rang de la caravane et me sentais moins assuré sur mon chameau qu'à pied, je descendis de selle et tins mon mehari par la bride sans détourner les yeux de la scène qui se déroulait devant moi. Quelle ne fut pas ma surprise lorsque je vis deux des inconnus, en compagnie du Kel Owi, exécuter une danse guerrière d'une grande sauvagerie, tandis que les autres étaient tranquillement assis par terre ! Hautement étonné et ému, je mesurai mes pas lorsque deux des danseurs se précipitèrent sur moi, saisirent la bride de mon chameau et exigèrent de moi un tribut [15]. » Lorsqu'il voulut se saisir de son pistolet, on lui expliqua : « C'est ici que les Blancs (les Berbères) prirent possession de l'Aïr et qu'ils signèrent un pacte selon lequel les Noirs ne seraient pas exterminés. En souvenir de cela, les esclaves ont depuis lors le droit de réclamer un petit tribut à leurs maîtres... »

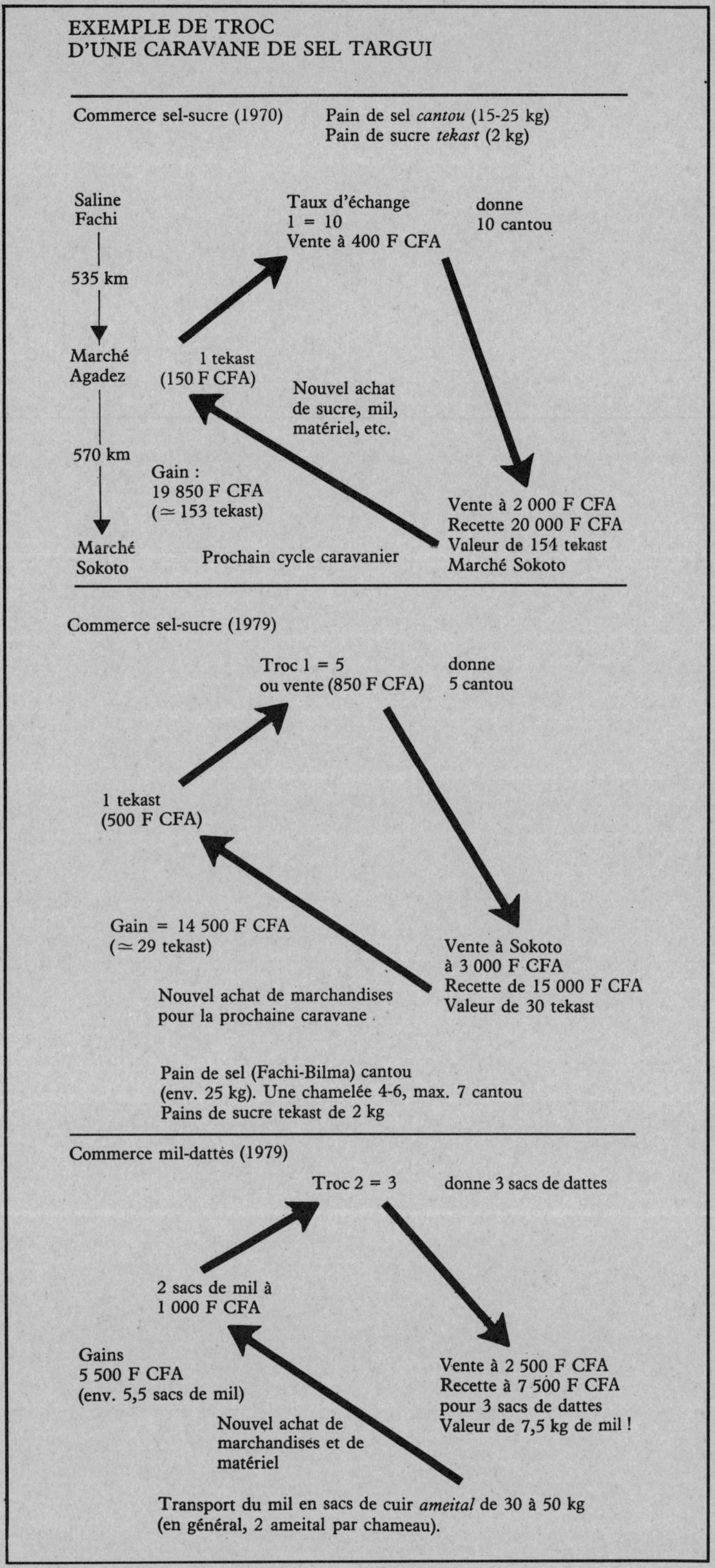

42
Champs de dunes le long du massif de Tamgak au nord-est de l'Aïr.

43
La caravane de sel tarhalamt *en route vers les villes salines de Bilma et Fachi dans le Ténéré (parcours aller). Les bêtes sont encore lourdement chargées de bottes d'alemos, certaines (au centre de la photo) portent en outre, fixées sur les bottes, des cannes de réserve pour la fabrication de bâts. La caravane est comme d'habitude répartie sur quatre rangées de chameaux.*

44-45
De retour de Bilma : la caravane chargée de sel, dans la plate mer de dunes du Ténéré, le « pays vide ».

46
Passage d'un col dans les dunes.

47
Préparatifs matinaux de départ au camp d'une caravane Kel Gress. Une bonne part des multiples objets de la caravane sont encore sur le sable : cônes de sel cantou *emballés dans des nattes, sacs* amitalen *remplis de dattes, cannes pour les bâts* kaokum, *et bâts* aroki. *Les deux cantou non emballés vont rester ici, certains chameaux étant affaiblis. Au premier plan, les effets personnels d'Haruna, le fils du guide de la caravane* madugu *: couvertures, épée, guitare, une guerba vide ainsi qu'un panier tout neuf, en fibres de palme, acheté à Fachi.*

48
Idrissa Mohamed — caravanier isaqqamaren — lors de sa première caravane. Son trench-coat lui a été donné. Il l'appelle amagal n'esamed *: remède contre le froid.*

49
Caravane Kel Gress : posée en travers sur les paquets de sel, une poutre de réserve pour le bois de chauffage ; les cordes usées et la crotte de chameau servent également de combustible dans ce désert de sable absolument vide. Dans le Ténéré on apporte même des pierres, voire, depuis peu, des trépieds qui servent de support aux casseroles. On distingue encore à côté de la poutre le carquois garni et l'arc de ce Targui Kel Gress, ainsi qu'une guerba vide roulée en boule.

50
Même les fragiles calebasses et les jattes d'argile résistent au transport à dos de chameau. Les motifs incrustés sur cette calebasse trahissent l'origine de la caravane : le style du décor est celui de l'école de Birni n'Konni (sud du Niger) ; c'est dans la localité voisine de Madawa qu'est né le guide de la caravane.

51
Mohamed, de Madawa, guide d'une caravane Kel Gress. On peut noter qu'il a orné son chapeau de paille d'une plume d'autruche, selon une habitude propre aux Bororo.

52
Dans le Ténéré.

53
Un chameau s'est enfui pendant qu'on le chargeait. Il porte déjà bride et sacs de chargement.

54
L'apprenti caravanier Djebrin, neveu de Gurman, fixe la bride akel.

42
43▷
44▷▷

49

50

51

53

Les caravanes aujourd'hui

L'économie des caravanes du Sahara, réputée morte depuis des décennies, existe encore dans une beaucoup plus large mesure que ne le laisse supposer un premier coup d'œil. Les caravanes évitent les pistes des voitures et les villes, mais des transports à dos de chameau n'en continuent pas moins de sillonner le désert dans toutes les directions, malgré les multiples tentatives qu'on fait pour les en empêcher. (Ainsi, par exemple, le Niger a interdit le commerce du petit bétail, pourtant profitable, par les frontières algérienne et libyenne ; l'Algérie, elle, a supprimé les caravanes de sel d'Amadror.) Ces frontières sont néanmoins franchies ; des Touareg du Hoggar m'ont parlé de caravanes clandestines qui se rendent au Mali, et j'ai rencontré à Tamanrasset des caravaniers de Gao. Dans l'Aïr j'ai croisé une caravane qui faisait route vers In Salah en passant par Ghat puis s'en retournait à Agadez ; un exemple du « commerce triangulaire » très courant dans le Sahara [16]. On trouve des caravanes qui se rendent à Taoudenni et Idjil dans le Sahara occidental, des Haoussa et des Kel Gress qui font régulièrement route vers Tegida n'Tessoum, des transports de calebasses à dos de chameau entre Kano, Agadez et Tahoua, commençant après la « récolte des calebasses », et même la ville uranifère d'Arlit est devenue un nouvel objectif des caravanes touareg : on y apporte des poutres de bois de palmier et des nattes de paille tressée de l'Aïr pour la construction des huttes. On rencontre aussi de petites caravanes qui s'improvisent localement. En marge du système moderne de transports automobiles ou aériens s'est maintenue une « infrastructure nomade » qui, comparée au commerce traditionnel transsaharien, est presque négligeable, mais qui n'en a pas moins gardé une importance que l'on ne saurait sous-estimer pour bien des nomades, les petits villages de toile et colonies du désert et du Sahel. Les Touareg du Niger vont jusqu'à soupçonner un stratagème d'étranglement des caravanes de sel, jusqu'alors protégées par le gouvernement, par la mise en place de camions subventionnés et ce non pas en raison de l'insuffisance de leur rentabilité, mais parce que les ressources des caravanes assurent aux Touareg une autonomie encore trop importante.

« De toutes les innovations que les Français ont introduites au Sahara, écrivait Capot-Rey en 1953, aucune, pas même la paix ni la multiplication des puits, n'eut de plus profond impact sur les conditions de vie que l'automobile. Pour retrouver un événement d'une importance comparable, il faut remonter à la domestication du chameau [17]. » En 1909 Chudeau écrivait : « Taoudenni n'a plus que quelques années à vivre [18] », et pourtant Clauzel constatait en 1960, au terme d'une étude approfondie des salines de Taoudenni, une progression du commerce salin de cette ville : « ...c'est sans doute incompréhensible, probablement antiéconomique... mais incontestable [19] ». On peut donc se demander comment les caravanes inter-sahariennes — quel que soit le sort que l'avenir leur réserve — ont pu survivre jusqu'à présent. Car les caravaniers ne sont nullement des vieux attachés aux traditions, j'ai au contraire rencontré partout des hommes jeunes, des enfants et des adolescents dans le *caravan-business.* La caravane de 1979 présentait justement un nombre particulièrement important de « nouvelles recrues » : Idrissa, à dix-neuf ans, en était à sa première caravane, Yakouba avait laissé tomber son emploi de veilleur de nuit au Nigeria, Gurman, à peine la trentaine, recevait une formation de guide de caravane, pour ne citer que quelques exemples. Alors que les caravanes de Taoudenni se sont développées, le trafic caravanier entre Fachi et Bilma est resté plus ou moins constant. Laissons parler les chiffres depuis l'époque coloniale jusqu'à ce jour : de 1924 à 1932 le nombre des chameaux oscillait entre 7 300 en 1925 et 10 600 en 1931, avec une moyenne de 8 777 chameaux par saison de caravane [20]. P. Fuchs mentionne respectivement pour les hivers 1973/1974 et 1976/1977 environ 10 000 chameaux [21]. Autrefois les caravanes touareg se rendant à Fachi ou à Bilma étaient toujours immenses, pour parer aux éventuelles attaques, alors que les Touareg recommencent aujourd'hui à se déplacer en petits groupes. Les fréquentes indications relatives à la « réduction de la taille des caravanes » sont par conséquent sujettes à caution. Nicolaisen écrit très justement : « ...et il est clair qu'ils ne continueraient pas à exercer leur commerce si ces expéditions n'étaient pas rentables, car elles sont extrêmement éprouvantes [22] ».

Le troc du mil contre le sel continue d'être la base de profit de bien des caravanes. La valeur du sel du désert s'explique par le manque de gisements et par un besoin élevé au centre de l'Afrique, en bordure méridionale du Sahara ; le Sahel n'offre que peu de gisements naturels de sel, et de moindre importance (par exemple Monga, Dallol Fogha) ; seules les salines du désert, difficiles d'accès et loin de tout, produisent un sel de qualité. Les troupeaux consomment une énorme quantité de sel, et la consommation humaine est élevée elle aussi à cause de la chaleur. Bien des peuples du Soudan ont dû recourir à des ersatz de sel : des succédanés amers (et riches en potassium), extraits d'engrais animal ou de cendre végétale, par exemple des feuilles de Siwak, *salvadora persica*)[23]. On trouve le sel des caravanes jusque dans les capitales, aujourd'hui encore, à Niamey et Nouakchott ; au marché Rose de Bamako, le marchand de sel fait valoir les blocs de sel gemme sciés en morceaux en provenance de Taoudenni et d'Idjil, les cantou et les fochi du Kawar, les *taghlelt* rougeâtres de Tegida. Le moins prisé est le sel de mer que l'on considère comme inorganique et appauvri, *tesemt wan aman* ; au sel du désert on attribue des vertus magiques. C'est là également une des raisons qui expliquent la survivance des caravanes de sel.

Outre ces facteurs liés au sel en tant que denrée, les particularités ethno-sociologiques du commerce des caravanes de sel jouent un rôle déterminant : les caravaniers, nomades des steppes et des déserts, ont en face d'eux les citadins et les paysans du Sahel, des sédentaires ; les changements dus à la « modernisation » et au « développement » ont pour les uns et les autres des conséquences très différentes et même en partie contradictoires. Les différences sociologiques sont renforcées par les particularismes ethniques et régionaux. Les sédentaires, c'est-à-dire les Nègres et les Arabes, sont aux yeux des nomades les successeurs immédiats des puissances coloniales. L'indépendance des divers pays a eu bien des inconvénients pour les nomades, le « développement » qui leur est maintenant prescrit a pour eux des conséquences tellement destructrices qu'ils ne peuvent s'y soustraire que par un refus total, notamment parce qu'on ne leur laisse pas la possibilité d'une adaptation progressive, même quand elle serait envisageable. Le passage du chameau au camion, de la tente à la maison construite, etc., implique des changements qui dépassent largement le seul aspect technique et matériel, aussi est-ce précisément à cette charnière que se manifeste l'exigence constante et fondamentale des « modernistes » : la sédentarisation des nomades ! Celui qui contraint le nomade à avoir une maison n'est pas guidé par le souci de lui assurer un toit solide mais par la volonté

Cycle annuel des activités : pâturages, oasis, caravanes

SAISON		VENT	OASIS*	CARAVANE (Exemple des Isaqqamaren en 1979)
Juillet-septembre	SAISON DES PLUIES Pâturages verdoyants, eaux de surface.	Vent du sud-ouest	Production du sel	Chameaux mis au repos en vue de la caravane : cure de sel. Période de réunions et de fêtes, la pâture et l'abreuvement des troupeaux donnent moins de travail.
	Migration des nomades vers le nord.		Récolte du mil	La saison des caravanes débute après la saison des pluies.
Octobre-décembre	SAISON SÈCHE Les puits de surface tarissent, la végétation se dessèche.		Récolte des dattes	Octobre : négociations avec d'autres caravaniers touareg. Novembre : rassemblement du matériel et préparation des chameaux. Décembre : départ, arrêt à Agadez, achat de vivres et de marchandises diverses.
Janvier-mars	HIVER Pâturages desséchés	Vent du nord-est (harmattan)	Fertilisation des dattiers	Janvier : campement préparatoire : cueillette de l'alemos (fourrage pour les chameaux) ; l'équipement est complété. Février : lente progression dans l'Aïr : derniers approvisionnements (combustible et bois de bâts) ; traversée du Ténéré ; Fachi/Bilma : sel et dattes. Mars : retour : petit arrêt en famille et retour vers le sud.
Avril-juin	ÉTÉ Manque de pâturages et d'eau. Migration des nomades vers le Sud.		Production du sel	Avril : arrivée au Nigeria (Sokoto) ; vente de dattes et de sel : payés en monnaie ; avec cet argent : achat de mil ; retour à la famille. Fin de la saison des caravanes : chameaux en pâturage, stockage du mil ; vente occasionnelle de mil en cas de besoins pécuniaires.

(*) Jardinage toute l'année.

Dépenses et recettes d'un caravanier targui (Idrissa), en 1979

Cet exemple montre les frais réels d'une caravane menée par un nomade targui en 1979 ; ces dépenses, compte tenu du facteur d'usure, sont sensiblement les mêmes chaque année. L'équipement de base existant n'est pas compris dans ces dépenses : chameaux, ustensiles de ménage et une grande partie des accessoires.

Bilan : 1 homme, 11 chameaux, 2 700 kilomètres, 120 jours ; gain : 263 900 francs CFA.

ACHAT Équipement, marchandises	DÉPENSES
11 chameaux	biens familiaux
Matériel d'emballage/accessoires :	
22 attelles de bois *chisdar*	fabriquées
22 bois de bât *kaoken*	sur place
4 muselières de chameaux *tagmamt*	
11 brides *akel*	
11 entraves *teffert*	
22 filets pour l'alemos *tatati*	
1 alêne de bois *asserda*	
1 faucille *elgeshwad*	
1 massue *magesges*	
1 tablier de cuir *gabagaba*	existant
20 sacs *ameital*	existant
12 nattes d'emballage *shereben*	existant
2 sacs neufs, achat du cuir	1 600 francs CFA
10 nattes d'emballage neuves, achetées	2 000 francs CFA
Ustensiles de cuisine :	
1 hache neuve *tasuf*	1 500 francs CFA
Plats, casseroles,	existant
mortier de bois, bidon pour le beurre (liquide),	
service à thé,	
grande jatte-abreuvoir *tarlel,*	
cuillères de bois,	
seau en cuir *delu,*	
3 guerba *abeo,*	
supports de guerba *tamali*	fabriqués
Provisions :	
1,5 sac de mil *enele* (45 kg)	1 500 francs CFA
thé, sucre, huile, tabac à chiquer, soude,	
parfums pour le thé, noix	6 000 francs CFA
Total	12 600 francs CFA
Marchandises commercialisées :	
a) transportées vers les salines :	
11 sacs de mil de 30 kg	11 000 francs CFA
14 pains de sucre de 2 kg	7 000 francs CFA
10 fromages *tikomaren*	500 francs CFA
2 sacs de charbon de bois	fabriqué
thé, beurre, viande séchée,	non
étoffes, combustibles, cuillères de bois	inventorié
b) acquises à Fachi :	
10 régimes de dattes *aserser*	500 francs CFA
25 barres de sel *fochi* de 2 kg	750 francs CFA
Total	19 750 francs CFA
Total dépenses	32 350 francs CFA

VENTE ET TROC DE MARCHANDISES	RECETTES
Fachi :	
11 sacs de mil	17 sacs de dattes
14 pains de sucre	70 *cantou*
10 fromages de l'Aïr	2 500 francs CFA
2 sacs de combustible	4 000 francs CFA
Agadez :	
2 *cantou*	4 500 francs CFA
Sokoto :	
68 *cantou*	204 000 francs CFA
25 *fochi*	6 250 francs CFA
10 régimes de dattes	2 500 francs CFA
17 sacs de dattes	42 500 francs CFA
Transport de passagers	30 000 francs CFA
Total recettes	296 250 francs CFA

BÉNÉFICE 263 900 francs CFA

de le rééduquer, de le « coloniser de l'intérieur ». « Il n'y a pas de Touareg, nous sommes tous des Algériens », m'avait ainsi répondu, il y a quelques années — et c'est significatif —, le sous-préfet de Djanet à qui j'avais demandé l'autorisation d'une visite chez les Touareg du Tassili. Partant d'expériences similaires chez les Indiens, Bosse se résigne à conclure : « La colonisation de la nature extérieure des hommes du tiers-monde est aujourd'hui largement réalisée... La tâche que se sont assignée les hommes de progrès, commencée par les missions et une politique culturelle et qui en revanche n'est pas achevée, est celle qui vise à coloniser la "nature intrinsèque", à déposséder les êtres de leur conscience [24]. » Contrairement à de nombreux peuples du tiers-monde, les nomades du Sahara jouissaient d'une situation privilégiée. Les seigneurs coloniaux les ménageaient et même les respectaient, ils vantaient « leurs sentiments chevaleresques, leur bravoure militaire », etc. (La révolte des Toubou éclata après que les Français se furent retirés du Tibesti ; les Touareg ne prirent pas part à la guerre d'Algérie.) La mobilité de leur forme de vie, les grands espaces vitaux du désert et des steppes conduisant à la dispersion ont empêché toutes contributions directes, même à l'heure et par le biais du tourisme, comme par exemple chez les Dogon du Mali et autres ethnies sédentaires qui n'ont pas la possibilité géographique de se dérober. Le côté difficilement saisissable des nomades, tant et tant déploré, est leur chance — cela dit, les appareils gouvernementaux sont opiniâtres. Ce n'est qu'après une vraie poursuite, dit le compte rendu de la campagne de recensement des nomades au Niger en 1963, que l'on put les rattraper, l'arrivée des recenseurs avait provoqué une panique complète [25]. Leur besoin de se démarquer, condition de la cohésion socio-culturelle des nomades dans l'espace et dans le temps, s'appuie sur la conscience qu'ils ont de leur propre valeur ; cette séparation est facilement réalisable dans l'immensité du désert, et elle est protégée par une stratégie de défense et une attitude de réserve : la plupart des chefs ont un nom administratif qu'ils ne citent que devant des représentants des services publics. Beaucoup taisent l'existence de leurs enfants afin de ne pas être obligés de les envoyer à l'école, des tribus entières émigrent ou passent d'un État saharien à un autre pour échapper aux tendances des États à les intégrer, tendances qui ont toujours représenté une menace pour leur existence même. Malgré cela, les Touareg se sont longtemps refusés à se procurer des armes à feu, celles-ci étant en contradiction avec leur code de l'honneur car elles permettraient à une femme de tuer un guerrier [26]. Alors que déjà les empereurs romains poursuivaient leurs programmes de colonisation le long du limes nord-africain, de l'autre côté de celui-ci les sociétés nomades se décomposaient dès qu'elles devenaient sédentaires. Chez les Foulbé (Peul), cette conscience de leur identité s'exprime par une parabole : « L'ensemble formé par le mode de vie, les mœurs et le système de valeurs des

55
On rattrape un chameau qui s'était détaché. Dans les balles de fourrage bien ficelées, on a introduit quelques poutres : c'est la réserve de bois de chauffage de la caravane.

56-57-58
En bordure du Ténéré, on abat un chameau épuisé. Nous suivons au pas de course, dans les sillons de ces vieux chemins les traces de la caravane qui poursuit sans s'arrêter. Le propriétaire du chameau, El-Hadj Isa, n'a même pas pris le temps de reprendre la bride de la bête abattue.

59
Il faut de nouveau abandonner des cônes de sel, qu'on a pourtant déjà portés sur 300 kilomètres, pour ménager les animaux qui restent.

60
Deux caravanes se croisent. A l'horizon on distingue à peine — extrêmement pâles sur la photo — les derniers contreforts de l'Aïr.

61-62
Encore en plein Ténéré, à l'endroit où l'on commence tout juste à discerner au loin le mont de Fachi, la caravane est arrêtée. Une très ancienne coutume, le gado, *se déroule : les Noirs de la caravane attaquent leurs « maîtres blancs » qui doivent payer d'un petit tribut le droit de passage. La tradition veut que les assaillants se déguisent avec des draps jetés sur les épaules, se passent la tête dans un filet tressé et s'arment de faucilles, de bâtons et de haches.*

63
Le puits au centre du Ténéré, célèbre jusqu'en 1973 pour son unique acacia tafagak, *« l'arbre du Ténéré » — à l'embranchement des pistes de Fachi et de Bilma — est un point d'eau important, c'est-à-dire le seul que les caravanes rencontrent dans le Ténéré. Faute d'avoir avec eux une corde pour puiser, mes caravaniers ont mis bout à bout, tant bien que mal, les brides des chameaux.*

64
La caravane approche de sa première étape : la longue falaise de Fachi, devant laquelle on distingue les grandes palmeraies de l'oasis.

65
Chevauchée vespérale dans le Ténéré. On distingue nettement les détails du chargement d'un chameau : tout en-dessous, de chaque côté, deux sacs ameital empaquetés et servant de coussins, disposés respectivement en avant et en arrière de la bosse du chameau. Ils sont remplis de dattes, de mil, de haricots ou seulement de crottes de chameau et de chèvre. Dans le sens du corps de l'animal, on pose par-dessus deux cannes kaoken *(voir ph. 43), qui répartissent également sur les sacs le poids des charges qu'on y suspend par paire — pains de sel ou bottes de fourrage.*

56

57

58

59

60 ▸

61

62

63

64

Bororo constitue la Voie-Foulbé. Les Bororo décrivent symboliquement la Voie-Foulbé comme un sentier à vaches, traversant la brousse des voisins négroïdes qui s'apprêtent, comme des hyènes aux aguets, à dévorer les Bororo. Aussi les Bororo sont-ils persuadés qu'ils s'effondreraient s'ils s'écartaient de la Voie-Foulbé [27]. »

Le succès du commerce caravanier exige fondamentalement que l'on dispose de temps, d'une mobilité suffisante, de bêtes de somme et des connaissances nécessaires à une utilisation rationnelle des ressources naturelles. D'impressionnants calculs indiquent le gain de temps réalisé grâce à la plus grande vitesse d'un camion, la quantité supplémentaire de marchandises transportables dans un temps donné. Pour les nomades, ces aspects du problème ne comptent pratiquement pas. Schiffers [28] écrit à propos du commerce des caravanes : « Dans le calcul des frais, le facteur temps, ailleurs si important, était absolument absent », et J. Geneviève rapporte que, parmi les nomades, les Kounta, commerçants nés, sont « passionnés par le gain au point de faire une étape de plus pour gagner 5 francs sur le prix d'une barre de sel, dédaigneux de leur temps comme de leur fatigue, bénéficiant d'un excellent réseau de courtiers-logeurs, bien renseignés sur les variations des prix [29] ».

Alors que bien des responsables conçoivent leurs plans de développement comme s'ils avaient à distribuer un espace inhabité, à définir la structure économique et sociale qui serait en théorie la plus favorable et ainsi, bien souvent, aboutissent à une idée erronée de la réalité, le nomade « pris dans les mailles de son existence [30] » (Heinrichs) lutte dans l'univers concret de son quotidien avec les moyens dont il dispose. La rentabilité est définie d'une manière abstraite, sans tenir compte de la situation des intéressés. Il ne faut pas oublier que, pour la majeure partie des nomades (ainsi que des petits paysans d'Afrique), l'utilisation d'un camion ou d'autres produits d'une plus grande technicité, quand bien même ils la souhaiteraient, ne représente pas une alternative possible. (Il y a des exceptions : j'ai rencontré en Mauritanie un jeune éleveur qui s'était acheté, avec le bénéfice réalisé sur ses milliers de chèvres et de chameaux, une Landrover flambant neuve et faisait garder ses troupeaux par d'autres.) Cependant la plupart des nomades n'ont ni les moyens financiers ni le savoir-faire ni la motivation nécessaires au changement, en revanche ils peuvent, à condition de trouver des pâturages passables — ce dont ils essayent de s'assurer au cours de longues marches —, augmenter leurs troupeaux presque sans capital en n'engageant que leur « temps ». A côté de cela, les très nombreux contacts que leur offre un système ramifié de parenté et de clientèle leur donnent la possibilité d'acquérir ou d'utiliser des animaux. L'outillage technique se détériore avec le temps tandis que les bêtes se multiplient. C'est sur cette base que l'éleveur assure son existence, soit en utilisant les produits dérivés des animaux soit en vendant, à l'occasion, ou en employant ces animaux pour les transports. Ainsi il ne sort pas de son environnement social ; il travaille avec un minimum de dépenses personnelles et de grandes marges de bénéfice.

De surcroît le système moderne de transports implique par rapport aux transports par caravane un autre type de relations de marché. Il suppose des denrées dont le prix permette d'amortir les frais de transport plus élevés ; facteur presque insignifiant pour les nomades car leur vie « en caravane » ne leur coûte pas plus cher. Au contraire — plus la distance est grande, plus le transport par caravane est avantageux car la valeur de la marchandise augmente d'autant, tandis que les « frais d'exploitation » sont les mêmes, c'est-à-dire essentiellement les frais normaux de la vie courante. Le faible coût des transports effectués par caravane fait souvent obstacle à la rentabilité des transports en camion, car le profit que ces derniers permettent éventuellement de réaliser est soumis aux contraintes inhérentes à la production, à la demande, et à l'état du réseau routier. Le commerce caravanier n'est pas seulement le précurseur primitif des moyens de transport modernes, mais une forme qui s'est maintenue là où elle remplissait une fonction complémentaire, où elle permettait un appoint de ravitaillement, si l'on peut dire, au niveau le plus bas. Le maintien de ce créneau économique résultant de la nature même du désert et de la steppe est, abstraction faite de tout préjugé, tout à fait souhaitable si l'on ne veut pas que le « Sahara utile » devienne en même temps de plus en plus un « Sahara désert ». Ce n'est pas avec l'augmentation du prix du pétrole qui touche précisément les pays du tiers monde — en Mauritanie le litre d'essence coûtait l'équivalent de 6 à 7 francs en janvier 1977 — que l'on peut s'attendre à voir baisser le coût des transports en camion, et les tentatives d'abolir brutalement le commerce caravanier, parce que « rétrograde », apparaissent du même coup irréalistes et déraisonnables. La rage d'employer la technique moderne, cependant, peut mener loin, comme le montre un extrait des projets du commandant Godard qui préconise le « nomadisme aéroporté ». « Il consiste à transporter les bêtes par avions-cargos spécialement aménagés. A partir de points de rassemblement judicieusement répartis dans le désert, là où des terrains d'atterrissage peuvent être aménagés aux moindres frais, les moutons seraient dirigés vers des zones de pâturage plus favorisées qui, soulignons-le, varient d'une année sur l'autre. Dans les périodes de grande sécheresse... une partie des moutons non abattus sera laissée sur place... Quant aux autres, ils seront transportés par avion dans des régions plus clémentes » (Cdt Godard, *l'Oasis moderne*, Alger, 1954 [31]).

« Les caravanes ne se justifient plus », entendis-je un jour de la bouche d'un ingénieur chargé par le gouvernement de la construction de puits à Niamey, dans le cadre d'un projet allemand. « Il faut neutraliser le système caravanier, poursuit-il, il n'est pas rentable. Il est tout à fait normal d'étouffer les nomades, n'ont-ils pas eux-mêmes jadis pressuré les Noirs ? » Il exprime malheureusement ce que pensent tous ceux, nombreux, à qui les effets négatifs d'une propagation systématique du mode de pensée occidental n'ont pas servi de leçon parce qu'ils ne comprennent pas la mentalité des pays du tiers-monde et des hommes auxquels leurs mesures s'appliquent. Ainsi mon interlocuteur vante les mérites de l'emploi salarié des nomades à la construction des routes, mais il reste muet lorsque je lui demande ce qu'ils deviendront une fois les travaux achevés. Comme il se référait à une enquête sociologique, j'ai regardé de près ce travail et je me suis aperçu qu'au contraire on y faisait des propositions en vue d'activer le trafic caravanier local[32]. A cela s'ajoute une falsification d'ordre général qui brouille le tableau. Les camions utilisés pour cette concurrence proviennent pour la plupart des stocks de l'aide étrangère ou bien ils sont fournis par les sociétés de transport subventionnées et quasi nationalisées, si bien que les calculs de rentabilité sont effectués à partir d'un matériel roulant déjà existant et ne prennent pas en considération le coût d'investissement initial ni d'entretien. La situation n'est donc pas celle d'une véritable concurrence. Les atteintes au système caravanier, tout comme les livraisons de mil pendant la sécheresse, sont d'une exécution rapide, mais ont de longues répercussions si l'on agit dans l'ignorance des structures socio-économiques complexes. Les conditions dans lesquelles la ville de Fachi a été ravitaillée pendant la sécheresse en sont un exemple. L'État ayant distribué du mil, les habitants de Fachi en achetèrent moins aux caravanes, ce qui entraîna une diminution du nombre de caravanes. P. Fuchs, qui était à Fachi à cette époque, écrit : « Cet enchaînement est inquiétant pour la ville de Fachi, car le jour où l'État cessera de distribuer du grain, personne ne sera en mesure de payer l'acheminement des céréales par camion : les moyens de transport modernes ne sont pas concurrentiels avec les caravanes dans ce domaine. Avant la crise du pétrole déjà, le transport automobile d'Agadez à Bilma coûtait 500 000 francs la tonne. Cette somme permet en temps normal d'acheter deux tonnes de mil aux caravanes et — avantage déterminant — on n'a pas besoin d'argent, on peut payer en nature avec ses propres produits, du sel et des dattes. Aucun transporteur ne pourrait proposer des conditions aussi avantageuses. Aussi dépend-on désormais à nouveau des Touareg pour s'approvisionner en mil. Cependant le troc traditionnel du mil contre le sel et les dattes est perturbé par les distributions gouvernementales de vivres. Quand celles-ci auront pris fin, il s'écoulera au moins un an avant que le commerce traditionnel ne redevienne normal — le commerce traditionnel des caravanes entre Touareg et Kanouri du Sahara, que la littérature se plaît souvent à qualifier d'"anachronique", constitue donc, compte tenu de la situation locale, la forme optimale d'échanges de biens entre les habitants du Sahara et la population des régions du Sahel[33]. »

LE SEL DU DÉSERT

Fachi et Bilma, les salines du Ténéré

J'étais une fois de plus devant les murs de Fachi, brun passé, à moitié effondrés, je traversais à nouveau la fournaise pour me rendre aux salines, au pied de la falaise noyée dans le sable qui abrite Fachi et ses jardins de l'espace du Ténéré. Au bout d'une demi-heure, j'avais atteint la « ville du sel », des rangées de cantou dressés les uns contre les autres, serpentant autour des huttes des ouvriers du sel et reconnaissables de loin. Entre des terre-pleins poussiéreux et des dunes abruptes, les profondes, les vastes galeries de sel, accessibles par des renfoncements, surplombées par les maisons délabrées des blocs du campement : construites en pierre à sel, remplies de sel, entourées de sel. Sel brut amoncelé en tas scintillants, cônes de sel dressés comme des pièces d'échecs. Dans le fond de la mine, on n'entend pas un bruit, pas un souffle de vent, pas un animal. La marée multicolore de sel absorbe le bleu limpide du ciel, le transforme en une palette étincelante de solutions salines les plus diverses, distribuées dans des bassins plats polygonaux. Telles sont les carotides de Fachi comme de Bilma : des gisements de sel en surface, dilués par les eaux souterraines qui voient ici le jour, mêlés de minéraux colorants dans toutes les nuances allant du rouge au brun en passant par l'ocre, le jaune soufre et le vert olive : lumineuses, se réfléchissant ou pâlissant dans des tons pastel sous une couche de peau qui se fige comme de la glace sur une mare enneigée. Mon visage se reflète, incandescent, dans une flaque d'un rouge criard, la poussière que je respire a un goût de sel, amer et sec. Je marche prudemment sur le sol crissant. Il est dur, craquelé, fissuré et jonché de blocs de sel pointus et de débris de terre acérés.

L'extraction du sel se fait en majeure partie en été, d'avril à octobre ; la chaleur estivale, avec une température moyenne de 44 °C à l'ombre, enflamme les oasis, jusque dans les recoins les plus cachés de leurs taupinières ; dans les mines elles-mêmes, à l'abri du vent, l'air brûle à 70 °Celsius. « Même un homme vigoureux est épuisé au bout de deux heures de travail dans les salines », écrit P. Fuchs. Néanmoins, il faut profiter des fortes chaleurs qui permettent une extraction plus rapide du sel, la saison fraîche étant réservée au jardinage. La production locale de sel atteint 2 000 tonnes par an, de quoi charger environ 13 000 chameaux. Le sel de Bilma passe pour plus précieux, mais les salines et le mode de fabrication sont identiques à Fachi. On voit également aux coutumes inaugurales des salines que les habitants de Fachi et Bilma viennent du Sud. Il semble que des rites agraires soudanais (du stade paléonigritique) se soient ici perpétués, teintés d'islamisme, et soient passés à la « récolte du sel ». Une prière commune inaugure au printemps le travail aux salines, suivie d'un couscous et d'une procession des hommes aux salines, au cours de laquelle sont façonnés, sous le patronage du *boulama,* le maître de la saline, les sept premiers cantou et pour terminer a lieu un repas en commun composé de *foura* (mil en sauce). Le déroulement et la division des travaux sont soumis à un rythme fixe, six jours de travail hebdomadaire, le vendredi étant consacré à Allah. Les travaux sont exécutés par les membres de la famille du propriétaire ainsi que, et surtout, par ses « clients », les *toujana* — descendants d'anciens esclaves —, et les « ouvriers saisonniers ». Tous travaillent ensemble une partie de la journée, puis le propriétaire se retire. Les ouvriers sont rétribués en parts de sel de toutes sortes, qu'à leurs heures de loisir, et notamment le jour où ils ne travaillent pas, ils peuvent transformer en cônes (cantou), ou en petites meules de sel. Traditionnellement le propriétaire leur fait cadeau à la fin de la saison, à titre de rémunération complémentaire, de bandes de coton blanc à tisser — qui jadis avaient communément valeur d'argent, de dot et de bandage pour les morts au Soudan — ainsi que d'une jupe bleue pour les femmes.

La fin de la saison des salines est proclamée par un crieur public. Passé ce moment, l'extraction du sel requiert l'autorisation du chef du village, sans laquelle on est astreint à céder 90 % de sa production. Cette amende est l'*hadilé.* Le chef du village gère de même, par exemple, les salines devenues vacantes par suite de l'extinction d'une famille ; il a le pouvoir de les attribuer à d'autres habitants de l'oasis, moyennant un certain prix d'achat. La propriété ainsi acquise est transmissible héréditairement. L'offre, sous forme de sel et de dattes, faisait jadis l'objet d'un accord entre le chef du village, les chefs de famille et une délégation de représentants de diverses tribus de Touareg caravaniers, et elle était proportionnelle à l'importance de la caravane. Les caravaniers arrivant en automne étaient certains de trouver assez de sel ; quant aux Kanouri, ces accords leur garantissaient un approvisionnement en mil suffisant. Aujourd'hui encore, il est courant que des limites soient imposées à la saison de production, « pour éviter qu'une éventuelle surproduction de sel ne donne à quelques-uns la possibilité d'éliminer les autres du marché », m'expliqua un des jeunes instituteurs de Fachi. Des accords semblables, encore que notablement plus amples et plus précis, réglementent le ravitaillement de Taoudenni par la grande caravane du sel *azalai*. (*Azalai* désigne exclusivement la caravane de sel de Tombouctou [34]. L'étymologie du terme azalai n'est pas claire, mais on le traduit généralement par « groupement de chameaux ». De nombreux auteurs emploient également ce mot pour désigner d'autres caravanes de sel, cependant la caravane de Bilma s'appelle *tarhalamt (tamasheq).* Il existe en outre le mot haoussa *aïri.* Les Touareg désignent les caravanes du Hoggar et de Taoudenni du mot *asikel* ou *tarakeft,* qui signifie tout simplement « caravane » ; les Maures parlent de *el-bil* ou azalai.)

Les principes de base de l'extraction du sel sont très simples. On distingue toutefois nettement une série de phases de travail et de « maturation » qui s'étendent sur quelques semaines et sont surveillées par un ouvrier qualifié, le *kalala bactouma* ou *kalala soroma.* Le sel provient de l'évaporation des eaux salées, évaporation que l'on accélère en répartissant les eaux dans des bassins de forme plane. Étant donné la très forte salinité des eaux, il n'est pas nécessaire d'avoir recours à un procédé d'enrichissement tel qu'on le pratique à Tegida n'Tessoum, par exemple. Une mince pellicule de sel commence par se former sur la saline que le *kalala bactouma* prend soin de désagréger au fur et à mesure en l'aspergeant d'eau, car elle gênerait l'évaporation. D'après René Gardi, cette phase s'appelle « marier le sel [35] » ; Grandin dépeint la suite du processus de formation du sel en ces termes : « Après avoir été précipité au fond du bassin, il n'est d'abord qu'une masse pâteuse en voie de cristallisation : le *minto.* Celle-ci mettra trois semaines environ pour se cristalliser et devenir du *béza,* sel aux cristaux durs. Peu à peu une nouvelle couche minto se dépose sur le béza et le comprime tandis que celui-ci, par sa base, s'intègre lentement au *kow* qui le précède dans la saline. Le kow, véritable bloc de sel, dense et compact, repose à son tour sur un dernier lit de sel pétrifié, plus clair et moins dense : le *kali,* dans lequel il finit par se fondre et qui est la dernière forme que le sel prenne dans la saline. Si nous faisions une coupe verticale de la saline, nous trouverions de bas en haut : le kali, le kow, le béza, le minto, l'eau saturée de sel et une pellicule en surface [36]. »

Les ouvriers sont pieds nus dans la saumure, bras et jambes recouverts d'une croûte blanche. On racle le sel béza avec des truelles en fer blanc ou de vieux débris de calebasse, puis on le met dans un grand plat au bord de la saline. Les femmes, leurs enfants sur le dos, travaillent elles aussi, comme porteuses. Pour la fabrication des cantou, on se sert de toutes les particules de sel, y compris les fonds salins *kulgum* et les cendres végétales que l'on mélange au reste. Les morceaux de kow et de kali sont détachés du fond à l'aide de piquets puis pulvérisés avec des pilons en bois, ainsi que tout le sel béza qui s'est solidifié en séchant. En règle générale, les hommes travaillent par équipes de quatre ou cinq : deux *magema* malaxent la poudre des différentes sortes de sel, la mélangeant à de l'eau pour obtenir une pâte de sel à gros grains qu'ils versent dans les moules à cantou, faits de stipes de palmier évidés. Un ou deux *guectouma* tiennent le moule, le tapent sur le sol pour en tasser le contenu, enfoncent dans le sable le cône de sel humide qui est alors confié au *nactouma,* généralement un homme plus âgé. Il lisse encore un peu la surface et surtout consolide et façonne la base qui déborde et a la forme caractéristique d'un champignon.

Outre les cantou, sont fabriquées une série de meules de sel plus petites que l'on moule dans de petites corbeilles ou des coupes. Le type le plus courant est le fochi (2 kilos) que l'on prépare avec la même mixture que les cantou. Toutes les autres petites formes sont faites uniquement avec du sel béza et sont utilisées comme condiment : *asrom* (4 kilos), *doumboul-doumboul* (un peu plus léger) et *doubour-doubour* (environ 300 grammes), que les Touareg appellent *tijinger.*

Les cristaux de béza pur, empaquetés dans des sacs de peau, servent eux aussi d'objets de troc. Une certaine sorte du sel béza de Bilma, de couleur jaunâtre, est très recherchée par les Touareg Kel Ferouan qui lui donnent le nom de « graisse de lézard [37] ». Cependant la différence fondamentale entre toutes ces variétés de sel réside dans la manière dont elles sont commercialisées. A côté de la catégorie béza/cantou il existe celle des « petites formes », qui se distinguent par une valeur socio-économique bien différente et complémentaire. Le sel béza et les cantou sont traités comme un bien collectif, la quantité produite est déterminée par le chef du village après consultation des chefs de famille et elle est fonction des accords conclus avec les nomades. Les chefs de famille disposent également des cantou des sauniers dont la rémunération, perçue sur le produit de la vente, par exemple sous forme de mil, fait l'objet d'un débat. Les cantou et le sel béza sont ainsi livrés « en bloc » à un commerce de gros, indépendamment de celui qui les a produits. Ce domaine est presque exclusivement réservé aux hommes. Si l'on entend parler un peu partout du troc du sel contre le mil, je n'en ai pas moins vu, dans toutes les caravanes où je me suis trouvé, du mil échangé contre des dattes, des cantou de sel contre des *tekast,* c'est-à-dire des pains de sucre. Du reste, les caravaniers indiquaient toujours le prix du sel par rapport à celui des pains de sucre. De même ils emploient pour désigner le cantou l'expression *tekast wa n tessoum,* une « meule » de sel, par opposition au *tekast wa n asukar,* le pain de sucre.

Les petites formes, en revanche, sont fabriquées par les femmes — et seulement occasionnellement par les hommes avec le sel qu'ils reçoivent en rémunération — et peuvent être troquées ou vendues individuellement. Ainsi le campement de la caravane est chaque jour la scène d'un commerce intense avec les femmes kanouri qui échangent leur sel contre fromage, oignons, noix de cola, cuillers en bois et autres petites denrées.

On peut donc confronter schématiquement deux domaines complémentaires :

♂ a) le cantou : bien communautaire (production contrôlée par le chef du village). Commerce de gros par l'intermédiaire des chefs de famille. Fabrication confiée aux hommes, utilisation pour la consommation du bétail. Forme : phallique.

♀ b) les « petites formes » : propriété individuelle, acquise en rémunération du travail. Commerce individuel laissé au (à la) propriétaire. Fabrication assurée par les femmes (et les salariés). Utilisation comme condiment (exception faite du fochi). Patelliforme.

Le sel béza commence par être « neutre », le saunier qui reçoit du sel béza pour son travail décide de la manière de le commercialiser : s'il le façonne en petites formes, il peut le vendre à sa guise, si en revanche il l'incorpore à sa mixture pour en faire un cantou, il doit en céder le négoce au chef de famille, propriétaire de la saline. Ces deux catégories de formes, qui semblent avoir été créées par hasard, apparaissent finalement comme l'expression immédiate des structures sociales, de la démarcation précise des domaines masculin et féminin.

Cet exemple montre déjà la relative complexité du créneau social dans lequel s'insèrent des éléments aussi simples que les produits des salines, il montre l'insuffisance d'un point de vue qui serait purement technique. J'ai eu l'occasion de voir que certains conducteurs de poids lourds se sont mis eux aussi récemment à acheter des pains de sel de Fachi et Bilma. Pour des raisons de commodité de transport et aussi, dans une certaine mesure, parce qu'ils s'adressent à un autre type de clientèle, ils se bornent aux « petites formes », c'est-à-dire à des denrées qui relèvent du « domaine féminin ». Cela peut vouloir dire soit que les femmes ont pris brusquement une part beaucoup plus active au commerce, soit qu'elles disposent de revenus supérieurs, soit encore que les hommes eux-mêmes apportent maintenant leur concours à la production de ces formes. En tout état de cause, les conséquences de ce phénomène vont bien audelà de ce que laisserait supposer le seul changement qui saute tout de suite aux yeux dans les moyens de transport. « La technique africaine, pour simple qu'elle paraisse à première vue (...), écrit G. Dieterlen, recèle une multiplicité d'éléments significatifs [38]. »

La chaleur torride de midi s'empara des salines. Je suivis les producteurs de cantou en ville dans la pénombre bourdonnant de mouches d'une maison à fleur de terre : des murs de pisé brun gris, lézardés, recouverts de tiges de palmiers, une vague porte dont les charnières de bois grincent. Un sol immaculé grâce au sable blanc que les enfants sont allés chercher dans les dunes, devant la ville. Les lèvres desséchées, j'ingurgitai l'eau douce et claire que l'on me tendit, pour me débarrasser d'un mauvais goût de poussière salée, puis je repartis. Je ne rencontrai pour ainsi dire personne, marchant sans but à l'heure du repos dans un labyrinthe de ruelles, suivant des chemins ensablés semblables à des canaux à sec, ceinturés de hauts murs aveugles, passant devant des cours désertes et des couloirs obscurs. A plomb sur les murets et les maisons, la lumière aveuglante de la fournaise se brisait sur l'opacité oppressante de l'ombre tapie dans les recoins des petits chemins creux. Des cris étouffés me parvenaient, des voix, des éclats de rire, le cliquetis des plats, le bruit du mil concassé dans les mortiers. La fumée s'échappant des feux sur lesquels on cuisinait se mêlait à l'odeur de la poussière brûlante s'élevant en tourbillons. Je sentais peser sur moi des regards cachés, je devinais des paires d'yeux m'épiant derrière les portes dans l'obscurité. J'entendis soudain des pas s'arrêter, leur martèlement s'étouffa puis s'éloigna comme si l'une des voix venues de l'invisible avait trahi mon approche à quelque passant encore tout aussi invisible pour moi. Un bruit de fuite, une envolée de sable, un pied propulsé par erreur dans mon champ de vision, armé de lourds anneaux tintants, tourne sur son talon en un éclair. Jetant une lueur fugitive, les reflets de l'étoffe vive et fleurie d'un vêtement s'arrêtant de porte en porte. Un enfant se précipita vers moi, aiguillonné par un chœur de voix trépidantes et cachées, et se jeta, juste avant d'arriver à ma hauteur, dans l'ombre protectrice d'une ruelle adjacente.

Je m'étais introduit dans l'une des plus anciennes cités encore habitées du Sahara qui, isolée et repliée sur elle-même, avait su se ménager jusque dans notre siècle une existence quasi fossilisée. La puissance et la protection de Fachi ne sont plus aujourd'hui assurés par son enceinte et sa forteresse *tata,* mais par une petite station de radio, le sous-préfet et quelques soldats du gouvernement central. Les contacts avec les étrangers n'avaient pas encore été polis par une très longue habitude. Les réactions, paradoxales, oscillaient entre la curiosité et l'épouvante, l'agressivité et la séduction, la menace et le jeu. Tous avaient été informés de ma présence, et pourtant ils prenaient tous un air étonné et se cachaient pour m'observer. Un groupe d'adolescentes sortirent en gloussant de la pénombre qui les cachait, se bousculèrent à ma rencontre en échangeant des allusions provocantes dont je devinais plus ou moins le sens. Et il suffisait alors d'un regard de ma part tourné vers elles pour provoquer leur fuite dans un mélange de panique et de coquetterie. « *Sanu, sanu* », me dirent les vieilles femmes en guise de salut en se couvrant le visage d'une main et en passant rapidement ; dans une attitude statique de recul, les vieux observaient ma ronde du pas de leur porte. Lorsque je vins m'asseoir avec eux, l'un d'entre eux entra dans sa maison et m'en rapporta une jatte de dattes. La ville, espérais-je, avait accepté mon irruption. Abdou, un jeune instituteur de Keita, une ville éloignée, dans le sud-ouest du pays, considérait les Kanouri comme des étrangers, des êtres incompréhensibles, et Sidi pensait de même ; mais son séjour ici était volontaire. Il était « enseignant en vacances ». Le cordon crépusculaire des invités venus de la ville défiler pour la danse nuptiale, les cris aigus des femmes ne l'incitaient qu'à une railleuse imitation. « Et ça vous intéresse ? », me demanda-t-il avec un étonnement poli.

Le roulement lointain des tambours grondait du fin fond de la ville, du cœur même des maisons accolées les unes aux autres pour former le labyrinthe d'un seul et même organisme et entre lesquelles une vie nocturne, invisible, triomphait fugitivement du silence et du froid. Les pesantes vibrations des tambours, quoique atténuées par la distance, déchiraient la nuit d'un fébrile retentissement, couvrant le timide écho des rythmes, des trilles, des discours, des chants et des rires de la marée humaine condensée dans la ville. Je suivis des traînards dispersés, disparaissant par l'obscure porte de la ville qui surgissait, gigantesque et menaçante, d'un sable luisant et livide comme peut être la lune. Les lueurs intermittentes de lampes de poche me guidèrent vers une petite place ceinturée de murs aussi noirs que la nuit. Je me trouvai soudain au milieu d'une masse humaine agglutinée, riant, dansant, frappant des mains, que je devinais plus que je ne la voyais, voilée dans un nuage de poussière, enveloppée dans un effluve d'encens et de parfums suspendus au-dessus des têtes. Un noyau de chaleur, de promiscuité, de mouvement, de sensations, de matérialité en pulsation dans l'enceinte protectrice des remparts de la ville ; une manifestation homogène et concentrée de la vie et de la sensualité de cette oasis isolée, à laquelle les murs encore imprégnés de la chaleur diurne offraient un refuge contre le froid d'un ciel cristallin où se perdaient, dans un silence profond et infini, les vibrations frémissantes et frénétiques du tambour.

Les villes oasis de Fachi et de Bilma, aujourd'hui rattachées au Niger, avec respectivement un millier d'habitants, sont, au milieu du désert, deux enclaves isolées des Kanouri venus de la région du Tchad, descendants des sujets de Kanem/Bornou, un empire dont la tradition tant orale qu'écrite permet de retracer l'histoire de sa domination du IXe au XIXe siècle. Des rois islamisés y ont régné, comme dans d'autres empires soudanais, autour d'une cour parfaitement organisée, sur des peuples païens pour la plupart. La dynastie des Séfoua, dont la tradition attribue l'origine à des nomades du Sahara (les Zaghawa), régna du IXe au XIXe siècle ; les Toubou (Teda) et les Kanouri sont des peuples

66
Bassin d'eaux salées laissées à l'évaporation, en bordure des salines de Fachi.

67-68-70
Le sel béza *cristallisé est recueilli dans un récipient en fer blanc et entreposé au bord de la saline.*

69
Les paillettes et les cristaux de sel sont ensuite pulvérisés et dilués avec de l'eau. Les femmes versent cette bouillie salée dans de petits moules plats. Une fois renversée sur le sable, la masse va se figer rapidement pour former des meules de sel dur fochi.

71
Ce sont les hommes qui produisent, à partir d'un mélange des diverses qualités de sel ainsi que des cendres végétales et des fonds salins, les cônes de sel cantou que l'on utilise pour le bétail. Un stipe de palmier évidé sert de moule pour les cantou, on y façonne parfois à l'intérieur des rainures longitudinales pour donner du relief. Le nactouma, *généralement un homme d'un certain âge, polit et parfait les contours et la base du cantou qui, au bout de quelques jours, sera un cône de sel bien dur, pesant de 20 à 25 kilos et prêt au transport.*

72
Vue de Kalala, la cité saline de Bilma, devant les monticules formés par les déblais de la saline, derrière lesquels on aperçoit, voilés d'une brume de sable, la falaise et les jardins de Bilma.

73
Le camp de la caravane à Bilma : une femme kanouri marchande un fromage séché tikomaren *avec un caravanier targui. En bonne Kanouri — ces femmes sont connues pour leur tempérament résolu —, elle se saisit déjà de la marchandise bien que le prix n'ait pas encore été arrêté.*

74
Les dattes sont avec le sel la principale production de Fachi et Bilma : elles peuvent être troquées contre du mil ou alors vendues.

75
Empaquetage du chargement de sel d'une caravane. Les cantou, *emballés par deux ou par trois, sont séparés les uns des autres par de la paille alemos puis enroulés dans une natte* shereben. *Les paquets ainsi obtenus, qui ont la forme d'une bobine, doivent tous peser le même poids afin de ne pas bouger au cours du transport. Une chamelée comporte en général 4 ou 6 cantou soit 100 à 150 kilos ; on ajoute encore parfois, en travers, derrière le cavalier, un cantou empaqueté seul (voir ph. 65). Ces jeunes filles kanouri ont apporté trois meules de sel* fochi, *dont la fabrication et la vente sont l'affaire des femmes.*

67

68

69

70

73

74

72

importants au sein de ces empires ; les Kanouri ont autrefois assimilé de nombreux éléments de tribus autochtones du Tchad, dans la mesure où elles n'avaient pas été, comme les légendaires Sao, anéanties. Léon l'Africain (1492-1526), Ibn Battuta (né en 1304 à Tanger), Dixon Denham (1786-1828), Heinrich Barth (1821-1865), Gerhard Rohlfs (1831-1896) et Gustav Nachtigal (1834-1885) ont parlé de ce peuple puissant du centre de l'Afrique, lieu de rencontre de la voie commerciale et culturelle orientale (vallée du Nil - Dar Four - lac Tchad - Soudan occidental) et de la route transsaharienne amenant du Nord les influences méditerranéennes. Dès le XIIIe siècle, le souverain Dunama Diballami (Fils de la Guerre) étendit son empire jusqu'au massif de l'Aïr et à la Libye, et investit de Kanouri l'importante chaîne d'oasis Fachi - Bilma - Tedjéré - Gatroun. Il y eut probablement aussi des enclaves kanouri à Ghât et à Mourzouk. Duveyrier [39] et Brulard [40] mentionnent à Ghât le quartier *kalala* et la porte Bab el-Kelala, ce qui fait penser au Kalala des salines proches de Bilma. Ces noms sont typiques des villes commerciales du Soudan : Barth cite par exemple à Kano le quartier Gao, Agadesawa et celui des commerçants Ghadamsi [41]. A Agadez, le quartier Gao rappelle, aujourd'hui encore, les commerçants de Gao au Mali, un autre, ceux de Ghadamès. Bernus écrit à ce sujet : « Cette partie de la ville est actuellement en ruines et presque entièrement déserte. Mais nous avons encore rencontré une vieille femme qui était originaire de Ghadamès [42]. »

Les rois *mai* entretenaient avec Tunis et Tripoli des relations diplomatiques. En l'an 655 de l'hégire (1277 de l'ère chrétienne), le roi de Kanem envoya une légation à la cour du sultan El-Mostancer à Tunis. Ibn Khaldoun relate cet événement : « Le sultan El-Mostancer reçut un riche cadeau de la part d'un roi des Noirs, souverain de Kanem et seigneur de Bornou, ville située sur le méridien de Tripoli. Parmi les offrandes que cette députation nègre lui remit se trouva une girafe, animal dont les caractères extérieurs sont des plus disparates. Les habitants de Tunis coururent en foule pour la voir, de sorte que la plaine regorgeait de monde, et ils ressentirent un étonnement profond à l'aspect d'un quadrupède dont la forme si étrange rappelait, à la fois, les marques distinctives de plusieurs animaux de diverses espèces [43]. »

Au XVIe siècle, qui marque l'apogée de l'Empire bornou, Idris-Aloma (1580-1617) investit à nouveau de Kanouri les oasis bordant la route du Bornou et « dirigea lui-même son armée à Kawar, affirmant ainsi vis-à-vis des Turcs entrés en Libye les prétentions du Bornou sur le cœur de la voie caravanière reliant les États du Soudan central à la Méditerranée [44] ». Habile diplomate, il sut instaurer de bons rapports avec les Turcs qui lui envoyèrent de Tripoli des conseillers militaires armés de mousquets pour la formation d'une troupe de défense. Elle constitua le noyau de son armée, perpétuellement en lutte contre les Boulala à l'est (Kanem), les Touareg de l'Aïr au nord-ouest, les Haoussa de Kano au sud-ouest et d'autres peuples du Soudan.

Les Kanouri furent par la suite expulsés de la plupart des oasis, quand ils ne se mélangèrent pas, comme au Kawar, aux Toubou. Ces métis ont le nom de *guézébida.* Des enclaves de purs Kanouri se sont maintenues à Tedjéré (Libye), à Fachi et à Bilma. La structure de la société traditionnelle divisait la population en hommes libres *(kambé)*, descendants d'esclaves *(toujana)*, et esclaves *(kara)*. Les seigneurs *mai* de ces cités-États isolés étaient désignés, au sein du clan des seigneurs, par l'assemblée des autres chefs de clan. En 1970 nous eûmes encore l'occasion de faire la connaissance du vieux et aimable sultan mai de Fachi. Au lieu de vérifier nos passeports, il nous offrit des dattes. Son fils et actuel successeur porte officiellement le titre de « chef de canton ».

Comme ils étaient souvent attaqués, les caravaniers se groupaient autrefois en gigantesques colonnes comprenant des milliers de bêtes ; leur rassemblement, dirigé par le *serki'n'turawa* (seigneur des Blancs), s'effectuait dans le sud de l'Aïr ; du temps des Français, la tarhalamt, la caravane de sel des Touareg, était escortée par des militaires. En 1906 encore, une grande caravane de sel fut attaquée tandis qu'elle arrivait à Fachi. Le dernier assaut de pillards signalé contre une caravane se produisit en 1956 sur le plateau de Mangueni, au nord de Djado [45]. Les caravanes d'aujourd'hui, composées d'une ou plusieurs familles, circulent en plus petits groupes qui comportent généralement quatre rangées de dix ou vingt chameaux chacune. Ces petits détachements peuvent cependant, si bon leur semble, se joindre à des caravanes plus importantes pour surmonter d'un commun effort les difficultés du parcours.

Si les Touareg, les Tibbou et les tribus arabes de l'Est représentaient une menace permanente pour le commerce du sel, les rapports commerciaux avec les Touareg se sont de plus en plus humanisés, conditionnés par une dépendance réciproque et une association commerciale qui s'est consolidée au cours des générations entre certaines familles de propriétaires de salines et les caravaniers. Le déroulement des caravanes de sel et le commerce du sel étaient soumis à un règlement précis. Les caravanes de sel de jadis, annuelles ou biannuelles, étaient conduites par un représentant du sultant d'Agadez, le serki'n'turawa. Il était reçu par le *boulama,* représentant les Kanouri des salines. Cette fonction a probablement été créée par le sultan d'Agadez, un Kanouri s'étant plaint des vexations que leur infligeaient les Touareg. Auparavant, il régnait une telle peur qu'à l'arrivée des caravanes tous les habitants de l'oasis prenaient la fuite après avoir mis le sel à la disposition des Touareg et jusqu'au départ de ceux-ci [46]. Au Moyen Age cette technique du « commerce muet » constitua une protection efficace pour les orpailleurs dans le troc de l'or contre le sel, ainsi que le signalent Al

Masudi (Xᵉ siècle) et Cadamosto (XVᵉ siècle). Hérodote mentionne une procédure semblable chez les Phéniciens[47].

Mais il est vrai qu'aujourd'hui encore la ligne de partage entre Touareg et Kanouri est assez marquée. « Leurs femmes portent des anneaux aux narines comme les chameaux », se raillait par exemple un Targui. Les caravaniers dorment devant la ville, dans leur campement, néanmoins il s'est créé une atmosphère de rapports commerciaux réels, concrets, éprouvés par des générations. Les enfants kanouri vont jouer dans le campement des Touareg, ils les observent au travail, ramassent la fiente de chameau, le seul combustible local, en dehors du charbon de bois qui fait l'objet de quelques livraisons. Ainsi, ma caravane a vendu pour 4 000 francs CFA les deux sacs de charbon de bois *tshimakati* récoltés au cours du trajet. « *Izran sansu wa.* Les Kanouri achètent ça », avait déjà souvent fait remarquer l'Amrar.

Le marabout bénit solennellement le départ qui marqua notre retour à travers le Ténéré. Il s'avança à la tête de nos chameaux et traça dans la transversale de la chaîne un long quadrilatère à boucles, idéogramme connu depuis des millénaires d'Asie jusqu'en Afrique occidentale comme un « signe magique »[48]. Dès lors nous pouvions nous mettre en route, les chameaux franchirent le « seuil magique » qui leur ouvrait le Ténéré. Je suivis lentement la caravane, me retournant pour regarder les silhouettes de l'oasis se déformant peu à peu dans la brume, préoccupé de savoir si je les reverrais jamais.

Le signe magique « quadrilatère à boucles ».

76
Vue de Fachi : sur la terrasse d'un toit, au premier plan de la photo, un homme trie des régimes de dattes esserser, *denrée appréciée des caravaniers. Au fond à droite, la forteresse* tata *; à gauche, entre les palmiers, on distingue à l'horizon les minuscules points formés par quelques chameaux de caravane.*

77
Le début de la soirée à Fachi : les hommes, assis en groupes devant les maisons, palabrent ou jouent aux cartes. On ne travaille que le matin dans les jardins de l'oasis.

78
Une fille de Fachi, au camp de la caravane. Dans sa corbeille, la crotte de chameau qu'elle a ramassée et qui sert de combustible.

79-80
Noces à Fachi. Les convives se rassemblent en fin d'après-midi en bordure de l'oasis pour la danse des femmes qui dure jusqu'à la tombée de la nuit. Tous retournent ensuite à la ville, les hommes sur leurs montures ouvrent la voie aux danseuses.

81
Le soir, à Fachi : sur les toits étincellent çà et là des œufs d'autruche qui doivent porter bonheur (voir ph. 21 et 122).

La source de sel de Tegida n'Tessoum

Tegida n'Tessoum, 20-11-76.

Le voile de la chaleur diurne se déchire lentement, la visibilité s'améliore, la clarté aveuglante le cède à la lumière pâle, rougeoyante du couchant. De tous côtés le même tableau : des plaines plates comme l'océan dans lesquelles le regard se perd, arrêté tout au plus par les minuscules et lointaines silhouettes d'animaux ou d'hommes épars, par les points lumineux de quelque feu de nomades. L'horizon écarte un rideau d'air vitreux qui, contrairement à ce que je m'attendais, soir après soir, à découvrir, ne cachait rien d'autre que l'immensité. La lumière et les couleurs se sont éteintes, le flot humain et animal a disparu à nouveau, l'œil de béton du puits luit, abandonné. Le retrait des décors diaprés du jour, dont l'animation avait accru l'importance du lieu, rendait en quelque sorte à Tegida le chétif aspect de sa poignée de maisons.

Un étang saumâtre sépare la ville des salines, qui font penser à une gigantesque boîte de peinture, enfoncée dans le sol et remplie de teintes rougeâtres, brunes et vert tendre, et juxtaposée au blanc de chaux des fines croûtes de sel. Je dépasse lentement les grands terre-pleins qui entourent la saline, accompagné par les coups cadencés des pilons à mil dans le campement de la caravane et dans la ville. A part cela tout est calme, et le léger sifflement des rafales de vent s'est tu lui aussi. Un rai de lumière rougeâtre parcourt les murs lézardés des maisons et se reflète timidement par les portes entrebâillées derrière lesquelles on distingue des ombres humaines. Je prends conscience pour la première fois de l'isolement de la minuscule ville des salines, de la fragilité vétuste de cette infime molécule de tourbis brunâtres, semblable en cet instant aux coulisses d'une scène sombrant lentement dans l'obscurité. Une odeur sèche et un peu saumâtre de soufre imprègne la légère brume de poussière et de fumée que la brise vespérale fait descendre sur les toits de chaume. Çà et là, le vrombissement d'un gros camion déchire le silence, des faisceaux lumineux sillonnent la plaine, rasent les murs, suivis de longs rubans de poussière jaillissant du sol bouleversé au passage. Fugitive évocation de la piste qui passe ici, de la toile d'araignée formée par les traces qui mènent à In Abangharit et en Algérie, à Arlit, Agadez, In Gall et Tahoua. Ces pistes sillonnent l'immense espace vide qui sépare trois régions montagneuses du désert, le Hoggar (Algérie), l'Aïr (Niger) et l'Adrar des Ifoghas (Mali), pointes d'un triangle de 600 kilomètres de côté. Pays de nomades « par excellence », battant aux rythmes complémentaires des saisons et des mouvements nord-sud des Touareg, des Peul et des nomades arabes. « Tegida et In Gall forment deux îlots sédentaires dans une région occupée uniquement par des nomades [49]. »

La vallée d'Azawak et son prolongement « Erazer wan Agadez », la vallée aride d'Agadez, sont des régions vitales. La falaise est-ouest de Tigidit marque au sud une frontière décisive d'un point de vue géographique et écologique : elle sépare le domaine présaharien, au nord, des steppes et des savanes du Sahel, au sud. Ces deux zones constituent des espaces vitaux et économiques essentiels et complémentaires. Dans les basses plaines au nord de la falaise se rassemblent pendant et après la saison des pluies les eaux de surface, des pâturages luxuriants sortent de terre et verdoient un court moment, tandis qu'au sud c'est tout au long de l'année que subsistent les pâturages, si maigres soient-ils. Par ailleurs les gisements de sel de Tegida permettent une cure salée, l'alimentation en sel des troupeaux. « Pendant les deux à trois mois de la saison des pluies, les plaines du Nord sont envahies par tous les pasteurs et leurs troupeaux qui vivent à la saison sèche au sud de la falaise jusqu'aux frontières du Nigeria. Les bonnes années, la population humaine triple ou quadruple, et le bétail décuple [50]. »

Au bout d'environ trois mois, les pâturages nés de la pluie sont ratissés, les eaux asséchées ; la chaleur augmente, c'est l'annonce du retour. La courte phase de repos, de contacts sociaux intenses, de concentration dans l'espace le cède à nouveau au mode de vie nomade, actif, mobile, expansif ; morcelés en fractions de tribu ou par familles, de petits groupes épars et infatigables mettent à nouveau le cap vers le sud, vers les savanes arides du Nigeria. La zone des pâturages hivernaux n'est plus qu'un vide désolé, desséché, foulé d'empreintes d'animaux, que seuls animent les mouvements illusoires de mirages et de rafales de poussière. C'est dans ce pays vide que les premiers groupes d'immigrants, tribus de l'Ouest, se heurtèrent aux Touareg venus du Nord — du Hoggar et du Fezzan — aux XIe et XIIe siècles. Tegida et In Gall — où s'arrêtent la plupart des voyageurs sans y prêter beaucoup d'attention — et les ruines d'Azelik constituent selon Bernus « la clef de l'histoire ancienne de l'Aïr [51] ».

Il est possible que des vestiges très anciens de migrations de peuples d'ouest en est subsistent dans le dialecte songhai-tamasheq des habitants d'In Gall, car la ville d'Azelik, « métropole importante », dont ne témoigne plus aujourd'hui qu'un champ de décombres ensablés, a, d'après la tradition, « régné sur des populations que l'on s'accorde généralement à considérer comme les plus anciens vestiges de la première vague d'immigration berbère [52] ». L'« assujettissement de l'Aïr », réalisé au XVIe siècle par Askia Mohamed, ne marquerait donc pas le commencement de l'influence songhai, mais la répétition d'expansions antérieures de peuples venus de la courbe du Niger. L'influence songhai est néanmoins attestée au Moyen Age ; le sultan d'Agadez, rapporte Léon l'Africain, devait au seigneur songhai un tribut annuel de 150 000 ducats [53]. Le minaret de la mosquée d'Agadez lui-même est un élément architectural étranger dans cette partie du Soudan et renvoie aux empires de la boucle du Niger où ces « minarets à aiguille » sont très répandus comme éléments d'architecture sacrée en pisé.

Peut-être faut-il voir dans l'établissement du sultanat d'Agadez une tentative pour s'affranchir de l'hégémonie d'Azelik, toujours est-il qu'Azelik fut détruite par les Touareg de l'Aïr. La tradition prête à ces villes d'étroites relations avec In Gall et Tegida ; les mythes relatifs à la constitution des salines et des palmeraies de dattiers ont en commun avec l'histoire des luttes de rivalités autour d'Azelik l'apparition d'une figure mythique auxiliaire, une vieille esclave : « Un jour elle partit d'Azelik et se dirigea vers l'ouest en faisant paître des vaches. Quand elle fut arrivée à leur pâturage et que les vaches eurent piétiné le sol, de l'eau en sortit. Puis elle s'en retourna. Le lendemain, après avoir dormi, elle revint à ce pâturage, du sel était sorti de l'endroit piétiné par les vaches. Elle le ramassa et le mit dans un pan noué de ses haillons [54]. » Le lendemain, elle montra à ses maîtres d'Azelik l'endroit où elle avait trouvé le sel, et ceux-ci y fondèrent les salines de Tegida. Azelik fut longtemps en proie à des luttes avec les Touareg de l'Aïr. Après une trève de sept ans de prières et de paix, ces derniers lancèrent sous la conduite du sultan d'Agadez une nouvelle offensive, conquirent Azelik et exterminèrent toute la population présente à l'exception de deux enfants, une fille des Inoussoufan et un garçon des Imasdararan, qu'ils confièrent à la vieille esclave en lui laissant le turban, insigne de chefferie. Parvenus à l'âge adulte, les deux enfants furent mariés par l'esclave, le garçon reçut le turban de chef. Cependant, d'autres habitants d'Azelik, qui se trouvaient aux salines lors de l'attaque targui, lui avaient survécu. Leur ville étant détruite, ils construisirent leurs maisons à Tegida. C'est à peu près à cette époque qu'arrivèrent de la « ville sainte La Mecque » (Tademekka ?) deux marabouts (Isherifen) avec leurs esclaves noirs. Ils avaient en leur possession des surgeons de palmiers pour lesquels ils cherchaient des sols appropriés. Ils trouvèrent à In Gall la terre adéquate, achetèrent au sultan d'Agadez le droit de s'établir en propriétaires et fondèrent l'oasis d'In Gall. Plus tard, les descendants des survivants d'Azelik se mélangèrent avec ceux des Isherifen et bon nombre d'habitants de Tegida élurent domicile à In Gall [55].

In Gall compte aujourd'hui environ 1 600 habitants, Tegida, la « dépendance », à peine 400. La population se compose d'Inoussoufan, d'Imasdararan et d'Isherifen, qui descendent desdits ancêtres mythiques, et d'un quatrième groupe venu plus tard, les Izawagan, les « gens d'Azawak ». In Gall est un marché et un lieu de rassemblement important, Tegida n'est qu'une ville de saline. Ainsi le commerce du sel, par exemple le troc contre le mil, a lieu lui aussi à In Gall. Le guide de la caravane dépose à In Gall les denrées qu'il apporte et reçoit un bon pour Tegida où il va chercher la quantité de sel à laquelle il a droit.

A Tegida comme à Bilma/Fachi on extrait également le sel par évaporation. L'analyse chimique du sel de Tegida révèle la composition suivante : 87 % de NaCl (« sel de cuisine »), 6,65 % de Na^2SO^4 (sel de Glauber), 5,2 % de résidus argileux. Lambert estimait en 1935 la production annuelle à 125 tonnes [56]. La production est soumise aux mêmes principes qu'à Bilma/Fachi : séparation des domaines d'activité en masculin-féminin, spécialisation des ouvriers pour les différentes fonctions, réglementation des phases du travail ainsi que de l'utilisation. Cependant le contrôle de la production n'est pas collectif : il se fait individuellement. A Bilma/Fachi le sel provient immédiatement des eaux salées primaires de surface, alors qu'à Tegida la salinité insuffisante du minerai de sel oblige à recourir à des procédés d'enrichissement qui se déroulent en trois étapes : 1. dans un bassin *abatol* d'environ deux mètres de diamètre, on remue soigneusement avec les pieds le minerai de sel et l'eau salée pour les mélanger au fur et à mesure ; il en résulte une saumure concentrée et sur le sol il reste une couche de boue noirâtre ; 2. la saumure est écumée et versée dans un bassin un peu plus bas, mais dont le diamètre est à peu près le même, *farandaw,* la concentration augmente encore du fait de l'évaporation ; 3. la saumure, d'une concentration suffisante, est finalement versée dans les dix ou vingt cuvettes de 30 centimètres de diamètre disposées tout autour du bassin et dans lesquelles l'eau finit de s'évaporer. Dans chacune de ces *tarsiyo* se forme une croûte mince de cristaux de sel rougeâtres. Le nom du bassin principal, abatol, désigne également l'ensemble des récipients utilisés pour ce processus, sorte d'unité de valeur et de fonction.

Les équipes de travail se composent de deux hommes et une femme qui peuvent, tous les trois, être occupés à plusieurs abatol. Le « maître de seau », *baasu kwoy,* apporte l'eau salée de la source de la saline pour la mélanger au minerai de sel dans le grand bassin abatol, puis il verse l'eau salée décantée dans le deuxième bassin farandaw. La « maîtresse de la calebasse » *gaasu kwoy,* apporte le minerai de sel, recueille le sel des petites cuvettes tarsiyo à l'aide d'une espèce de balai de paille, nettoie les bassins et les cuvettes. Ici comme à Bilma/Fachi, un responsable est expressément affecté à surveiller l'évaporation et à détruire, en l'aspergeant, la couche supérieure de sel ; c'est le « maître d'aspersion », *mus kwoy.* On se sert quatre fois du mélange de sel et de boue préparé une première fois dans le bassin abatol. A intervalles réguliers et dans certaines proportions, le minerai de sel et l'eau salée de la source que l'on vient de recueillir sont mélangés à la dernière boue de sel, la nouvelle saumure obtenue est écumée. Au terme du quatrième de ces cycles qui se prolongent plusieurs semaines, la boue de sel est lixiviée et déposée au bord de la saline. C'est ainsi que montèrent au fil du temps les hauts remblais *bogonuten* (dunes) qui entourent la saline.

La rémunération, sous forme de parts de sel, est calculée avec précision. Elle correspond au travail effectué et varie selon que l'on a travaillé dans sa propre saline ou dans une saline étrangère. Le propriétaire de la saline perçoit les deux tiers du sel du premier cycle ainsi que la totalité du troisième cycle. Le baasu kwoy reçoit un tiers du sel du premier cycle et du quatrième cycle. A la gaasu kwoy revient le sel du second cycle, en revanche le mus kwoy ne perçoit qu'une petite part prélevée sur le produit de chacun des cycles. Le sel granuleux et rougeâtre est mis dans des calebasses et finit dans les cours des villes où l'on en fait généralement des briquettes *taghlelt.* Le sel brut est transformé sans forme particulière. On recouvre une surface de sable, de la dimension voulue, d'une mince couche de sel puis d'une deuxième dès que la première s'est durcie et ainsi de suite jusqu'à ce que le pain de sel ait atteint le volume prévu. Puis on sculpte sur sa surface, en guise de marque du producteur, des symboles géométriques simples, par exemple un cercle, des traits parallèles ou des points. Les briquettes taghlelt pèsent environ 500 grammes : c'est sous cette forme que le sel est le plus souvent commercialisé. Ces briquettes sont groupées deux par deux et en 1970 la paire coûtait à Tegida 15 francs CFA, en 1976 déjà le double. Outre les taghlelt, il y a les *fagfago,* des briques un peu plus grosses et puis, à part et généralement sur demande, on trouve de gros pains de sel. Chez les Kel Gress, une variante triangulaire du pain de sel, *cerabango,* est très prisée (environ 60 cm de côté) ; certains nomades achètent des pains *afasas,* dont les dimensions (environ 100 x 50 x 8 cm) sont visiblement copiées sur celles des pains de sel de Taoudenni.

Les petites denrées d'usage quotidien ont leur équivalent en taghlelt au marché d'In Gall. Bernus mentionne ainsi les prix de 1970 : une charge d'âne de bois à brûler vaut 20 tgl. ; une mesure de thé (le volume d'un verre) : 4 tgl. ; un pain de sucre : 5 tgl. ; les 6 tonnes de mil chargées sur une caravane de 66 chameaux rapportèrent 12 000 tgl., soit 181 tgl. par chamelée (environ 100 kilos).

Le prix de vente des taghlelt est déjà légèrement plus élevé à In Gall ; au lieu de 15 francs CFA, la paire coûtait 20 francs CFA. Un peu plus au sud, en fonction de l'éloignement, le prix peut tripler par rapport à celui de Tegida. Les marges bénéficiaires sont donc sensiblement inférieures à celles de Bilma, par exemple. D'une part parce que le sel de Tegida est d'une qualité moins prisée, d'autre part parce que la saline est d'un accès plus facile. Le propriétaire réalise toutefois des gains tout à fait appréciables. « Si l'on a du courage, et si l'on sait s'organiser, le travail du sel est d'un bon rendement », disent ceux de Tegida [57].

Outre la production de sel de Tegida, de dattes d'In Gall et la vente de bétail par l'intermédiaire des *dillali* qui servent d'agents entre nomades et sédentaires sur les marchés — pour citer les principales activités commerciales du marché quotidien d'In Gall —, nombreux sont les producteurs de sel et de dattes qui ont leur propre caravane, que ce soit pour acheter du mil ou pour le troc du sel. De par les rapports étroits qui les lient à la société nomade, ils sont généralement propriétaires de leurs chameaux, seuls les chameaux supplémentaires leur sont prêtés, pour la formation d'une caravane d'importance optimale.

Prenons l'exemple d'un propriétaire de saline qui mènerait vers le sud les douze chameaux dont il dispose, avec un chargement de sel et accompagné d'un membre de sa famille. Une chamelée de sel fait à peu près 240 taghlelt soit 120 kilos, ce qui laisse encore une marge pour le transport de dattes, un chameau pouvant porter jusqu'à 150 kilos. A raison de 25 francs CFA par tgl., il encaissera 72 000 francs CFA pour le seul sel. Un kilo de mil coûte, selon la récolte, environ 25 francs ; on compte en général une livre par personne et par jour. Si sa famille se compose de six personnes, il aura besoin pour un an de 1 100 kilos de mil, pour lesquels il devra débourser près de 30 000 francs CFA. Cette première transaction le laissera donc encore avec un gain de 42 000 francs CFA. A ce gain s'ajoutera le produit de la vente des dattes. Les choses s'étant, globalement, simplifiées et les distances se réduisant, il peut faire deux à trois caravanes par an quand une seule lui assure déjà de quoi faire vivre sa famille ! D'autre part il ne faut pas perdre de vue le fait que les rapports et les droits de propriété s'établissent en réalité à plusieurs niveaux. Ainsi, la caravane est souvent menée non par le propriétaire de la saline, mais par un jeune parent ou auxiliaire. Le plus souvent, il faut emprunter des chameaux, et les nomades, qui le reste du temps gardent les chameaux, font valoir leurs droits eux aussi. Tous sont rétribués ; les hommes sont nombreux à se partager aussi bien le bénéfice que les risques.

Les biens, de nature si différente, qui constituent la base de l'économie de Tegida et d'In Gall, à savoir les salines abatol et les palmiers dattiers, sont considérés comme équivalents en tant qu'unités de valeur et de rendement. Un abatol a la valeur d'un palmier ; autre particularité, ces biens immeubles, de même que les bêtes des troupeaux des nomades, sont traités en biens meubles. Il est courant d'attribuer en dot des palmiers dattiers ou des salines en même temps que des animaux tels que chameaux, bœufs ou chèvres et, aujourd'hui, même de l'argent. De même que les bergers reçoivent en salaire le lait des bêtes qu'ils ont gardées, de même les ouvriers qui surveillent la récolte des palmiers dattiers sont payés du produit de celle-ci. Peu de temps avant la récolte, les propriétaires des palmiers dattiers d'In Gall engagent des nomades nécessiteux, comme l'écrit Bernus : « Ils maintiennent un feu la nuit, tapent sur des boîtes ou des bidons métalliques le jour... ils peuvent ramasser toutes les dattes que le vent fait tomber [58]. » Il en va de même des salines dont on peut céder des participations ; ainsi le propriétaire d'un abatol a-t-il le droit d'attribuer sa part à quelqu'un d'autre sans pour autant modifier le statut de propriétaire ou la rétribution due à l'ouvrier. Brulard mentionne le *hadi,* un usage saharien similaire [59]. Outre les règles de succession définies par le droit coranique, selon lesquelles, à la mort du père, la propriété est partagée de telle sorte que les fils reçoivent une part double de celle des filles, il existe aussi un droit présuccessoral : les propriétaires effectuent le partage de leur vivant pour éviter des contestations ultérieures. Une transformation intéressante a donné lieu à une troisième règle de succession islamique, l'*Elkhabus,* en faveur des femmes, un exemple de « berbérisation » des mœurs islamiques, On entend par succession Elkhabus la règle selon laquelle le père peut deshériter ses filles au profit de ses fils. Ici, en revanche, le droit Elkhabus permet la transmission de la propriété aux filles. Cette propriété se transmet ensuite par les femmes, qu'il s'agisse d'abatol ou de palmiers [60].

Pendant que les ethnologues se penchaient sur les structures socio-économiques complexes de Tegida et d'In Gall, d'autres savants étaient de leur côté en pleine activité : en bordure de Tegida, une équipe de chercheurs japonais s'occupait d'uranium. Les environs étaient jalonnés des traces de leurs activités, de nouvelles pistes étaient créées, des forages effectués à titre expérimental, tandis qu'à Tegida rien ne trahissait leur présence si ce n'est une lampe rouge au-dessus des toits des maisons, dont la lueur, le soir, devait guider les hommes regagnant leur foyer. Il semble qu'entre-temps leurs recherches aient eu un résultat positif, et ils auront peut-être joué pour Tegida et In Gall un rôle plus important que les bouleversements du passé : n'auront-ils pas détruit les enclaves archaïques d'une société qui vivait du mil, des dattes et du sel ? D'aucuns craignent que le progrès industriel ne lamine ces deux sites. « Nous nous battons, disait un archéologue français, pour qu'il en reste au moins quelque chose. »

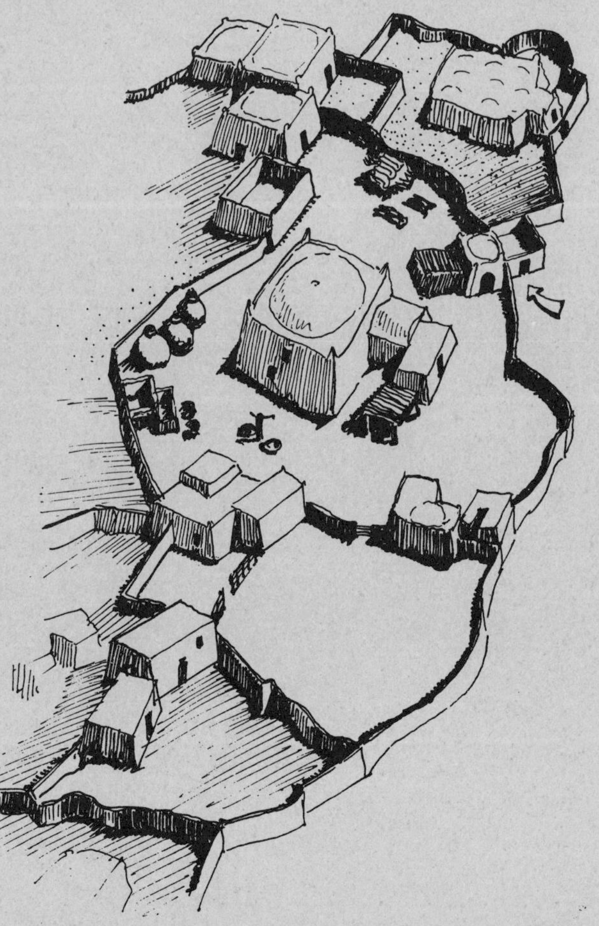

Amadror

Au nord-est du Hoggar s'étend la plaine caillouteuse d'Amadror, encadrée par une série de hauts plateaux, l'Edjéré, le Tourha, le Tassili des Ajjers et par le massif de Telertheba. Henri Lhote rapporte qu'El-Bekri parlait déjà des salines d'Amadror mais qu'elles restaient souvent longtemps inexploitées, du temps où les pistes caravanières étaient trop peu sûres[61]. Le commerce du sel reprit à l'époque coloniale, mais Amadror n'est plus guère fréquenté aujourd'hui, cette région étant l'une des plus désertiques du Hoggar : un paysage de sable et de sombres rochers, d'un abandon infini et de dimensions inhumaines, désolé, effrayant, excitant, un lieu aussi sans retour, tout de silence et de lumière. Un paysage glacial malgré l'ardeur du soleil, d'une solitude oppressante. Chaque jour, la plaine au noir scintillement semble se transformer en un métal en fusion qui se figerait à nouveau en éclats rocailleux dans la nuit glacée. Pas un bruit dans ce désert total qui n'abrite pas même un animal, le silence n'est traversé que du léger crissement de fontaines de sable tombant goutte à goutte sur le sol, du craquement des rochers que l'acharnement de la chaleur et du vent fait éclater le soir, sous le choc du froid, du cliquetis métallique des pierres sous mes pas. De tous temps, cette région fut pour les Touareg le « pays des esprits », le mont hanté Gara el-Djenoun est là, tout proche, pour rappeler aux voyageurs qui empruntent la piste du Hoggar que les habitants du désert croient ces régions désolées peuplées de Kel es-Souf, les « peuples du vide », comme ils appellent les esprits. Ces croyances ont survécu partout car l'existence d'esprits est reconnue également par l'Islam qui leur donne le nom de djinns. « Ô assemblée de Djinns ! Vous n'en avez que trop fait aux humains... Le feu est votre asile, restez-y pour toujours ! », lit-on dans le Coran (VI, 128). Cl. Blanguernon rapporte ce que lui ont raconté des Touareg : « des histoires de génies qui hantent les salines au long des nuits ; c'est ainsi que l'on entend ce monde invisible et néfaste frapper le sol, casser des blocs de sel sans répit, avec une énergie diabolique. Lorsque paraît le jour il semble que le chantier soit resté dans le même état que la veille, que rien ne se soit passé durant la nuit... et, pourtant, "ils étaient là". Certains Touareg prétendent avoir vu, imprimées dans la terre, les traces du passage de chevaux et avoir constaté l'existence de matériel d'extraction antérieur à l'outillage actuel...[62] ». Bien plus que le « paysage intact du désert », la région d'Amadror, avec ses traces de vie humaine, m'a donné une impression de solitude, d'abandon, incitant l'imagination à dériver dans le passé. De ce passé pourtant, il ne restait que des traces sans vie : les sillons des caravanes effacés par le vent, les balises *redjem,* les ruines de deux maisons en *banko* (briques de glaise) aux abords de la saline, outils en pierre, tumuli, cercles en pierre, fresques rupestres dans les environs.

Aux « vraies salines » décrites jusque-là, où l'on extrait le sel de la saumure, s'oppose un second type saharien de gisement de sel : des blocs de sel en dépôt sur les sebkha asséchées, d'anciens marécages salés, tels qu'à Amadror, Idjil, Taoudenni (Terhazza). A Taoudenni et Idjil, des mineurs spécialisés fournissent en barres le sel provenant de ces blocs, tandis que les couches de surface sont recueillies par les caravaniers eux-mêmes dans la sebkha d'Amadror. Le puits le plus proche étant à un jour de marche, il faut travailler vite et tout membre de la caravane doit participer à l'extraction. J. Regnier donna en 1961 une description détaillée d'une caravane d'Amadror : « 17 septembre — Je suis furieux parce que je pensais que comme Targui je n'aurais que du travail de chamelier à faire, mais Askiou m'a ordonné de tailler le sel, comme les esclaves. Je n'ai rien pu dire parce que lui aussi travaille, mais ça fait mal aux mains : j'ai attrapé des ampoules et des courbatures dans le dos. Si Tamellalt me voyait, elle se moquerait de moi et ferait rire ses amies au tindé[63]. » Amadror résulte d'un soulèvement volcanique du terrain, qui a bloqué l'écoulement de l'oued Amadror dans la vallée de l'Irharharéné. Ainsi s'est formé un lac sans écoulement, au plus profond duquel gisent les sebkha d'Amadror. Elles sont souvent submergées après les pluies[64].

L'extraction du sel se faisait dans deux sebkha : l'ancienne saline d'In-Taouia qui présente plusieurs couches de sel d'une épaisseur totale de 1,50 mètre, et la nouvelle saline d'Agajer, exploitée depuis 1900 environ. En 1940 le capitaine Florimond, alors chef de l'annexe du Hoggar, fit ériger quelques maisons de protection en banko, dont la plupart se sont aujourd'hui effondrées et ensablées, ainsi que le puits qui fut creusé à l'époque [65]. Le sel d'Agajer forme au fond d'un cratère aplati de 1 400 mètres de diamètre une couche de 10 à 20 centimètres d'épaisseur, qui recouvre comme un gigantesque couvercle un abîme noir de boue ; elle est elle-même recouverte d'une mince croûte de sable. Le sel est détaché de la couche à la hache, en longues barres. On nettoie celles-ci avec une herminette, on les arrondit et on les incurve au milieu afin qu'elles s'adaptent au flanc du chameau sans le blesser. Les barres *ahalu* pèsent une cinquantaine de kilos, le chameau en porte une ou une et demie de chaque côté de sa bosse, les débris de sel sont transportés dans des sacs de cuir.

Le commerce du sel faisait partie du cycle caravanier qui se déroulait entre les oasis de Tidikelt (In Salah) et les marchés du sud du Niger. Car malgré les razzias et la très faible densité de la population, l'économie du Hoggar ne se suffisait pas à elle-même et ne permettait pas d'assurer les ressources de base. Avant l'époque coloniale déjà, les ressources économiques reposaient sur les importations des caravanes. Ce cycle caravanier se déroulait en quatre phases. 1. De juillet à septembre les Touareg se rendaient à Amadror et en rapportaient le sel dans les camps des tribus. 2. En septembre et en octobre les caravanes se mettaient en route vers le sud, c'est-à-dire lorsque la saison des pluies était passée et qu'aucune averse n'était donc plus à craindre pour le sel ; en outre, des pâturages verdoyants attendaient les chameaux affaiblis par la traversée du désert. Le parcours principal passait par Laouni et In Guezzam pour aboutir à In Abangharit et aux pâturages de Tamesna, où de nombreux Touareg du Hoggar parquent leurs troupeaux. C'était là l'occasion de relayer les bêtes fatiguées, pendant que des bergers et d'autres caravaniers vous informaient de l'état du marché et de la récolte de mil. Puis on continuait vers Agadez, Zinder, Tahoua et même jusqu'à Filingué lorsqu'on pouvait espérer plus de profit ; le taux maximal que l'on pouvait atteindre au troc du précieux sel d'Amadror était une chamelée de sel pour quinze chamelées de mil. Le taux ordinaire oscillait entre 1 pour 6 et 1 pour 10. Toutefois Regnier signale entre 1955 et 1960 une dévalorisation catastrophique du sel d'Amadror sur les marchés soudanais. De 1 pour 5 en 1955, le taux tomba à pratiquement 1 pour 1 en 1961. La caravane de Regnier troqua à 1 pour 1,3 (probablement en 1960). Il explique cette dévalorisation par la concurrence du sel de mer. (Mais comme Idjil et Taoudenni, aussi bien que Fachi/Bilma, ont plutôt vu prospérer leur commerce de sel au cours de ces années et que de surcroît le sel du Hoggar est particulièrement apprécié, il y a certainement eu, si ces renseignements sont fondés, d'autres facteurs.) 3. Le retour au Hoggar commençait en janvier-février, avec une nouvelle pause dans les pâturages de Tamesna. 4. Vers la fin de l'hiver, en février-mars, la dernière étape menait la caravane aux oasis de dattiers du Tidikelt (In Salah), où l'on échangeait une partie du mil ainsi que de la viande, du fromage, des sandales, etc., contre des dattes et les fameuses couvertures de Dokali, très recherchées. Enfin, dans le courant du mois d'avril, tous étaient de retour dans le Hoggar ; c'était le début de la saison chaude, *ewilen,* l'été, le moment où « le cœur palpite » (de chaleur) et où les puits de surface, les *tilmas,* tarissent [66].

Regnier donne un exemple de la répartition des bénéfices au retour d'une caravane composée d'Ait Loaien et de Kel Serkout (la caravane n'a pas effectué la dernière phase du cycle, elle a été dissoute dans le Hoggar). 24 janvier : « Le partage est enfin réglé. Cela a été très compliqué ! Pour commencer, Assenguel, qui n'a pas participé à la caravane depuis le début, n'a pas été compté. Il a travaillé pour son compte propre et nous avons simplement fait route ensemble. Ensuite, tous ceux qui ont suivi la caravane avec des chameaux à eux ont eu la charge de mil de ces chameaux. Il restait vingt-cinq chameaux qui nous avaient été prêtés. Leur charge est partagée entre leurs propriétaires et le lot commun, dans lequel entrent tous nos acquêts, à savoir, cinq chameaux de bât, trente *rahlas,* cent quarante paires de *naïls,* quarante-trois voiles de têtes, deux *dokalis.* Chaque homme ayant participé à la caravane reçoit une part (bien entendu ce sont les patrons qui encaissent la part de leurs esclaves). Le partage se fait de la façon suivante :

le chameau	=	3	charges	total 15 charges
la *rahla*	=	1	charge	total 30 charges
10 *naïls*	=	1	charge	total 14 charges
3 *litham*	=	1	charge	total 14 charges
2 *dokalis*	=	1	charge	total 1 charge
mil supplémentaire	=	25,5	charges	total 12 charges
				Total 86 charges

« En gros, nous touchons donc un équivalent de huit charges (nous étions onze) par personne. Personnellement je ne pouvais aligner au départ que quatre chameaux et pas d'esclave. J'ai donc eu ce que portaient mes quatre chameaux, en gros cinq charges. Pour ma part de supplément, j'ai eu : un chameau, une rahla, dix naïls, trois litham et deux charges de mil. Je ne me plains pas, mais c'est le résultat de beaucoup de travail [67]. »

Le rendement annuel d'Amadror se situait entre 1955 et 1960 à 300 tonnes de sel. Des Touareg de l'Aïr avaient une participation d'un cinquième dans le commerce du sel d'Amadror. L'administration de Tamanrasset dénombrait chaque année quelque deux mille chameaux de caravane, dont les propriétaires s'étaient fait faire un laissez-passer en règle pour la frontière. Un nombre considérable de caravaniers franchissaient néanmoins la frontière sans papiers, 20 % des caravaniers du Hoggar et un tiers de ceux de l'Aïr, selon les estimations de Regnier.

Après le retrait des Français d'Algérie, qui soumettait les Touareg à la réglementation algérienne, les caravanes d'Amadror faillirent disparaître ; je n'en ai pas moins trouvé, au printemps 1978, les traces encore fraîches d'une petite caravane et de blocs de sel que l'on venait d'extraire. Ces nomades avaient dû nous précéder de quelques jours, à supposer toutefois que les traces ne fussent pas celles des Kel es-Souf.

Lorsqu'on voyage dans cette partie du Sahara, on découvre aussi bien des vestiges de l'âge de pierre, de l'économie traditionnelle des caravanes, que d'obscurs résidus du passé proche, de la guerre pour la conquête du Sahara. Au sud de Fort Flatters (Temassinine) la piste est bordée de ruines de postes militaires, de barils enfoncés dans le sable, de huttes de défense toutes cabossées, datant de la guerre d'Algérie. « Vive le F.L.N. », puis-je encore lire sur l'un de ces toits de tôle rouillés, dont les balles ont fait des passoires, non sans une pensée amère pour les conséquences que la « libération nationale » a entraînées pour les Touareg.

Amguid, une minuscule oasis en bordure ouest du Tassili, rappelle la conquête du Sahara par les Français ; le passé et la fierté des Touareg affrontent ici les humiliations du présent : c'est ici qu'ils remportèrent contre les « incroyants » kufar l'une de leurs rares victoires ; et ils vivent aujourd'hui dans un quartier minable de baraques en tôle bricolées avec des treillis de paras, des bidons d'huile aplatis, des bouts de carton et autres matériaux de fortune. Seul avantage d'Amguid : « C'est loin de Tamanrasset. » C'est à Amguid que débuta en janvier 1881 la tragédie de la mission Flatters qui poursuivit, malgré les mises en garde des Touareg, ses reconnaissances pour un projet de liaison transsaharienne à l'est du Hoggar. Flatters était parti d'Ouargla en décembre 1880, accompagné de quelques Européens et d'une troupe de cavaliers en chameau Chaamba. Cette première avancée massive d'un détachement militaire au cœur du Hoggar inquiéta les Touareg ; à Amguid ils tentèrent de le dissuader d'aller plus loin. Cependant, bien que contraint de se replier une première fois, à Temassinine au printemps 1880, par les Touareg Ajjer, toutes lances brandies vers lui, Flatters demeura cette fois inflexible. Il fut tué le 16 février 1881 avec certains de ses hommes, au puits de Bir Garama, au sud d'Amguid ; le reste de sa troupe, dont les chameaux avaient été volés, parvint à regagner à pied Guelta Ain Kerma près d'Amguid. Presque morts de faim, ayant dû arracher la peau d'un squelette de chameau pour se nourrir, les hommes se virent offrir par les Touareg des dattes et de la viande. Mais les dattes étaient empoisonnées avec des feuilles d'*efelehleh,* et de nombreux soldats, que la drogue avait rendus inaptes à se battre, furent alors tués par les Touareg : « ...mais les malheureux étaient tous encore sous l'effet de l'el-Bétina et se précipitèrent sur les Touareg sans penser à se protéger ». Henri Lhote ajoute un détail frappant, à savoir que les Touareg auraient précipité quelques prisonniers du haut des rochers du Tassili [68].

Le poison employé par les Touareg, efelehleh, la jusquiame *(Hyoscyamus muticus, falezlez)* [69], connue également sous le nom arabe de « bétina », fait partie de la famille des solanacées, comme la belladone et le datura. Ces plantes contiennent de l'hyoscyamine (atropine) et de la scopolamine. Les empoisonnements sont rarement mortels, mais provoquent pour un ou deux jours des troubles violents accompagnés d'hallucinations et de réactions psychotiques. H.P. Duerr décrit les effets comparables du datura, utilisé par les magiciens et les sorcières indiens et qui, selon eux, rend fou : « Ils sont pris de vertige et leur gorge se resserre. Ils sont comme enivrés et se mettent à trébucher... Puis ils sont saisis du désir de grimper au faîte des rochers, de voler et de s'élancer dans le vide... ils croient pouvoir voler [70]. » Les Touareg avaient-ils prévu et escompté les terribles effets de la feuille de falezlez ou bien alors les malheureux soldats, plongés dans un état de consomption, s'étaient-ils d'eux-mêmes jetés dans le vide, comme on crut par la suite pouvoir le déduire de ce que rapportèrent les survivants ?

Ceux-ci se traînèrent vers le nord de puits en puits. Vingt d'entre eux atteignirent Ouargla. Ils survécurent grâce aux cadavres de leurs compagnons. « Le Sahara, écrit Lhote, venait de voir s'accomplir le plus horrible drame de son histoire [71]. » Et l'un des plus émouvants aussi : un soldat français fut caché, soigné et nourri par une femme targui. Il lui avait promis de l'or si elle le sauvait. Plusieurs années plus tard, il revint avec la récompense promise.

La tragédie de la mission Flatters, que les textes français d'histoire coloniale présentent comme une « manifestation meurtrière de cruauté », apparut au contraire aux yeux des Touareg comme un grand succès. Elle eut pour conséquence une interruption momentanée de la poussée française. « La pénétration saharienne fut, à la suite de ce terrible drame, arrêtée pendant vingt ans. Aucun ministre ne voulut plus entendre parler du Sahara et encore moins prendre l'initiative d'une nouvelle mission », écrit H. Lhote [72]. Quatre-vingts ans plus tard, pendant la guerre d'Algérie, les Touareg ne se battaient pourtant plus contre les Français ; une « entente cordiale » s'était développée au Sahara entre nomades et coloniaux. Les troupes occupèrent essentiellement les oasis et intervinrent peu dans la vie des nomades. L'exil dans le désert développa chez ces soldats une vénération plutôt romantique pour les « guerriers du désert », une « saharophilie » qui est assez bien rendue dans *Antinéa* de Pierre Benoit, un roman inspiré de la reine targui Tin Hinan et dont le héros est un légionnaire qui déserte pour partir à la recherche de cette reine fabuleuse qui règne en plein milieu du désert. « Ti-n-Hinan », « Celle des foyers », les Touareg la considèrent comme leur ancêtre qui serait originaire du Tafilelt. Lorsqu'on ouvrit le tombeau que l'on présumait être le sien dans le Hoggar (Abalessa), on y trouva effectivement un squelette féminin paré de bijoux en or et datant vraisemblablement du IIIe ou du IVe siècle de notre ère [73]. Il est conservé aujourd'hui au musée Bardo d'Alger et témoigne de l'étonnante fiabilité que revêt parfois la tradition orale.

Étant donné les bons rapports établis avec les Touareg, le lieutenant Regnier put, pendant la guerre d'Algérie, suivre une caravane, seul en pays targui. « Le Sahara, notait Duveyrier en 1864, n'est pas un pays à exploiter comme source de revenus gouvernementaux, mais à féconder par l'ordre, la paix et des institutions libérales [74]. »

82
Caravanier targui Kel Gress au milieu des pains de sel taghlelt *qu'il vient d'acquérir à Tegida n'Tessoum.*

83
Les salines de Tegida n'Tessoum (la source de sel). Entourées des terrils bogunuten *formés par les résidus des fonds salins lixiviés, elles sont divisées en « quartiers » : c'est dans les bassins* abatol, *que l'on voit ici, que sont mélangés l'eau et les fonds salins ; à côté des abatol et un peu plus bas que ces derniers, les grands réservoirs à saumure* farandaw, *entourés de nombreuses cuvettes rondes* tarsiyo, *où se dépose, après évaporation successive de petites quantités de saumure, une croûte rougeâtre de cristaux de sel.*

84
Avec le sel recueilli dans les calebasses, on forme de petits pains de sel, les taghlelt, qui pèsent environ 500 grammes.

85
Saunier en train de mélanger les fonds salins et l'eau de la source salée dans le bassin abatol.

86
La « maîtresse de la calebasse » gaasu kwoy *retire d'une cuvette d'évaporation les derniers restes de sel à l'aide d'un petit balai de paille.*

87
Gros pain de sel du type cerabango, *décoré des motifs qui sont la marque du propriétaire de la saline d'origine.*

88
Cuisine de caravane au camp de Tegida. On verse la ration de mil du soir. Le chapeau de paille et les ustensiles de ce caravanier Kel Gress révèlent son pays d'origine, le sud du Niger (pays des Haoussa). Ces jarres en argile de « type nomade d'Azawak » (Gabus) proviennent, selon Urvoy, de Bouza (près de Madawa) et sont apparues plus au nord par l'intermédiaire des caravanes. On les trouve couramment aujourd'hui d'Azawak à Madawa ainsi que dans l'Aïr. Les Kel Gress font également grand usage de ces outres en cuir lisse pour l'eau comme celle que l'on voit ici suspendue à un trépied de bois tamali. *Dans la jarre visible au premier plan, les fameuses cuillers de bois* tshokal *des Touareg.*

8

84

83

86

87

Terhazza et Taoudenni

« Ça fait cinq mille », dit El-Hadj Yahia Traore, commerçant à Mopti et « patron » du bateau qui devait m'emmener sur le Niger. Et il me tendit une main déjà garnie d'une liasse de ces billets fatigués de francs maliens. Je payai les « cinq mille » — résultat d'un long marchandage qui avait débuté à « huit mille » —, pris mon sac à dos et franchis l'étroite planche glissante inclinée sur son embarcation. Cinq mille francs maliens (environ 50 francs français actuels) pour me rendre à Tombouctou, un pourboire, en somme, pour une traversée qui devait durer près d'une semaine dans cette pinasse. Avec un ou deux moteurs de hors-bord, une gaffe pour les bas-fonds, les chalands recouverts de nattes sur toute leur longueur traversent les eaux spacieuses du Bani et du Dioliba, comme s'appellent les deux bras du Niger avant de confluer à Mopti pour former l'Isa-Ber, le grand fleuve. Ils relient les minuscules villages et bourgades qui jalonnent les rives du fleuve, inaccessibles de l'intérieur du pays, de Markala et Djenné à Mopti, Diré, Tombouctou et Gao. Bien entendu, il n'était pas question de partir aussitôt, l'encaissement du prix du billet accompagné d'un rassurant « on part tout de suite » fait partie du rituel des préparatifs ; l'instant où l'on a payé, où le transporteur est sûr de son affaire, marque le début d'une attente d'une durée indéterminée. Que ce soit pour un taxi-brousse, un camion ou un bateau, quiconque a payé commence par attendre, pendant que le propriétaire ou ses aides racolent d'autres passagers avec la promesse d'un « départ immédiat ». Mais je m'estimais déjà heureux d'avoir trouvé un bateau, car ils n'étaient plus nombreux à naviguer, fin janvier, quand les eaux vont commencer à baisser et qu'il ne sera bientôt plus possible de passer certains bras, trop plats.

Je me mis donc tout d'abord en quête d'un endroit tranquille, entre les paquets d'autres passagers et le fret, j'y déposai mon bagage et regagnai la jetée, pavée, inclinée, du grand port du Niger. On déchargeait d'une pinasse du sel de Taoudenni ; les pains d'une blancheur scintillante empilés de chant couvraient déjà le tiers supérieur de la jetée, tandis que d'autres continuaient de surgir, inlassablement, des entrailles obscures du « bateau de sel ». Entre les vendeurs — des Maures ou des Kounta, barbus et secs — et les commerçants noirs formant grappe autour des pains de sel commença un négoce âpre et acharné, à en juger par les gestes et les jeux de physionomie. On découpa un petit fragment de sel qui circula, gratté, palpé, de l'un à l'autre. C'étaient donc les légendaires plaques de sel de Taoudenni, que je n'avais encore jamais vues que sciées en morceaux chez les petits marchands des marchés de la brousse. Entre les paquets de poisson séché et les calebasses remplies de beurre de karité, au milieu de l'agitation des commerçants, des pêcheurs, des mariniers, des femmes portant les calebasses et des enfants, dans le tohu-bohu bigarré du port, les plaques de sel à l'apparence de blocs de marbre et ceux qui les vendaient, l'air un peu ténébreux — qui me rappelaient tant Achmed, mon caravanier mauritanien, et les journées de silencieuses chevauchées dans le désert tandis que nous transportions des plaques de sel tout à fait semblables à celles-ci — faisaient figure de corps étrangers exotiques ; et je voyais aussi en eux la preuve que ma quête du sel, des caravanes et des marchés du désert n'était pas aussi irréelle et chimérique qu'elle m'apparaissait ici.

Nous dûmes encore passer la nuit dans le port de Mopti, tous dormirent à bord du bateau. Le départ n'eut lieu que l'après-midi suivant ; le chaland, lourdement chargé, glissa lentement sur le cours paisible et large du fleuve. Les couleurs, les odeurs, les voix, les corps, les marchandises s'éloignèrent avec la fourmilière humaine qui s'agitait sans relâche au milieu des victuailles, entre les eaux, les bateaux et le béton nu du quai, puis s'estompèrent au fur et à mesure que nous avancions le long du bassin portuaire et des cabanes de pêcheurs qui en jalonnent les berges, pour n'être plus finalement que de lointaines silhouettes semblables à de gracieuses marionnettes. Devant nous, le silence d'un vaste paysage fluvial en bordure du désert, véritable cœur de tout le bassin du Niger : l'immense delta intérieur avec ses vigoureuses plantes aquatiques, ses rizières, ses terres alluviales et marécageuses, dans lesquelles pêcheurs, paysans et vachers menaient une existence pour ainsi dire amphibie. Seules les couleurs un peu plus soutenues ourlant le littoral, le vert cru des grasses prairies, la masse sombre des arbres ajourée de bandes

88

de dunes offraient une transition entre le gris plombé du ciel et le vert délicat de la surface de l'eau, sur laquelle nous progressions sans répit, sans grands changements apparents. La cuisine se faisait à bord, midi et soir, du riz et du poisson, nous n'accostions que rarement et pour très peu de temps. Le soir du troisième jour nous atteignîmes le lac Débo et, à mon grand étonnement, nous jetâmes l'ancre devant une rive envahie de joncs. L'explication était simple, mais révélait un état de choses surprenant : le chargement, les vulgaires sacs de calicot bien fermes sur lesquels nous reposions tous, contenait tout simplement du sel ! Du sel de mer qui, sur ordre de la Société nationale des transports du Mali, était transporté en aval du Niger. Pour cette cargaison qu'il fallait préserver de l'eau, nous devions attendre la fin des vagues que la brise du soir avait fait naître ; nous ne reprîmes qu'après minuit notre trajectoire à la surface des eaux qui projetaient à l'infini leur reflet sombre et luisant. Une seule petite inondation produite par le clapotement des vagues suffirait à dissoudre le sel. A Diré, l'étrange cargaison fut enfin déchargée, les sacs entassés sur le port. Ici toutefois point de marchands, ça n'intéressait personne. Je n'eus qu'un haussement d'épaules du « capitaine » de notre navire en guise de réponse à ma question de savoir pourquoi, diable, on apportait du sel ici, alors que Tombouctou n'était pas loin et que l'on vendait partout du sel de Taoudenni. Les sacs étaient livrés, tôt ou tard le sel serait acheminé vers les boutiques et prendrait place sur des rayons fabriqués avec des planchettes de caisse, pour faire aux pains de sel de la lointaine Taoudenni une concurrence bien superflue.

Il n'est pas d'autre endroit au Sahara où l'horreur et la fascination des Européens se soient à ce point conjuguées qu'en ces salines. Quintessence d'une existence archaïque, fantastique et inhumaine, d'une situation paroxystique qui s'est figée dans le quotidien — un modèle de barbarie et d'asservissement en même temps que la preuve qu'on en a triomphé. C'est dans l'affrontement de ce « cœur inexorable du désert » que s'effondrent la foi et l'existence d'un missionnaire, dans une nouvelle que Camus a consacrée à la ville de sel, *le Renégat*. En s'enfuyant dans le désert, le missionnaire renégat se départit à jamais de tout ce pour quoi il avait vécu jusqu'alors. « ...Et les vagues de sable pendant des centaines de kilomètres, échevelées, avançant puis reculant sous le vent, et la montagne à nouveau, toute en pics noirs, en arêtes coupantes comme du fer, et après elle il a fallu un guide pour aller sur la mer de cailloux bruns, interminable, hurlante de chaleur, brûlante de mille miroirs hérissés de feux, jusqu'à cet endroit, à la frontière de la terre des noirs et du pays blanc, où s'élève la ville de sel (...). Comment peut-on vivre dans la ville de sel, au creux de cette cuvette pleine de chaleur blanche ? Sur chacun des murs droits, taillés à coup de pic, grossièrement rabotés, les entailles laissées par le pic se hérissent en écailles éblouissantes, du sable blond épars les jaunit un peu, sauf quand le vent nettoie les murs droits et les terrasses, tout resplendit alors dans une blancheur fulgurante, sous le ciel nettoyé lui aussi jusqu'à son écorce bleue [75]... »

Taoudenni et les ruines de Terhazza, réduites à présent à quelques murs de blocs de sel, sont, dans la dépression du Djouf, à mi-chemin entre le Maroc et le Niger, entourées des déserts du Tanezrouft, d'Erg Chech et de l'Azaouad. Au milieu de la ligne la plus courte reliant la courbe de l'Atlas à la boucle du Niger, c'est-à-dire *grosso modo* de la vallée de Tafilalet à Tombouctou, se trouvent les ruines de Terhazza, à 780 kilomètres de Zagora et à 760 kilomètres de Tombouctou ; puis, à 150 kilomètres de là, au sud-est, Taoudenni. Tout le sud de l'Atlas, Ouadi Noun, l'Hamada du Draa et Tafilalet, avec la grande oasis de Sidjilmessa, était une région d'approvisionnement pour les caravanes en route vers le Soudan, vers Tombouctou en passant par Terhazza et Araouane ou bien au Ghana (Koumbi Saleh) via Oualata. A Zagora, oasis du sud marocain dans la vallée du Draa, un petit panneau routier en émail bleu indiquant « Tombouctou : 52 jours » rappelle encore la grande piste transsaharienne qu'empruntèrent maints chroniqueurs d'autrefois, et notamment René Caillié. Ibn Battuta, au XIVe siècle, écrit à propos de Terhazza que c'est « un village peu attrayant qui se distingue par le fait que ses maisons et ses mosquées sont construites en blocs de sel et couvertes de peaux de chameaux. On n'y trouve point d'arbres, rien que du sable. Dans le sable est enfouie une mine de sel ; ils creusent pour le trouver et l'extraient en gros pains... [76] ».

Deux siècles plus tard, Léon l'Africain en route vers Oualata avec une caravane de marchands marocains s'arrêta à Terhazza. Il y passa trois jours et laissa une description de la vie pénible des sauniers, du vent du sud-est étouffant au printemps, de l'eau qui a si mauvais goût et des dangers de cette vie : « Et tous les ouvriers d'ici sont des étrangers qui vendent le sel qu'ils ont extrait à des marchands. Ceux-ci le transportent à dos de chameau au royaume de Tombouctou, qui sans eux souffrirait d'une grande pénurie de sel. D'autre part, lesdits extracteurs de sel n'ont d'autres vivres que ceux que leur apportent les marchands, car ils sont à une vingtaine de jours de tout lieu habité. En conséquence, il arrive souvent qu'ils succombent au manque de nourriture, quand les marchands ont du retard [77]. » En 1910 encore, des hommes moururent de faim à Taoudenni, la caravane de sel ayant été attaquée par une *djouch* (troupe à dos de chameaux) de R'gibat. Jusqu'au XVIe siècle, l'isolement avait protégé la ville saline de Terhazza aussi bien que les empires du Niger des ambitions politiques brutales du Maghreb. Les tribus du désert avaient certes été repoussées vers le nord à plusieurs reprises, mais jamais poursuivies jusqu'au cœur du désert. Le Soudan, indifférent aux luttes qui agitaient le nord du Sahara, continuait de mener la vie qui lui était propre, celle d'un pays important par son commerce, trop éloigné pour de brusques incursions, et d'où un flot continuel de caravanes de marchands emportait les précieuses denrées sans parler des énormes contingents d'esclaves. Cependant le « sultan doré » Moulay Ahmad al-Mansour el Dhehebi (1578-1602), seigneur des Sa'diens, s'était mis en tête, comme son père avant lui, et contre l'avis de tous ses conseillers, de conquérir le riche « pays de l'or ». C'est à Terhazza que se cristallisèrent les tendances expansionnistes marocaines et les premières échauffourées, encore balbutiantes, entre les deux souverains. Le père d'Al-Mansour, Muhammad al-Chaykh, exigea que le seigneur songhai lui abandonnât la saline. Ce fut le début d'un duel singulier et monumental entre les deux maîtres des puissants royaumes au nord et au sud du Sahara. Un respect mutuel, une attitude circonspecte et des sentiments bouillonnants et contradictoires de la part des souverains du Maroc et des Askia de Gao présidèrent à cette querelle tragique, née d'une rivalité personnelle. Aux prétentions du souverain marocain sur Terhazza, Askia répondit qu'« un tel Askia n'était pas encore né » et riposta en expédiant quelques milliers de nomades dans la vallée du Draa, avec ordre de tout piller sans tuer personne (!). Le successeur d'Ishak, Askia Daud, négocia avec Al-Mansour à qui il céda l'usage de la mine de sel pour un an moyennant 10 000 pièces d'or. La munificence de l'offre pécuniaire surprit et réjouit Askia Daud ; « ...et cela fut la cause de l'amitié qui unit les deux princes », écrit Es Sadi [78]. A la mort de Daud, toutefois, Al-Mansour reprit ses ambitieux projets. Deux poussées échouèrent, mais il parvint finalement à rassembler une troupe spécialisée. Le 16 octobre 1590, une gigantesque caravane composée de 4 000 soldats, 8 000 chameaux et 1 000 chevaux quittait Marrakech, la ville du sultan. Elle se dirigeait sur Terhazza par la vallée du Draa, conduite par le renégat Pascha Djouder qui réussit à traverser le Sahara et à vaincre les Songhai par surprise. *In extremis* le chef Askia donna l'ordre de détruire les puits. Mais ceux qu'il avait chargés de cette mission furent attaqués par des Touareg et blessés, puis tombèrent peu après entre les mains des troupes de Djouder qui avaient progressé. Ainsi, la petite délégation fut cueillie par celui-là même contre lequel elle était dirigée. Si les puits avaient été détruits à temps, il est probable qu'aucun des hommes de Djouder n'aurait jamais atteint le Niger. « Ils l'ont échappé de justesse », résume Bovill [79].

Un autre épisode dépeint par Bovill montre également à quel point la fructueuse traversée du désert par cette cohorte armée était inattendue. « Plusieurs mois s'étaient écoulés sans la moindre nouvelle de Judar (Djouder) lorsque surgit soudain du désert un chamelier, un Targui sans doute, qui avait une plainte à présenter au Sharif (souverain du Maroc). Il dit que ses chameaux paissaient tranquillement près d'Araouane, à quelques jours à peine au nord de Tombouctou et qu'à l'horizon seraient subitement apparus Judar et son armée, qui auraient mis la main sur ses bêtes [80]. » Le mont Agator Djouder, la cuvette de Djouf Djouder entre Terhazza et Taoudenni ainsi que le canon en bronze, au ksar El-Smeida de Taoudenni, rappellent encore cette campagne qui se solda par une grande déception pour le conquérant. D'une part l'idée qu'il s'était faite des « pays de l'or » était très exagérée, d'autre part l'invasion eut précisément pour conséquence un déclin de la production et du commerce. Combien, parmi les conquérants ultérieurs et les voyageurs, ne comprirent pas que les empires du Soudan ne se distinguaient pas tant par leur faste matériel que par leur cohésion virtuelle. « Le palais du seigneur de Gao est plus pauvre que la demeure d'un ânier de Marrakech », écrivait Djouder à Al-Mansour. Cette victoire, qui anéantit l'Empire songhai et fut provoquée par une rivalité autour d'une saline et remportée à cause de la fascination de l'or du Sud saharien, marque nettement le début d'une nouvelle période de l'histoire de l'Afrique, le point de départ d'un raz-de-marée étranger, du conflit entre une civilisation technocratique — que les mercenaires de Djouder incarnent encore de manière rudimentaire — et les royaumes africains traditionnels. Les archers askia, dont l'arme la plus lourde était des troupeaux de bœufs lancés contre l'ennemi, furent écrasés par 31 000 livres de poudre, de fusils et de canons venus d'Europe.

Terhazza était déjà à cette époque une cité abandonnée ; ses habitants avaient fui en 1556 devant l'assaut d'une troupe marocaine. Askia Daud avait, à la suite de cela, interdit de s'y établir à nouveau et les Marocains durent se retirer de la ville de sel qui avait ainsi perdu sa valeur. Du déclin de Terhazza naquit Taoudenni. Es Sadi brosse un tableau de l'initiative des caravaniers : « Quelques Touareg se présentèrent chez Askia Daud et dirent... qu'ils ne voulaient pas cesser d'extraire le sel comme ils en avaient l'habitude. Qu'outre la grande mine de Terhazza, ils en connaissaient une autre. Daud leur céda le droit d'exploiter cette autre mine et cette année-là (en 1556 environ), ils creusèrent la mine de "Terhazza el-Ghizlan" [81]. » (Le nom est vraisemblablement un mélange de berbère et d'arabe : *terhazer,* la vallée ; ghizlan, pluriel d'*al ghazal,* la gazelle.)

La nouvelle mine de sel, située dans la vallée des Gazelles, était probablement Taoudenni. Le sultan Mansour chargea un caïd d'administrer la saline mais l'alliance avec le Maroc fut bientôt rompue et ne subsista que nominalement. En revanche, des mariages entre la famille du caïd Ahel Ayouni et les Touareg Kel Arawan nouèrent de nouvelles alliances vers le sud. Les descendants des Ahel Ayouni habitent toujours le ksar d'El-Smeida construit dans le style des casbahs du Sud marocain. Les relations avec les nomades se stabilisèrent grâce à des engagements mutuels. Le caïd, soutenu par le *djemaa,* assemblée des marchands de Taoudenni, administrait et représentait Taoudenni ; les Kel Arawan fournissaient les esclaves des mines, conduisaient les caravanes, avec les Berabich, et assuraient (plus ou moins) la protection militaire, principalement contre les

La production de sel à Taoudenni 1900-1958

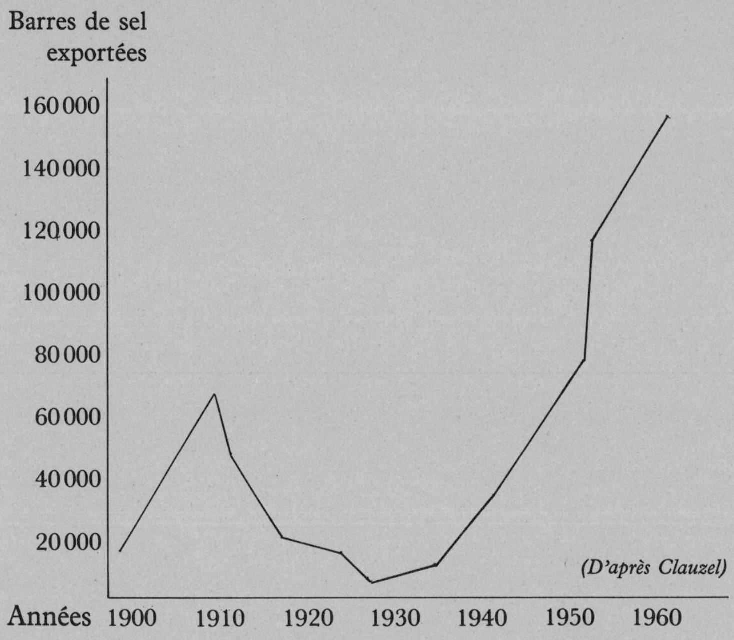

Variations démographiques à Taoudenni 1912-1958

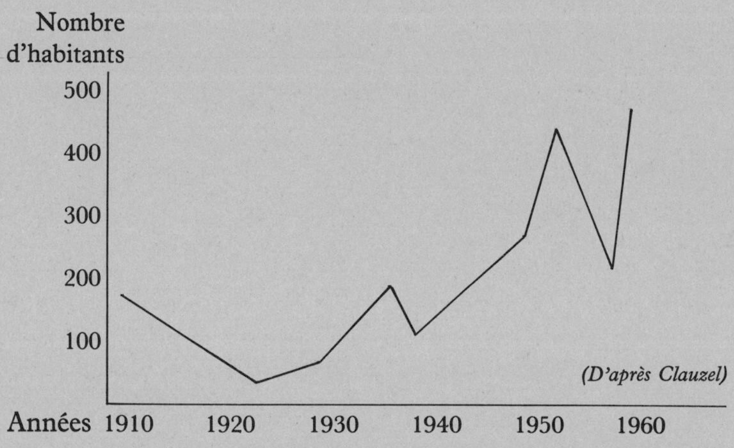

redoutables attaques des R'gibat. Plus tard arrivèrent des groupes de Tadjakent et de Tekna, du Sud marocain, dans la région du Niger ; ils prirent part eux aussi au commerce du sel. Kel Arawan, Berabich et Tadjakent sont aujourd'hui les groupes dominants de Taoudenni — abstraction faite des militaires maliens. Il y a à Taoudenni un camp de détenus, ce qui explique l'interdiction formelle de s'y rendre. D'après ce que j'ai entendu dire, les détenus sont également employés à l'extraction du sel, dont une partie est transportée par camion. L'exploitation traditionnelle des mines de sel et le commerce caravanier n'en continuent pas moins parallèlement. Les sauniers descendent d'anciens esclaves, mais il y a également de plus en plus de salariés volontaires. Généralement poussés par la ruine et l'endettement, ils se lient à un marchand qui se charge d'éteindre leur dette. Pour relative que puisse être la liberté de décision d'un indigent que la misère accule à s'engager, il n'en demeure pas moins un phénomène étonnant : après la colonisation française, malgré l'abolition de l'esclavage, la concurrence du sel de mer et le développement d'autres secteurs d'activité, non seulement Taoudenni n'a pas été abandonnée mais a même continué à prospérer.

Depuis 1900 la population a plus que doublé — avec toutefois de fortes variations d'une année à l'autre —, la production de sel, elle, a quadruplé.

« Les communications n'ont jamais été plus faciles qu'à notre époque. La mer est sillonnée de bateaux, le ciel d'avions, la terre de trains et de camions. Cependant des hommes continuent de pousser devant eux des caravanes de chameaux pendant seize longues journées de désert pour aller chercher du sel gemme à 750 kilomètres de leur ville. Ils n'en transportent pas ainsi quelques centaines de barres, ce qui ne serait qu'une survivance pittoresque, mais des dizaines de milliers, ce qui représente déjà une véritable exploitation », écrivait Clauzel en 1959[82]. Comment la ville de sel, loin de tout, subsiste-t-elle, pourquoi va-t-on à Taoudenni ? Parce que l'on n'a pas le choix, sûrement, parce que l'on est empêtré dans de nouvelles dettes ; pourtant les conditions sont connues de tous et malgré cela des hommes se rendent à Taoudenni, y retournent. Les temps modernes ont rendu plus facile la vie des anciens esclaves, leur ont donné la possibilité de fuir Taoudenni, pourtant il n'y a pas eu d'exode. Bien plus, ces progrès ont plutôt renforcé l'attraction de Taoudenni : l'amélioration des salaires mensuels, l'enrayement des attaques de caravane, la suppression des châtiments corporels ont amené plus de sécurité à Taoudenni ; la liberté, même théorique, de pouvoir quitter la saline à tout moment a rendu plus aisé l'engagement d'y travailler. Il ne faut pas oublier non plus que l'exploitation d'une ferme du Sahel sur laquelle pèse la menace de la sécheresse n'est guère moins pénible que le travail à la saline, si elle n'est pas moins sûre encore ; les revenus de ce dernier, si légers soient-ils, sont du moins assurés. Compte tenu de ces divers facteurs, Taoudenni n'était visiblement plus, depuis longtemps, aussi rebutant pour les Africains que ne se l'imagine un observateur européen au premier coup d'œil. « Ceux qui montent à Taoudenni ont accepté d'y monter », estime Clauzel. Ils font partie d'une communauté fermée, hiérarchisée, étroitement structurée, exigeante pour chacun de ses membres ; elle confère à chacun un statut social, l'opprime, mais aussi le soutient et lui assure de quoi vivre.

Il appartient à chacun de travailler durement pour subvenir à ses besoins, car rien ne lui est donné gratuitement, ni l'eau ni la crotte de chameau qui lui sert de combustible ; mais cela signifie aussi que tous peuvent travailler d'une manière ou d'une autre, et gagner de l'argent. Ceux qui sont trop jeunes ou trop vieux, pas assez robustes pour le travail à la mine, dit Clauzel, exécutent de petits travaux occasionnels : ils ramassent les crottes de chameau — dont un sac rapporte de deux à quatre barres de sel — cherchent du bois de construction dans les environs, fabriquent des civières pour le transport des détritus, s'engagent comme gardiens de chameaux, réparent les guerba, cousent les vêtements. Il est même des nomades ruinés qui arrivent sans rien à Taoudenni ; ils font avec leurs chameaux le transport de l'eau du puits aux mines, on leur donne une barre de sel pour deux guerba d'eau. A la fin de la saison, ils repartent, leur caravane chargée de sel, sans avoir apporté la moindre denrée. Ainsi Taoudenni offre-t-elle à chacun — compte tenu du fait que les conditions de vie au Sahara sont nécessairement frugales — la possibilité d'exister et de gagner sa vie, au niveau le plus bas certes, mais non sans garanties sociales : les mineurs ont acquis par leur travail un « fonds commun du sel » pour l'aide aux éléments particulièrement nécessiteux ; congés, primes et rémunérations font l'objet d'une réglementation précise, les marchands doivent fournir le logement et la nourriture. La dureté et l'isolement de la vie à Taoudenni ne sont pas que rebutants, celui qui en vient à bout gagne en prestige. « Les anciens restent à Taoudenni ou y retournent parce qu'ils sont habitués au travail, à l'endroit, au mode de vie, au paysage. Je n'irai pas jusqu'à dire qu'ils aiment Taoudenni, dit Clauzel, mais ils ne connaissent pas d'autre métier que celui de la mine. A Tombouctou ils ne sont rien, à Taoudenni ils sont des spécialistes, des "maîtres". » Lors de la première azalai, le jeune nomade doit faire ses preuves. Les griots (chanteurs) disent dans leurs chansons : « *Bugébéha koy ! Tawdanni koy ! Tyiri-gusu koy !* », c'est-à-dire : « Maître de Bu jbéha ! Maître de Tawdanni ! Maître des salines [83] ! »

Tombouctou est le pivot de la ville de sel ; presque tous les ouvriers et les marchands en sont originaires. Les noms de certains quartiers des salines ont gardé une analogie avec Tombouctou, la cité des ouvriers se veut une reproduction rudimentaire et miniature de Tombouctou. On retrouve le quartier des esclaves songhai, Bella-Farandi, ainsi que celui de Sarey-Gama, « Entre les cimetières », le quartier retiré de Bukeynat porte le nom d'un hameau sis à l'écart de Tombouctou. Le terme d'Agorgot, dont on désigne habituellement les salines, est tiré d'un quartier ouvrier assez important ; en revanche aucun quartier des salines ne porte le nom de Taoudenni. Ce nom n'est utilisé que par les étrangers. Les Arabes lui attribuent l'étymologie suivante : « approche tes chameaux ! » (pour qu'on les charge) [84]. Autrefois, à cause des attaques, les maisons étaient de minuscules réduits à moitié enterrés, faits de dalles de sel superposées. Depuis la « libération », les maisons sont construites en blocs de sel argileux et couvertes de bois d'acacia qu'on trouve dans les environs, elles sont de dimensions normales ; il y a plusieurs mosquées à Taoudenni : une à Smeida, deux aux salines.

Essayons d'imaginer ce qui peut amener un individu à se diriger vers Taoudenni et comment il pourra y gagner sa vie. Supposons qu'il vienne d'un petit hameau proche de Tombouctou, de la hutte d'un esclave songhai affranchi, *bella,* dont les parents sont trop vieux pour assurer l'entretien de la famille. Jusqu'à présent, il a gagné un peu d'argent avec divers emplois occasionnels, et les ressources de la pêche, d'un petit jardin et de quelques animaux fournissaient un léger complément au budget quotidien. Les années de sécheresse ont renchéri la nourriture, les bêtes sont mortes, on n'a plus besoin d'hommes de main et ainsi la famille ne put plus survivre qu'en achetant à crédit. Un jour le jeune homme, appelons-le Maiga, décide de partir pour Taoudenni. Il se rend d'abord à Tombouctou chez le marchand qui a fait crédit à sa famille. Maiga sait que ce dernier, comme presque tous les grands marchands de la ville, s'occupe du commerce du sel. Le créancier conclut avec Maiga un contrat, rédigé et signé devant deux témoins. Il s'engage à prendre en charge le voyage aller-retour ; son répondant à Taoudenni donnera à Maiga un logement et ses repas jusqu'à achèvement du travail dû. Le marchand fournira des vivres à la famille de Maiga pendant son absence et en portera le prix sur le compte de la dette globale que Maiga doit rembourser par son travail. L'amortissement effectif sera calculé sur la base de trente jours de travail pour 1 000 francs CFA, selon le droit coutumier. Quelques semaines plus tard, nous retrouvons déjà Maiga traversant avec la première azalai de l'année les dunes de l'Azawad, parti vers le nord au milieu de centaines de chameaux.

On lui attribue une hutte dans le quartier songhai Bella-Farandi, en bordure est des salines. Il est tout d'abord employé comme cuisinier, le grade le plus bas de la hiérarchie des emplois de Taoudenni. En tant que *hinakoy* ou encore *tusinje* (dérivé de « cuisinier »), il préparera les repas des mineurs et les leur apportera à la mine, il ramassera la crotte de chameau dont on a besoin comme combustible et ira chercher l'eau au puits de Smeida. Comme il est jeune et robuste, il sera bientôt employé comme auxiliaire à la construction d'une nouvelle mine de sel. Le contremaître *mala* a trouvé une place disponible qui lui conviendrait, entre les remblais des autres mines, dont il marque au sol les limites, à peu près quatre mètres sur quatre. La première tâche consistera à enlever la couche d'argile, d'une épaisseur de trois à cinq mètres, qui recouvre le sel. Pour ce travail, le contremaître lui fournit une pelle. Lui et les autres auxiliaires moti seront tout d'abord employés presque exclusivement au travail de la terre ; aussi donne-t-on souvent aux moti le nom de *ahel tin,* les gens de l'argile. Il s'agit de retirer environ 80 mètres cubes de terre. Les déblais sont déposés à l'aide d'un petit brancard au bord de la mine. Ce travail éprouvant est entrecoupé de deux journées de repos ; l'une dès que la première moitié de la terre est dégagée, l'autre lorsque sera atteinte la couche dure de sel argileux, *ferey.* Le travail de Maiga dans cette mine est provisoirement terminé, la phase suivante étant du ressort des ouvriers spécialisés *(akorzi).* Au lieu de la pelle, ceux-ci se servent d'un billot, qui est un genre de pic à manche court, pour détacher de la couche ferey les parcelles de sel argileux, rares et friables. La partie supérieure de la couche de ferey forme une mince pellicule d'argile, nettement distincte, d'un vert presque noir, à peu près de l'épaisseur des barres de sel ; on lui a donné le nom d'« enfant illégitime », *horma lemma.* Un peu plus en profondeur, on tombe sur l'obstacle majeur : une couche de sel de 40 centimètres, la *wara,* qu'on laisse inexploitée. Elle passe pour avoir des propriétés magiques ; on insère dans la paroi de la mine cinq éclats de cette couche, disposés en croix par exemple, à titre de protection contre le « mauvais œil ». Quand par la suite on creuse dans la terre les galeries horizontales pour l'extraction du sel, cette couche *wara* constitue une couverture naturelle ; elle gît à 1 mètre ou 1,50 mètre au-dessus du sel exploitable et permet de percer des galeries doubles que sépare seulement une étroite paroi. Lorsque cette couche manque, comme c'est le cas dans certaines mines, on ne peut pratiquer que d'étroites galeries.

Dès que la couche supérieure de sel est atteinte, le travail s'arrête à nouveau pour un jour. La mine est alors un large espace carré encastré dans la terre, d'environ 4 mètres de côté ; à 5 mètres en dessous du bord de la sebkha se trouve le « plancher », la première couche de sel mise au jour. Un escalier ménagé lors de la percée relie le fond de la mine, le cœur *gelb,* au monde extérieur. Sur cette surface de sel, le *mala* trace maintenant les arêtes selon lesquelles il faudra découper les blocs ; le plancher de sel est divisé en quatre rangées de douze barres. C'est alors qu'interviennent les *akorzi* : à coups de pic, ils fendent la première couche de sel, jusqu'à ce que l'on puisse en détacher les barres encore à l'état brut et auxquelles le coupeur donnera leur forme définitive. Le piqueur et le coupeur ont l'un comme l'autre le statut d'akorzi : ouvriers spécialisés.

C'est à ce stade qu'il y a de nouveau du travail pour Maiga. Sous la surveillance du propriétaire de la mine, il monte les barres de sel finies jusqu'au bord de la saline, où elles sont empilées. Chaque barre pèse une trentaine de kilos et mesure 1,60 m sur 0,50 m. En principe, Maiga en tant qu'ouvrier auxiliaire n'a pas droit à des parts de sel, mais l'usage veut qu'ouvriers spécialisés et contremaître cèdent aux « gens de l'argile » une fraction de la part qui leur revient, surtout lorsque le propriétaire de la mine leur cède des parts supplémentaires, et par la suite, quand on ferme la mine, les auxiliaires reçoivent généralement le sel qui était resté « caché » sous l'escalier. Le « plancher » de la mine qui, dans notre exemple, couvrait environ 16 mètres carrés, donne 48 barres et recouvre encore une succession dense de quatre strates de sel. L'ensemble des couches du fond de la mine donne ainsi 240 barres ; on perce également de tous les côtés d'autres galeries. Les cinq strates de sel, de qualité différente, ont des noms précis : *kukuch el beida* (la blanche supérieure), *el beida* (la blanche), *el bint* (la fille), *kukuch el kamra* (la belle supérieure) et enfin *el kamra,* la belle, celle qui donne le sel de la meilleure qualité. Une sixième couche sous-jacente suit encore, une couche wara mince, que l'on n'exploite qu'exceptionnellement. Par-dessus lesdites strates se trouvent dans certaines salines des couches supplémentaires, exploitables également, qui ont le nom de *babije,* les fils du père. Les deux strates supérieures kukuch el beida et el beida adhèrent l'une à l'autre de même que kukuch el kamra et el kamra. Elles sont d'abord extraites en un bloc puis formées par le coupeur *sattar* en deux plaques de 8 centimètres d'épaisseur chacune. La terminologie employée fait visiblement référence aux liens parentaux, et se fonde sur une conception anthropomorphe de la mine de sel. Un contremaître, que Clauzel interrogeait sur les qualités de sel, a même parlé des diverses « tribus du sel ». Le centre de la mine s'appelle *gelb,* le cœur. C'est là que donnent les entrées *fum* des galeries, tandis que l'extraction latérale des blocs de sel fait apparaître des « fosses nasales », *nine.* Les différentes sortes de sel constituent elles-mêmes une famille : entre les parents kamra et beida gît la mince couche bint, la fille, puis viennent les fils du père, babije, que l'on distingue des « enfants illégitimes », les couches argileuses hormalemma. Si l'on se représente aussi le déroulement, qui rappelle certains rites agraires, du travail collectif décrit plus loin, *tuiza,* on trouve nettement à l'origine de tout cela des représentations mythiques, chthoniennes, telles qu'en connaissent par exemple les cultivateurs de mil au Soudan ou les Berbères de l'Atlas : de la terre, principe de fécondité, naissent le mil et les céréales, sources d'énergie vitale. De façon similaire, la terre de la saline recèle la « famille » des variétés de sel, le sel gemme vivifiant que les sauniers extraient en pénétrant dans le « ventre » de la terre.

Le moment crucial du travail du sel est celui où l'on perce les galeries, un travail délicat et pénible : en position assise, on détache à coups de pic les plaques de sel, et l'eau qui jaillit des profondeurs provoque souvent la formation d'une boue saumâtre et putride. Du fait de la chaleur se dégage un air moite et fétide et, à mesure que l'on s'enfonce, tout devient si sombre qu'il faut éclairer la mine avec une lampe à huile de karité. C'est à l'extraction du sel dans les galeries que se révèlent l'habileté et l'expérience de l'ouvrier spécialisé, car cette phase du travail, quoique la plus ardue, est la plus rémunératrice. Le gain journalier de chacun dépend de son rythme de travail ; il doit quotidiennement au propriétaire une strate, c'est-à-dire les cinq barres d'une découpe de sel, *beld adile,* et chaque barre supplémentaire lui appartient. La production maximale est de trois strates soit quinze barres, mais il est souvent difficile de fournir au propriétaire ce à quoi il a droit. Le travail doit se faire vite, mais avec des précautions : il incombe à l'akorzi d'estimer dans quelle direction doit se trouver le meilleur sel, où, en revanche, il pourrait se heurter à des galeries déjà exploitées de mines voisines et la quantité de sel qu'il peut extraire des parois latérales et mitoyennes, des « fosses nasales », sans risquer un effondrement. S'il transperce la mince couche de sel wara sous-jacente, l'eau jaillira des profondeurs et paralysera son travail ; s'il procède trop hâtivement, les plaques de sel peuvent se briser ou tomber dans la boue. Ce travail des galeries est le domaine des Noirs. Ni les Blancs ni les Touareg ni les Arabes ne peuvent devenir mineurs. « Le travail à la mine, dit-on à Taoudenni, Dieu l'a attribué aux Noirs ! »

Supposons qu'entre-temps Maiga ait été promu ouvrier spécialisé, qu'il ait déjà, par son travail, éteint sa dette et qu'il se soit habitué à sa vie à Taoudenni. Il est maintenant arrivé au stade où son travail est intéressant car il peut vendre pour son propre compte le sel qu'il produit. Il peut donc escompter un bénéfice ; au lieu de rentrer chez lui les mains vides, il prolonge son engagement. Il ne trouve pas de place de piqueur mais il peut néanmoins travailler comme coupeur. Son employeur continue à le nourrir et à le loger et le rémunère mensuellement à raison de vingt barres de sel. Il doit se procurer ses propres outils, un pic *fas* et une herminette *tyar,* qu'il peut commander au forgeron. En tant que propriétaire de ses instruments de travail, il appartient désormais aux ouvriers confirmés de Taoudenni. Ce nouveau statut implique tout d'abord pour lui des redevances. Il devra dorénavant payer au caïd l'impôt sur le sel *achour* et au forgeron, comme tous ceux qui possèdent leurs outils, huit barres de sel par saison pour toutes les petites réparations usuelles et l'affûtage fréquent des outils ; il est en outre supposé donner des primes de sel, de temps en temps, aux « gens de l'argile », ahel tin. En tant que coupeur, il doit fendre les barres doubles des strates de sel kamra et beida qui adhèrent l'une à l'autre, gratter les résidus argileux et les impuretés du sel, polir et arrondir les angles. Il doit fournir chaque jour trois chamelées adile au propriétaire, soit douze barres de sel finies ; l'excédent de sa production journalière lui appartient. Il entasse fièrement son propre sel à côté de la saline pendant que les nouveaux moti transportent de la saline les plaques de sel du propriétaire.

Un jour son chef de groupe, représentant des mineurs noirs, demande à Maiga de participer à une tuiza. A la date convenue, tous les ouvriers de son groupe iront travailler dans une autre mine. Comme deux ouvriers sont malades et que l'arrivée de l'azalai approche, le propriétaire de la mine s'est adressé au chef de groupe de Maiga pour lui demander un renfort collectif de bon voisinage. Il serait considéré comme parfaitement asocial de ne pas répondre à l'invitation à une tuiza (le refus était jadis passible, comme du reste toute réticence au travail, de châtiments corporels : le réfractaire était fouetté sur le dos). Le propriétaire de la saline qui organise une tuiza apporte à la saline des guerba remplies d'eau et des pains de sucre, ainsi que les ingrédients nécessaires à la préparation du *dorno,* une boisson rafraîchissante qui correspond à l'*ageshira* des Touareg ou à la *fura* des Haoussa : une sauce à l'eau blanchâtre et un peu épaisse, à base de farine de mil, fromage écrasé, farine de baobab, poivre, anis et sucre. A la fin de la journée on sert à chacun un plat chaud à base de riz ou de mil ; la coutume veut que des musiciens jouent tout au long de la tuiza et que les vieux se tiennent assis au bord de la mine, prodiguant leurs conseils et palabrant tandis que les plus jeunes sont au travail. Aux ouvriers de la tuiza reviennent douze barres de la production journalière, que le chef de groupe constitue en réserve collective de secours. On connaît des coutumes semblables de travail collectif dans les oasis sahariennes et chez les paysans du Sahel, par exemple pour la construction des puits *(foggara)* ou des maisons, ainsi que pour la plantation des palmeraies. Mais l'ensemble de la manifestation rappelle plus particulièrement les rites agraires du Soudan à l'époque des semailles ou de la récolte du mil.

Le commerce du sel et son transport se déroulent selon deux principes qui peuvent également être combinés. Le nomade a la possibilité de troquer le sel contre des denrées ou de l'acheter comptant, ou encore de conclure un contrat de transport *rabat* avec un marchand, c'est-à-dire qu'il transporte le sel depuis la mine où le marchand a des intérêts jusqu'à Tombouctou, où le chargement est réparti dans des proportions précises. En 1960 le taux usuel était de 1 à 3, c'est-à-dire d'une barre pour le marchand contre trois pour le transporteur ; dans un passé plus éloigné on pratiquait des taux de 1 à 5 ou 1 à 6. Les marchands étendent leurs activités commerciales pour le sel au réseau fluvial du Niger, tandis que les caravaniers apportent eux-mêmes leur sel sur les marchés.

Taoudenni, la lointaine cité, est cependant, à y regarder de plus près, un carrefour caravanier relativement animé ; le commerce du sel y attire les groupements de nomades les plus divers. Seuls les R'gibat y viennent pour autre chose, parce que Taoudenni est tout simplement le marché le plus proche de leurs zones de pâturages. « Se rendre à Taoudenni n'est pas une expédition pour eux, ils y vont comme ils iraient tout bonnement s'approvisionner au village le plus proche. Ils y viennent uniquement, ce qui peut sembler étonnant, pour acheter du blé, du sucre, du thé et de la toile. Ils vendent des chameaux et du beurre liquide[85]. » Parmi les autres nomades des caravanes on trouve les Arabes kounta et berabich de Tombouctou, Bourem, Gao, les Touareg Kel Arawan, les Kel Antassar, des nomades de Goundam (Touareg et Arabes tormoz) et les Touareg Ifoghas ; du nord et de l'ouest les « Ahel Sahel », les gens de la bordure (septentrionale) du Sahara : R'gibat, Tadjakent et Tekna, qui font la navette entre le Sud marocain et Tombouctou, et enfin des groupes isolés de Maures de la région d'Hodh.

Geneviève décrit l'organisation d'une azalai de l'automne 1947 : « A la fin du mois de septembre, le Chef de subdivision réunit la *djemaa* Kounta et les chefs Touareg intéressés, leur communique les résultats de la conférence des azalays qui a eu lieu au début du mois et procède à la répartition des chameaux entre les tribus. Ainsi, pour la campagne 1947-1948, il est prévu deux *azalays* de 3 000 chameaux chacun partant le 10 novembre et le 10 mars. Ils doivent monter à Taoudenni les denrées suivantes (pour l'année) : 18 tonnes de riz à échanger contre 9 000 barres de sel, 4 600 litres de beurre à échanger contre 4 500 barres de sel, 4 500 kilos de viande séchée à échanger contre 4 500 barres de sel, enfin des denrées diverses (sucre, thé, étoffes, farine de baobab, moutons, ânes, chameaux de boucherie, guerba, etc.) à échanger contre 6 000 barres de sel, soit un total de 24 000 barres [86]. »

Depuis une quarantaine d'années, le commerce du sel est en grande partie tombé entre les mains des nomades kounta, les chameaux des autres tribus ne représentent qu'une fraction de ceux appartenant aux Kounta dans les caravanes. Et ce sont également les Kounta qui appliquent au commerce du sel le principe de l'échange multiple entre diverses régions éloignées les unes des autres. « (Avec une) activité inlassable et (une grande) résistance, le Kounta, dans des conditions très dures, maintient la grande tradition caravanière » en vertu du principe : « Quelle que soit la distance, acheter à l'endroit le meilleur marché pour revendre à l'endroit le plus cher [87]. » Les activités commerciales des Kounta se déploient d'In Salah à Tahoua, de Tombouctou à la Haute-Volta et au Nigeria. Le long du Niger, le sel des caravanes est chargé sur des ânes : « D'octobre à l'hivernage, les Kounta partent avec leurs petits ânes chargés de deux barres de sel : ils traversent le fleuve soit à Gao soit à Kermachoué et de sept à dix jours après arrivent à Dori d'où ils se dirigent sur Fada n'Gourma, Kaya, et même Ouagadougou et Ouahigouya. Leurs *wakils* (intermédiaires) échangent leur sel contre du petit mil au taux de 3 ou 4 *mezoueds* de 80 kilos par barre... [88]. » Autres marchés importants des Kounta dans le sud : Menaka, Kidal, Rharus, Goundam. L'azalai de 1946-1947 comprenait 5 000 chameaux ; en 1947-1948 on en comptait 6 000, dont 5 000 appartenant aux Kounta, soit 20 000 barres de sel. J. Geneviève calcule que, avec le mil et les textiles troqués en Haute-Volta, le commerce du sel assure à lui seul la majeure partie du ravitaillement de base : « Le commerce du sel permet donc à lui seul de nourrir la totalité de la tribu et d'en habiller à peu près le tiers [89]. »

89
Un Maure à peau claire, beidani, *de Sorba, près de Koumbi Saleh, en Mauritanie, encore épuisé du long effort qu'il vient de fournir au puits et couvert d'éclaboussures de boue.*

90-91
La sebkha d'Idjil, en Mauritanie. Au premier plan à gauche, les résidus non utilisables, à droite les barres de sel empilées, adile. *Après excavation d'une couche d'environ 1 mètre d'épaisseur de sable, d'argile et de sédiments salins, on atteint les deux couches de sel* chigigi *et* m'baraka *(la couche « bénie »), celles que l'on a coutume d'exploiter. Ici, on a déjà dépassé deux couches ; il est en effet courant aujourd'hui d'exploiter la couche sous-jacente dont les barres sont transportées exclusivement par camion.*

92
La mine de sel de Taoudenni, Mali. Les couches de sel exploitables gisent ici à quelque 5 mètres de profondeur. C'est à partir de la partie médiane, photographiée ici, le « cœur » gelb *de la mine, que seront percées les galeries* alouti *dans toutes les directions, dès que l'on aura extrait les cinq couches de sel du fond de la mine. On voit à droite la découpe des couches de sel et, juste au-dessus, les plaques de sel brut composées de deux couches adhérant l'une à l'autre. Elles seront divisées en deux et arrondies aux angles (centre de la photo). La paroi arrière de la mine — à hauteur d'épaule des sauniers — est constituée par l'épaisse couche* wara *qui forme un toit naturel au-dessus des galeries de la mine et n'est pas exploitée.*

93
Une partie de la caravane de sel azalai *à Tombouctou.*

94
Négociation d'une livraison de sel sur le quai de Mopti.

95
Les traces d'une extraction récente dans la sebkha d'Agajer à Amadror.

96
La piste caravanière d'Amadror.

97
Une petite caravane sur le plateau « Tesa n'egenna » (ventre de la pluie) dans l'Atakor, entre les masses sombres des cheminées des volcans.

98
Les pics centraux du massif du Hoggar : Atakor, *avec les points culminants de Tezoulag (2 700 mètres), Seunane et Ti-Djamaiene.*

99
Un camp de toile targhi « fortifié » dans l'Atakor.

100
Une petite fille targui dans une zeriba *(tente de joncs) à Mertoutek.*

101
Targui d'une tribu des Touareg Ajjer, maîtres traditionnels des voies caravanières du Fezzan menant dans le Hoggar ou le massif de l'Aïr.

89

91

90

92

93

95

96

99

100

La sebkha d'Idjil

Avec Idjil, la boucle est bouclée ; nous nous retrouvons au point de départ de la caravane d'Achmed et de Mohamed, dans la sebkha d'Idjil, que Brosset a décrite en détail [90]. Ces mines de sel ont été, paraît-il, découvertes par des chasseurs qui voulaient déterrer un lézard réfugié dans le sable de la sebkha. Ils signalèrent leur trouvaille au chef des Kounta d'Ouadane, qui s'en fit conférer le titre de propriété par le sultan du Maroc. Les Kounta achetèrent pour cent jeunes chameaux, aux nomades vivant dans la région, le puits voisin, El-Aiouj, et creusèrent un second puits à F'Derick. Leurs vassaux, les Azarzir, ont depuis lors exploité le sel. Les Azarzir sont aujourd'hui pratiquement les propriétaires des salines, leurs relations commerciales avec les Kounta se sont maintenues par un système d'échange : chaque mineur donne une fois par an 20 barres aux Kounta, en retour les mineurs reçoivent des Kounta un chameau d'abattage.

Les noms des outils, des procédés de travail et autres termes techniques propres à la saline forment une mosaïque d'expressions berbères, arabes, avec quelques mots de la langue azzer, le tout reflétant la superposition des trois couches de population de la Mauritanie. De nos jours le dialecte azzer, un archaïque sarakollé, la langue des premiers habitants de la Mauritanie, est encore parlé çà et là dans le sud du pays, à Tichit, Oualata et Ouadane. Les travailleurs des salines que j'ai rencontrés m'ont eux aussi parlé de leur patrie Ouadane. Ils n'exploitent le sel que pendant la saison hivernale, puis ils travaillent alternativement en deux groupes dans la sebkha. Quoi qu'il en soit, ils n'étaient pas venus avec une caravane mais « par voiture », c'est-à-dire avec un camion. Une partie du sel est aussi transportée par camion. Aussi l'extraction du sel peut-elle se faire sans l'aide des caravanes. Comme nous l'avons déjà mentionné, Idjil s'appelait aussi « Terhazza el Gharbie », la Terhazza de l'Ouest ; c'est sans doute à Idjil que se rapporte une description de Cadamosto (XVe siècle), qui la confond avec Terhazza ; car il parle de la mine de sel de Terhazza, qui est à six jours de voyage d'Ouadane, à l'intérieur des terres [91], ce qui correspond exactement à Idjil, mais nullement à Terhazza.

Brosset conte la légende des travailleurs du sel, qui décrit comment ceux-ci échouèrent dans le désert et sous la dépendance des Kounta : leurs ancêtres poursuivaient un pèlerin pour le voler quand il se coucherait pour dormir. Mais Dieu protégeait cet homme car, comme la nuit tombait, les poursuivants tombèrent dans un profond sommeil. Cela se produisit trois fois de suite. Pendant ce temps ils s'étaient enfoncés si profondément dans le désert que l'eau vint à leur manquer. Comme ils ne connaissaient ni les puits ni les chemins, ils durent se livrer à ce pèlerin, nommé « Khazge », qui les emmena à Chinguetti comme esclaves et leur impartit le métier de boucher. Ils lui devaient une part sur chaque bête abattue : un plat de viande. Un jour, alors que Khazge était absent, sa fille vint pour prendre le dû. Les bouchers l'empaquetèrent et la roulèrent comme un animal de sacrifice dans le sang de la bête abattue. Lorsque son père rentra, il se vengea cruellement de cette sinistre farce : les « Azarzir » l'accueillirent avec des salves de bienvenue, mais en retour il fit donner par ses gens un tir nourri, et les tua tous sauf deux. Les survivants s'enfuirent vers Ouadane et se mirent sous la protection des Kounta ; ils ont continué depuis lors à porter leur nom d'Azarzir, dérivé de Khazge.

Idjil est, de toutes les salines dont nous avons parlé (excepté Tegida), la plus facile d'accès. Les environs sont suffisamment pourvus de pâturages et de puits, et le sel affleure presque la surface du sol. On trouve la couche de sel à seulement un mètre environ en profondeur, par conséquent l'extraction est bien plus facile qu'à Taoudenni. Les mineurs, qui se répartissent par équipes de cinq ou six hommes, peuvent poser et empiler directement sur le bord des tranchées de la mine les plaques de sel qu'ils en sortent. La structure de la saline ressemble à celle de Taoudenni. Malgré une analogie frappante dans la disposition du gisement, les couches du haut sont nettement plus minces. A Idjil on exploite surtout la septième couche *chigigi* et la huitième *m'baraka* (la couche bénie). Les couches plus profondes, difficiles à pénétrer en raison de leur épaisseur (12 à 15 centimètres), ne sont entamées que depuis peu, sous forme de barres pour les transports par camion.

Les outils de travail les plus importants sont la hache *getaa*, la pelle-pioche *auajeil* et des épieux avec une pointe en fer *amoder* et *taiaha*. Puis viennent deux règles et deux barres à mine *ahmar al-barka*, pour décoller du fond les barres de sel. Les couches les plus tendres sont transpercées et débitées avec les pelles-pioches, les plus dures avec les épieux. Les barres de sel isolées sont séparées à la hache de la couche de sel dégagée. On leur donne une forme trapézoïdale de telle sorte que le tracé des galeries est légèrement en courbe. La forme de ces barres, qui sont empaquetées avec le bout le plus large à l'avant, est conçue pour que le chameau soit moins chargé à la croupe qu'au garrot.

Avec une proportion de 94 % de NaCl, le sel d'Idjil est d'une qualité exceptionnelle ; à Oualata on le préfère au sel de Taoudenni, au marché Rose de Bamako il était nettement plus cher. Mais plus loin vers l'est, il est inconnu ; en raison de la proximité des salines de Kaolack (sel de mer) la position du sel d'Idjil sur le marché est plus dure que celle des autres « sels classiques du désert ». La production annuelle est estimée à environ 500 tonnes. Une équipe de travail de six hommes peut produire chaque jour environ 120 barres ; les barres ont approximativement 8 centimètres d'épaisseur et pèsent de 20 à 40 kilos. Dans de bonnes conditions de pâture tout au long du chemin de la caravane, on peut charger jusqu'à 12 barres par chameau. Les marchés principaux du sel d'Idjil sont Atar, Chinguetti, Ouadane, Tidjikdja et Aïoun El Atrouss ; l'itinéraire des caravanes s'arrête à Nioro du Sahel ou à Kaedi, dans le Mali. A Idjil comme à Taoudenni la possibilité existe soit d'acheter le sel soit de l'acquérir dans le cadre d'un accord de transport. En 1973 une plaquette coûtait 15 ugiya (environ 0,75 DM soit 1,10 FF). Au titre de l'accord de transport, le caravanier livre une partie des barres — par exemple 15 sur 100 — à un intermédiaire. Les barres de sel s'appellent adile. A Taoudenni, en revanche, une barre seule s'appelle *ras* (tête) et c'est le chargement d'un chameau (4 barres) que l'on nomme adile. La racine commune est le verbe *addl*, qui signifie compenser, équilibrer [92]. Ce terme est ainsi apparu pour désigner, à Fachi, un don de compensation, à Idjil un chargement de chameau « équilibré », c'est-à-dire aussi lourd des deux côtés, et — en abrégé — le nom adile désigne une barre. Certaines couches de sel, habituellement non exploitées, sont associées à des notions magiques : ainsi, à des nomades de passage, on fait cadeau en guise de porte-bonheur de fragments de la couche *tajel*. Ces morceaux *marad* sont surtout censés protéger de la foudre, aussi les place-t-on dans les maisons ou les greniers à blé. Au contraire, le sel de la couche *tenouamel* porterait malheur ; il arrive pourtant qu'on offre des plaquettes provenant de ces couches, ornées d'inscriptions et de symboles ressemblant aux marques au fer rouge des Kounta.

Valeur d'échange du sel d'Idjil d'après l'exemple de la caravane d'Achmed en 1973.

Dépenses	Saline Idjil	1 barre	15 ugiya
		1 chamelée (180 barres)	2 700 ugiya
	↓ 1 000 km 40 jours ↓		
Recettes	Nioro du Sahel	1 barre	150-200 ugiya
		1 chamelée	27 000-36 000 ugiya

Gain de la caravane (18 chameaux transportant chacun en moyenne 10 barres) : 24 300-33 300 ugiya (1 ugiya = 0,07 F).

Lorsque j'ai visité la saline, l'un des mineurs m'a invité à m'asseoir au bord de la saline. Averti par la façon dont il me le proposa et par les ricanements des autres, je refusai, et tous se mirent à rire. On m'expliqua : « Si tu fais ça, tu dois nous donner un grand cadeau » ; j'ai lu le fin mot de l'histoire dans Brosset : celui qui laisse pendre ses pieds dans la saline, celui-là les mineurs l'attrapent et menacent de le tirer dans la galerie, s'il ne se rachète pas par un cadeau. Cette coutume doit remonter au chef kounta Cheikh Choumad, dont le père inaugura l'exploitation des salines.

HOMMES ET MARCHÉS

Survol historique

« Le pays “Libye ou Zaara” est très chaud et sec, au point qu'en certains lieux de l'intérieur on ne peut pas trouver d'eau, sauf dans quelques points d'eau souterrains, qui sont le plus souvent salés. Tout autour, il existe des régions où l'on peut voyager six ou sept jours sans voir une goutte d'eau. Pour cela, les marchands doivent emporter sur leurs bêtes des sacs ou des outres en peau de bouc remplis d'eau, surtout lorsqu'ils vont de Fez à Tombout (Tombouctou) ou de Telensin (Tlemcen) à Agadez. Aussi bien, le chemin qui mène de Fez à Alkair (Le Caire) à travers le désert libyen est encore plus incommode, bien qu'on y voyage tout du long au bord d'une grande mer... Puis sur le chemin de Fez à Tombout on trouve quelques sources souterraines, tapissées à l'intérieur avec des peaux de chameau ou recouvertes tout autour avec des os de chameaux. Et les marchands se mettent en grand danger lorsqu'ils entreprennent ce voyage en une autre saison que l'hiver : car pendant les autres saisons, il souffle dans ces régions de certains vents qui se lèvent le matin et poussent le sable en nuage devant eux, recouvrant les sources souterraines en telle manière que les voyageurs, qui ne peuvent plus trouver ni eau ni source, doivent sécher de soif ; on peut s'en convaincre suffisamment aux ossements des voyageurs que l'on trouve ici et là... [93] » Si l'on ajoute encore à cette description de O. Dapper (1670) l'Empire bornou, on aura cité les centres les plus importants du commerce transsaharien classique : le Maroc (Fez), les empires du Niger (Tombouctou), l'Égypte, et la Libye, dont le nom désignait l'ensemble du Sahara. En Libye s'étendait l'un des plus anciens empires du nord du Sahara dont l'existence soit rapportée, au sud de la Grande Syrte. Son nom est resté dans le Fezzan actuel : le Phasania des Romains, empire des Garamantes. En 19-20 av. J.-C., le proconsul L. Balbus lança une attaque sur Ghadamès, au Sahara, et, comme l'écrit H. Weis, « l'Europe apprit avec étonnement l'existence d'un empire dont le centre de gravité se trouvait au sud de la Libye, dans les grandes vallées du Fezzan [94] ». Le Fezzan était autrefois une plaque tournante du commerce et des migrations, c'est de là que les peuples méditerranéo-libyens pénétrèrent dans le Sahara. La « route des Garamantes », reconstituée d'après une série de représentations rupestres de convois (H. Lhote), conduisait de Tripoli (Oea) jusqu'à la boucle du Niger, mais cette voie de migration est probablement encore nettement plus ancienne : Ghadamès, la Cydamus des Romains, était déjà peuplée vers 3000 av. J.-C., et entre Tunis et Ghadamès s'étendait le domaine d'expansion de la culture capse du premier âge de la pierre (Gafsa).

Les vagues d'immigration des Touareg vers l'Aïr se sont succédé du VIIe au XIVe siècle, passant par le Fezzan. Chaque nouvelle vague provoquait une migration vers le sud des arrivants précédents : à la fin les Kel Owi repoussèrent les Kel Gress vers le sud de la région de l'Aïr et plus tard jusqu'à la frontière du Nigeria. Les Kel Ferwan, originaires du Hoggar, vivent aujourd'hui au Niger, dans la région de Tegida In Gall. Vers le sud, l'importante route bornou reliait le Fezzan à la région du lac Tchad, la Méditerranée au Soudan. Ce fut là le point de rencontre des influences nord-méditerranéennes et des éléments charriés par la voie culturelle et commerciale du Soudan oriental, qui reliait la vallée du Nil et le Soudan oriental (l'actuelle République du Soudan) à l'Afrique centrale et aux pays de la côte guinéenne. On reconnaît par exemple dans la fonte des métaux des pays du Sud saharien des éléments de style aussi bien égyptiens-coptes que méditerranéens (voire étrusques), attestant la fusion des deux lignes d'influence qui convergèrent dans les pays guinéens. Le « corridor » allant de la Libye au lac Tchad, marqué par le Hoggar et le Tibesti, constituait en même temps une frontière ethno-culturelle distincte entre les zones centrale et orientale du Sahara, entre Touareg et Toubou. Cela vaut avant tout pour la « grande époque des caravanes » qui nous intéresse, la période ouverte par la domestication du chameau et allant jusqu'à l'introduction de l'automobile. Nous savons peu des premiers siècles de notre ère ; Gautier parle des « siècles obscurs du Maghreb », et même au sud du Sahara, les connaissances précises en notre possession commencent avec les écrits des historiens arabes. Tandis que l'Empire bornou était orienté vers le nord et l'est, dans la « direction sacrée du ciel » (Fuchs), que son principal élan lui venait du Soudan et de la vallée du Nil et qu'il était, dès le IXe siècle, solidement islamisé, le développement prit à l'ouest un cours particulier. En effet, l'Islam se propagea au nord d'abord le long de la côte, fut amené au Sénégal par le Maroc et le Sahara occidental et de là repartit vers l'est encerclant en quelque sorte le Sahara. Si, au Soudan comme partout ailleurs, certains groupes de marchands et de missionnaires pénétrèrent jusque dans les États haoussa, par exemple les marchands mandingues du XIVe siècle, l'ensemble du peuple restait néanmoins fidèle aux croyances animistes (culte de l'arbre dans les bois sacrés). Ainsi n'est-ce qu'avec la Jihad (guerre confessionnelle) des Foulani au XIXe siècle, mille ans après l'islamisation du Bornou, qu'une deuxième grande poussée de l'Islam atteignit ces parties occidentales, suivie par la constitution des empires foulani et la propagation massive de l'Islam. Les lettres échangées entre le souverain foulani, le sultan Bello de Sokoto, et Al Kanemi, souverain bornou, attestent le heurt de deux blocs puissants qui se réclamaient tous deux des principes de l'Islam. La guerre dégénéra en discussions théoriques et théologiques entre les deux détenteurs du pouvoir : une puissance islamique avait-elle le droit de faire incursion dans un autre État islamique si elle considérait que l'Islam y était décadent et menacé de ruine ? Et le Bornou, où les femmes n'étaient pas voilées, était-il, dans l'esprit de l'Islam, « renégat » *dar al harb* ou quand même *dar al Islam* [95] ? Fut-ce à cause de la fermeté du Bornou ou d'une faille dans la détermination des guerriers foulani ? Toujours est-il que l'expansion foulani marqua ici un temps d'arrêt.

La propagation de l'Islam dans le Sahara occidental est liée à la fois à la poussée des Berbères du Nord et à la superposition de souches arabes parmi eux ; au fil de ce développement, les aborigènes, de type négroïde, les Bafour et les Sarakollé, furent continuellement refoulés vers le sud. Au VIIe siècle, les Berbères sanhādja fondèrent la ville d'Aoudaghost, au VIIIe siècle le gouverneur arabe de Kairouan fit creuser des puits sur le trajet des caravanes vers Aoudaghost, favorisant ainsi la pénétration de nouvelles tribus du nord. Entre le IXe et le Xe siècle, Aoudaghost devint enfin la « citadelle méridionale du commerce transsaharien » (Monod) [96], première concentration de pouvoir notable au Sahara occidental chez les peuples berbères islamisés. Avec l'expansion au XIe siècle des Sanhādja du Sénégal vers le nord et l'est, la fondation de l'empire des Almoravides et la destruction du royaume de Ghana, le déploiement de la puissance berbère atteignait son apogée, le Sahara occidental était islamisé.

Après la destruction du Ghana, le centre de gravité politique et économique du Soudan occidental se déplaça vers le sud et l'est ; pendant la conquête des Sanhādja, la production d'or avait été interrompue, les dispositifs d'irrigation et les domaines agricoles s'étaient dégradés. Les routes transsahariennes occidentales avaient été abandonnées au profit des voies commerciales centrales, le Niger avait gagné de l'importance comme voie de jonction entre l'est et l'ouest. De par leur position plus forte à Tunis, les Hafsides ont contribué eux aussi à cette orientation nouvelle, car ils firent de la Tunisie, tant qu'ils dominèrent (du XIIe au XVIe siècle), le partenaire commercial privilégié du Soudan en Afrique du nord. Au Soudan en revanche, après le court interrègne des États succédant au Ghana (Sosso, Diara, Mema/Macina) l'empire du Mali naquit au XIIIe siècle de la brousse du Manding, province du territoire d'origine du Niger. L'une des premières capitales fut Niani, sur les rives du Sankarani. En 1237 le légendaire Soundiata, fondateur de l'empire, triompha à la bataille de Kirina de son adversaire, le maître du Sosso ; après cette victoire, l'empire ne tarda pas à s'étendre le long du Niger. L'apogée de son expansion et de sa puissance se situe au XIVe siècle. Il domine le commerce du désert, du Niger et de la savane ainsi que la production d'or des provinces de Bambouk et de Bouré. Ses frontières allaient du Sénégal à la courbe orientale du Niger, englobant les principales villes du Soudan occidental : Niani, Dia, Djenné, Tombouctou, Gao, Tademekka (Es-Souk) et Oualata. La croissance de l'empire du Mali alla également de pair avec une expansion de l'Islam ; Soundiata fit de l'Islam la religion officielle ; les marchands du Mali (Diula), comme on l'a déjà dit, se rendaient jusqu'au pays des Haoussa.

Au XVe siècle, Gao qui était tributaire du Mali parvint à s'en affranchir, symptôme de la faiblesse de l'empire. Sous le chef songhai Sonni Ali, dit Ali Ber (« le Grand ») et son successeur Askia Mohammed, la partie orientale de l'empire du Mali fut conquise, et la capitale du nouvel Empire songhai était Gao. Sonni Ali guerroyait lui aussi au nom de l'Islam, non sans combattre simultanément les érudits islamiques en qui il voyait des rivaux, et les Peul. A plusieurs reprises il partit en guerre contre les Mossi. Sous Askia Mohammed (en 1515) la région de l'Aïr et le sultanat d'Agadez tombèrent sous la dépendance des Songhai. Tandis que Bornou, le Maroc et les grands centres de commerce de la région des Syrtes et du Fezzan conservaient pendant près de deux millénaires leur importance régionale, on constate au Soudan occidental, à chaque changement de pouvoir, un déplacement continu et irréversible de la puissance d'ouest en est. L'élan initial venu du Sahara occidental s'est transplanté vers l'est d'une manière pour ainsi dire mécanique. Les centres menacés d'écroulement se sont laissé supplanter, des empires se sont succédé jusqu'au rebondissement du mouvement islamique sur le royaume déjà islamisé de Bornou.

Les villes prépondérantes de ces empires se trouvaient au Sahel : les régions-clefs étaient la plaine interfluviale (entre les cours du Sénégal et du Niger), la boucle du Niger, le domaine situé au sud du massif de l'Aïr et la région du lac Tchad. Le Sahel constituait une charnière politique, ethnique et socio-économique, une zone de contacts intenses entre des groupes hétérogènes, entre des systèmes économiques et commerciaux différents. Il tenait lieu en même temps de frontière entre les pays productifs du Sud et le domaine des nomades belliqueux du désert ; aucune de ces deux puissances ne parvenait à empiéter durablement sur la sphère de l'autre : les chameaux, élément représentatif par excellence de la force des nomades, étaient cantonnés dans les zones arides et les habitants de la brousse ne pouvaient pénétrer dans le désert. Seul le Sahel, zone de passage, réunissait les conditions idéales d'une jonction entre les différents domaines et se montrait propice au développement de centres urbains axés sur le commerce longue distance.

Le tracé des voies commerciales et culturelles du Sahara s'explique en fonction de ces régions charnières. Si quelques pistes isolées, tributaires des puits et de la menace des nomades, ont été sujettes à des variations, les grands axes quant à eux n'ont guère été modifiés. Le Maroc, la courbe du Niger, le Fezzan, les régions des Haoussa et Bornou ont toujours été le point de départ et de destination des caravanes tandis que l'Égypte, centre de pèlerinage, avait avant tout un rayonnement religieux et culturel. Un fait est frappant, c'est la prépondérance des liaisons nord-sud, des voies transsahariennes, sur les communications est-ouest. Il existait très peu de liaisons transversales entre les régions habitées par les Maures, les Touareg et les Toubou qui délimitaient et canalisaient les lignes commerciales transsahariennes. Les caravanes marocaines partaient de la vallée du Draa, du Tafilalet — avec sa métropole marchande de Sidjilmessa (détruite au XVIIIe siècle) —, plus tard de Tindouf, Oued Noun, ainsi que du centre marchand de Goulimine. Passant par Tindouf, Terhazza ou les oasis du Touat, l'éventail des routes caravanières convergeait sur la courbe du Niger ; Gao, Tombouctou, Djenné et Dia étaient au nombre des centres de distribution et des stations de relais du sud, et plus à l'ouest Koumbi Saleh, Aoudaghost et Oualata. Ibn Battuta, au XIVe siècle, gagna la capitale du Ghana depuis Sidjilmessa via Terhazza et Oualata, suivant ainsi l'une des plus importantes et des premières voies transsahariennes. A l'ouest, on fit passer une route vers le Maroc par Aoudaghost et Chinguetti, qui traversait la Seguia el-hamra. Dans l'ensemble, les routes de l'extrémité occidentale du Sahara paraissent avoir été tracées différemment des axes centraux, parce que plus facilement. Monod rapporte que des gens continuent de se rendre à pied du Sénégal au Maroc.

Outre le Maroc, la Tunisie et le Fezzan offraient d'autres centres aux itinéraires des caravanes, tant comme point de départ que comme objectif. De Tunis à Tripoli les routes convergeaient à Touggourt, Ouargla ou Ghadamès, se rejoignaient dans les oasis du Tidikelt (In Salah, Aoulef, Akabli) pour atteindre, par Erg Chech et Taoudenni ou encore par Mabrouk et Bou Djebeha, la boucle du Niger à Tombouctou ou à Gao. Au Tidikelt et au Touat convergeaient, le long de la vallée de Saoura, les routes venant du Sud marocain, surtout après le déclin de Sidjilmessa. Sans entrer ici dans le détail des diverses modifications et de l'importance fluctuante au cours des siècles des différents centres et des routes, on peut retenir qu'il y a eu dans le Maghreb deux foyers d'expansion déterminants : le Maroc et la région des Syrtes (Tunis, Tripoli, Ghadamès). De ces deux carrefours, les voies des caravanes descendaient en éventail vers le bassin du Niger. Le plus grand axe commercial du Sahara central était la ligne partant de Tunis-Tripoli vers les pays des Haoussa et le Bornou. Les caravanes suivaient soit la route occidentale du Hoggar (Ouargla-Agadez-Kano) soit le trajet oriental passant par Ghadamès ou Mourzouk, halte tristement célèbre pour son commerce d'esclaves. Des ramifications de la route du Bornou menaient à Agadez et aux pays haoussa (Kano, Sokoto) via Ghat et l'Aïr, ou bien à Agadez par Seguedine et Bilma ; au sud, une prolongation de la route du Soudan oriental allait de Kouka à Kano.

Les routes transsahariennes étaient sur de longs parcours (depuis les salines jusque vers le sud) identiques aux voies des caravanes de sel. Les pistes actuelles des caravanes de sel représentent ce qui est resté au sud du squelette du réseau transsaharien. Les routes du sel pourraient donc avoir existé dès les premiers temps du commerce du désert. Des outils préhistoriques de l'âge de pierre, des tumuli et des tas de pierres tout au long des pistes caravanières, profondément enfoncés dans le sol dans les passages rocheux, sont autant de preuves de leur ancienneté. Si l'on exclut l'hypothèse selon laquelle les voies commerciales auraient conduit par hasard aux gisements de sel, la concordance des routes du sel et de celles du commerce oblige à conclure que les caravanes marchandes empruntaient les routes du sel préexistantes ou bien qu'elles étaient détournées vers ces dernières. Les empires du Soudan, le commerce longue distance et la propagation de l'Islam sont indissociablement liés. En tant que « religion des rois et des marchands », l'Islam offrait aux empires naissants la cohésion idéale, bien mieux que l'animisme des tribus, et cette cohésion était d'autant plus nécessaire que les territoires étaient plus grands ; en effet, la légitimation des rois du Soudan exigeant des liens généalogiques avec la lignée du fondateur, c'est-à-dire avec ses ancêtres, pour rester ainsi enracinée dans une parenté (réelle ou admise), les souverains, lorsque l'on contestait l'extension de leur pouvoir à des peuples étrangers, pouvaient se prévaloir au nom de l'Islam de l'idée d'un nouvel empire commun. L'Islam constituant l'élément unificateur des États du Soudan, il favorisa le développement d'une administration urbaine centralisée et fit affluer artisans, marchands, prédicateurs et scribes à la cour des rois. « L'expansion des écoles et des collèges musulmans au Soudan donna naissance à une classe d'hommes lettrés, cultivés et même franchement savants qui surent organiser efficacement la souveraineté des empires et le commerce. Ces gens étaient exempts d'obligations familiales. En revanche leur propre intérêt était étroitement lié au maintien de l'administration et de la paix des empires. Cela dit, l'Islam ne semble pas, du moins avant le XIXe siècle, s'être insinué profondément dans la vie des masses... », écrivent Oliver et Fage [97]. Cela explique la rapide pénétration de l'Islam, agent « international » de communication et de cohésion mais aussi, en même temps, sa brusque disparition, la résurgence de l'animisme des peuplades autochtones, lorsque le pouvoir central fut détruit et que les centres de commerce périclitèrent. En termes imagés, l'Islam représentait un vaste filet, tentaculaire mais ténu, dont les mailles craquèrent aussi vite qu'elles avaient été nouées. Par la suite, un grand nombre d'écoles confessionnelles *zauia* furent fondées de la Libye à l'Atlantique, qui furent, économiquement et virtuellement, les points d'appui du système commercial du monde arabe.

Toute ville marchande avait son quartier des « Blancs », c'est-à-dire celui des Touareg et surtout des Arabes ; le « Serki n'Turawa » (chef des Blancs) était par exemple responsable, vis-à-vis du sultan d'Agadez, des intérêts des marchands arabes. Le grand commerce était dirigé par de puissantes familles musulmanes. Ainsi la famille du marabout de Tombouctou, Cheikh el-Bekkay, possédait-elle une *zauia* à Akabli ; c'est là que se nouaient des liens avec le Maroc et la Libye et avec Ghadamès. Par ailleurs, les marchands de Ghadamès avaient leur quartier à Tombouctou, Gao, Ghat, Agadez, Kano, à Koumbi Saleh et encore d'autres villes du Sahel. Du temps de Barth, ils contrôlaient plus des deux tiers de l'ensemble du commerce saharien. Ghadamès était sous l'influence de l'ordre des Tidjania, qui émanait des zauia de Temassine (près de Touggourt) et Temassinine (Fort Flatters). Cette école des Tidjania, confessionnelle mais tolérante, qui avait des centres au Bornou, au Mali (Tombouctou), au Sénégal et en Mauritanie (Chinguetti), joua un rôle important lors de la pénétration française : elle eut une attitude positive face à la puissance étrangère et contribua à empêcher toute résistance, et ce en vertu de ses croyances, à savoir que le droit s'affirme de lui-même : « Le droit suit le droit, tout ce qui vient de Dieu doit être respecté », telle était la devise de Sidi Achmed et Tidjani, qui avait fondé en 1755 la zauia de Temassinine.

Lorsqu'une caravane arrivait à destination, les marchandises étaient tout d'abord vérifiées devant témoins, d'après les inventaires joints au chargement, souvent même avant d'entrer dans la ville. Les pertes étaient à la charge des transporteurs. Comme les péages dus en chemin étaient prélevés sur les marchandises, les marchands empaquetaient les marchandises prévues à cet effet, ainsi que le rapporte Brulard [98], à l'extérieur, afin que le chargement ne fût pas ouvert. Les marchandises contrôlées allaient ensuite dans les entrepôts des marchands qui étaient souvent les représentants des mandants, ou bien elles étaient remises aux dioulas (des marchands indigènes) par des intermédiaires. Les dioulas assuraient la liaison entre les grands commerçants et les producteurs locaux, contrôlaient les transactions et empêchaient tout contact direct entre étrangers et pro-

102-110

Cette série de photos met en lumière l'ampleur du réseau du commerce caravanier transsaharien qui reliait les pays les plus éloignés, tels le Maroc et la Libye, aux marchés soudanais, constamment tributaires des nomades du désert.

102

Pierre angulaire de l'Afrique du Nord, le Maroc fut longtemps un solide noyau économique et politique, et contrôla les voies caravanières du Sahara occidental : avec le sultan Moulay Ismaïl (1672-1727) prit fin l'époque des grands empires marocains, dont sont restés — de Séville à Tombouctou — des témoins architecturaux de style hispano-mauresque ; ainsi la porte « Bab el-Mansur » à Meknès, la ville où il résidait, et qu'il fit bâtir durant son règne. Moulay Ismaïl entretint également dans d'autres domaines des relations particulières avec les pays du Soudan ; il consolida sa puissance au moyen d'une armée composée de milliers d'esclaves du Mali et du Sénégal.

103

Ghadamès, en Libye. Cour intérieure d'une maison de cette ville au commerce intense ; les marchands de Ghadamès contrôlaient au XIXe siècle la quasi-totalité du commerce saharien ; ils s'appuyaient en cela, comme l'écrit Duveyrier, sur de « solides alliances avec les Touareg ».

104

In Salah, l'une des nombreuses oasis du Tidikelt, fait partie des villes nouvelles de cette très ancienne zone commerciale du Sahara. La voie caravanière de Ghadamès à Tombouctou passait par le Tidikelt ; c'était en même temps la dernière étape des Touareg du Hoggar vers le nord, ils y troquaient le mil et le sel d'Amadror contre des dattes.

105

Le ksar de Timimoun, l'une des plus grandes oasis de la région du Gourara, à l'est de la vallée de Saoura, que suivait l'une des principales routes commerciales.

106

D'un campement rupestre de Touareg Ajjer, départ pour une noce célébrée en grande pompe, avec parade de chameaux, ilujan ful imenes, *sur le plateau du Tassili.*

107

Panneau indicateur à moitié écroulé dans le no man's land encadré par le plateau de Tademait, l'Hamada el-Homra et le Tassili. Chacun des noms de localité figurant sur cette plaque de fer blanc trouée de balles symbolise un moment de l'histoire saharienne : au nom d'Amguid est associé le souvenir de l'anéantissement de la troupe du lieutenant-colonel Paul Flatters. Le Fort qui porte son nom (Temassinine) abrita une école confessionnelle des sectes tidiania. In Salah fut un centre commercial important et le terrain expérimental près d'In Ekker, enfin, fut le théâtre des premiers essais atomiques français.

102

104

105

IN.EKKER 400
FORT.FLATTERS 190
IN.SALAH 390
FORT.FLATTERS 190

109

108
Vue de Oualata. Fondée au VIIIe siècle, c'est la seule des villes de l'ancien royaume de l'or du Ghana encore habitée aujourd'hui. Les orfèvres de Oualata sont toujours réputés pour la finesse de leurs ouvrages. Après la destruction de Koumbi Saleh, la capitale du Ghana, Oualata connut un important développement, mais succomba après le départ de nombreux commerçants pour Tombouctou. Les bâtiments à moitié effondrés visibles au premier plan font partie du plus ancien quartier de la ville, tandis que les maisons plus récentes bâties plus loin dans la vallée sont pour la plupart en bon état et habitées.

109
L'architecture de Oualata associe des éléments berbères, soudanais et hispano-mauresques que cette enclave isolée de l'« art bourgeois » (Gubus) a su préserver jusqu'à nos jours en plein pays des nomades (voir ph. 21, 102 et 127). La signification de ses ornements, inspirés de motifs très anciens, reste mystérieuse. Si certains éléments renvoient à des symboles d'origine gynécomorphe, la science semble s'être un peu égarée à ce sujet ou ne s'est pas prononcée du tout.

110
Femmes de Oualata se rendant au puits dans une tempête de sable.

ducteurs. Ainsi le contrôle du marché était-il assuré, le champ d'action des étrangers limité : l'origine de l'or du Soudan fut si bien tenue secrète grâce à ce système que c'est seulement au XIXe siècle que l'on eut des indications plus précises et qu'aujourd'hui encore des doutes subsistent quant au lieu exact des principaux gisements d'or. A cela s'ajoute le fait que les laveurs d'or eux-mêmes protégeaient très bien leur secret en pratiquant le commerce muet. Yakut raconte comment on tenta par la violence de découvrir le secret de la provenance de l'or : des marchands saisirent un des Noirs, qui toutefois se fit tuer sans rien trahir. Là-dessus, les livraisons d'or furent interrompues trois ans, jusqu'à ce que le besoin de sel contraignît finalement les laveurs d'or à reprendre le commerce [99].

A l'origine, le nom de *dioula* désignait les marchands mandingues, peuple du Mali (Mande-nka, Malinke, c'est-à-dire les gens du Manding ou du Mali). Puis ce terme a désigné une multiplicité de groupes de commerçants appartenant à des peuples différents. Les Sarakollé (Marka), les Ouolof, les Kouroko (peuple mélangé de Bambara et de Foulbé) sont par exemple des dioula typiques. De nos jours, les dioula dominent encore une large part du commerce ; des agents se déplaçant constamment, un réseau d'informateurs ainsi que la contribution à bon marché de tous les membres de la famille liés à leur expérience et à leur souplesse assurent l'efficacité de leur système commercial. A. Cohen montre, en prenant pour exemple l'organisation comparable des marchands de cola du pays haoussa, les *mai-gida* (maîtres de maison, c'est-à-dire marchands et prêteurs d'un logement pour leurs clients), qu'ils ont acquis là un monopole quasi imprenable, allant jusqu'à la cartellisation [100]. Le peuple et les villes n'avaient pas grand-chose en commun. Des contrées occupées par des tribus agraires animistes, vivant dans une société de type parental, ont surgi des centres urbains islamisés dont les revenus et l'idéologie étaient déterminés par le grand commerce et les contacts avec les Blancs du Nord. On vit apparaître, selon l'expression de Maquet, des « sociétés à deux niveaux ». Processus qui se répète aujourd'hui, les villes étant à nouveau les véhicules et les carrefours des innovations occidentales et industrielles, et tenant assez peu compte du « peuple ».

Les domaines socio-économiques complémentaires que nous avons décrits, celui du grand commerce organisé autour de centres urbains et celui, agraire et décentralisé, des paysans et des bergers, se reflètent de manière significative dans les différents types de marché du Sahel. Le grand commerce — mené par des étrangers — demande des haltes, des entrepôts, des relais et des centres d'information ainsi que des contacts avec un réseau de distributeurs et d'acquéreurs qui garantisse l'enlèvement des marchandises et — jusqu'à un certain point — le bénéfice. Ces conditions sont remplies par les commerçants des villes et autres centres à caractère urbain où ils sont — au moins pour un temps donné —

fixés et sédentarisés et donc, d'une part à la disposition des marchands arrivant de loin, d'autre part à même de sonder l'état du marché par l'intermédiaire de leurs agents. Cette structure englobe généralement les marchés permanents plus ou moins vivants, le mouvement des transactions du grand commerce entraînant avec lui l'essor du petit commerce. Les caravaniers renouvellent leur équipement, vendent également leurs denrées en dehors du grand commerce et enfin tout groupe de personnes relativement important établi de manière permanente implique une demande constante et exige donc une offre plus ou moins régulière de denrées. Dans les villes, sur les marchés, « il se passe toujours quelque chose », mais ce sont tout de même les groupes de grands commerçants qui, économiquement parlant, jouent un rôle décisif, et les plus riches d'entre eux paraissent à peine sur les marchés, ne serait-ce que pour échapper au contrôle officiel et aux regards des concurrents. A Gao, j'ai eu une fois l'occasion de me rendre compte de ce qu'était le « patron » d'une grosse boutique, le dépôt du transport Adrar-Gao. Au magasin il n'y avait qu'un employé, le patron n'était, comme il arrive souvent, « pas là ». L'objet du débat était deux beaux grands sacs touareg en cuir, que j'avais dénichés dans un coin de la boutique. L'employé nous emmena au domicile du patron. Après nous avoir servi du thé sur la terrasse du toit de la maison, dans le cercle familial, le « patron », majestueusement allongé sur un tapis, dans de précieux vêtements, commença à nous demander des prix tellement exorbitants qu'il n'était plus question d'acheter. Il nous fit nettement sentir qu'il lui était complètement indifférent que nous achetions ou non, et nous dit, avec raison, qu'il avait tout le temps d'attendre et que tôt ou tard il en obtiendrait ce prix.

Cela mettait en lumière déjà quelques-unes des caractéristiques des grands commerçants, voire des marchands sédentaires des villes. Ils négocient sur la base d'un capital de réserve suffisant, qu'ils assurent par l'épargne et une judicieuse utilisation de la situation des marchés, et surtout en se protégeant au sein même du système qu'ils dirigent. Leurs marchandises ne sont pas périssables ou tout au moins se conservent longtemps ; elles peuvent être thésaurisées et vendues au moment le plus favorable compte tenu du marché. Pas de fin de journée qui force à baisser les prix, pas d'inquiétude au sujet des troupeaux ; le marchand est ici dans son cadre familier, qui n'est point celui du nomade ou du paysan contraint de se rendre au marché une fois par semaine, de s'adapter rapidement à une situation, de réagir convenablement puis de continuer sa route ou de rentrer chez soi. Au contraire, les marchands montrent par leur attitude la supériorité de leur position, ils prennent un air désintéressé et même les plus riches d'entre eux chipotent pour la plus petite marge de bénéfice, avec une ténacité infatigable et sans la moindre hâte, comme au poker. Comme ils sont le plus souvent vêtus avec une relative simplicité, il est difficile d'évaluer leur fortune. Les denrées typiques du grand commerce sont aujourd'hui, outre les produits d'importation européenne — du transistor à la vaisselle émaillée, aux bouteilles de butagaz, accessoires d'automobile, etc. —, les produits alimentaires de base, riz, mil, maïs, blé, qui peuvent être aussi des dons. (Pendant la sécheresse on racontait partout au Niger qu'un convoi algérien de céréales avait été entièrement acheté avant même d'arriver au Niger.) Parmi les autres denrées du commerce sur longue distance figurent la noix de cola, qui a un marché à part, le sucre, le sel, les dattes, les pâtes, les étoffes pour vêtements et même pour turbans, provenant du Soudan, d'Afrique du Nord ou d'Europe. Brulard cite par exemple une étoffe qui s'appelle *Kanbridj* (de Cambridge) ; les tissus anglais étaient des articles courants au Soudan à côté des étoffes *gabaga* ou *turkudi* qui représentaient une unité de valeur, une monnaie et un cadeau traditionnel, élément indispensable de la dot (par exemple chez les Fali). L'importation de quincaillerie, d'armes et de lames européennes est également une vieille tradition. Barth notait l'abondance de lames de Solingen (on a souvent tendance à exagérer ce détail : en fait, la majeure partie des lames venaient d'Espagne, et les artisans africains ne restaient pas inactifs eux non plus). Barth déplorait l'absence à Tombouctou des rasoirs importés de Styrie que l'on trouve à Agadez et à Kano. En marge du commerce, c'est-à-dire de la vente, les grands marchands s'assurent une autre source de profit en prêtant de l'argent. (Barth, par exemple, dut payer à un marchand de Kano cent pour cent d'intérêts, taux qui est habituel, encore actuellement, en Mauritanie, et qui suscita de la part de l'un de mes amis mauritaniens le commentaire suivant : « Tous les marchands sont des canailles, sinon ils ne sont pas des marchands », tandis que de son côté un marchand m'expliquait : « On fait du commerce pour gagner de l'argent, pas pour en perdre. ») Ainsi découvre-t-on dans les boutiques aux extérieurs discrets, où sont entassées des denrées grignotées et recouvertes de poussière, alignés sur des étagères bancales des petits paquets ficelés et des assortiments de diverses marchandises, sous la surveillance d'un petit groupe de marchands en train de boire du thé : ce sont là les véritables centres d'organisation et de distribution. Le commerce longue distance est en règle générale du grand commerce, aussi le mouvement marchand, de dépôt en dépôt, est-il moins spectaculaire et ne vise-t-il pas aussi directement le client individuel que les affaires animées des marchés hebdomadaires. Les engins automobiles ont aujourd'hui en grande partie remplacé les caravanes marchandes, pourtant les structures du système de transport et de distribution, domaines réservés aux hommes, n'ont subi que des changements minimes compte tenu de la plus grande rapidité des moyens de communication. Le chef d'une famille de commerçants *diula-ba* est informé par ses correspondants *ja-tigi* — téléphoniquement ou télégraphiquement — de toute opportunité d'achat, puis il envoie son agent commercial-acheteur *diula-den* pour l'acquisition de la marchandise signalée [101].

Les nomades étaient tout à la fois gardiens, bénéficiaires et guides des caravanes ; le commerce présupposait donc de s'arranger avec eux et de savoir se protéger contre leurs attaques. L'insécurité des routes des caravanes a toutefois été largement exagérée dans maint récit, le droit de percevoir un péage, que toutes les ethnies reconnaissent à leur souverain, était considéré *a priori* comme une injustice par les nomades du désert. « Et ce désert a plus d'un diable », écrivait déjà Ibn Battuta. Les colonisateurs français, après les Arabes, avaient un intérêt évident à souligner l'anarchie du Sahara de manière à légitimer leur pénétration comme facteur d'ordre et à promouvoir l'idée de « pacification ». S'il est vrai que bien des régions étaient en plein déclin à leur arrivée, que les indigènes se battaient entre eux, on a bien voulu oublier que l'insécurité des routes et le chaos qui régnait dans certaines zones étaient souvent la conséquence des guerres colonialistes. En outre les nomades n'étaient pas les seuls à se trouver dans cet état de petites guerres permanentes ; au pays des Haoussa, la principauté de Maradi mérite d'être citée : sous le seul Dan Baskore, qui gouverna de 1854 à 1875, on compte quatre-vingt-trois guerres livrées aux Foulani de Katsina, Zamfara et Sokoto [102]. Les redevances à verser aux nomades étaient calculées de manière précise, en fonction de la quantité et de la valeur des marchandises ; elles obligeaient les nomades à protéger la portion de route qui se trouvait sur leur territoire. Les voies étaient soumises au contrôle de groupes ethniques déterminés, ainsi la route de Ghadamès à Agadez via Ghat était-elle gardée au nord par les Touareg Ajjer, dans la partie centrale par les Isaqqamaren, et à partir de l'Aïr par les Kel Owi et le sultan d'Agadez. Les denrées de Kano, Barth l'a constaté, arrivaient à Tombouctou non par le chemin le plus direct, à savoir via Sokoto et Gao le long du Niger (environ 1 500 kilomètres à vol d'oiseau) mais, pour des raisons de sécurité, par le Sahara ; de Kano les caravanes se rendaient à Agadez puis à Ghat, et à Tombouctou par le Tidikelt (3 700 kilomètres à vol d'oiseau). Les commerçants de Ghadamès avaient, d'après Duveyrier, de solides alliances avec les Touareg : les nomades malades étaient soignés et hébergés à Ghadamès, des marchandises étaient entreposées partout sur les routes, sans que personne y touchât, dussent-elles y rester un an. Pour ménager les chameaux, on déchargeait par exemple la moitié du ravitaillement à mi-chemin et ce dépôt restait jusqu'au retour de la caravane. De même la charge des chameaux morts était-elle déposée pour être récupérée plus tard. Duveyrier écrit : « Les bénéfices du commerce saharien sont énormes, et les risques sont à peu près nuls, si le commerçant se soumet aux coutumes qui sont respectées dans le pays [103]. »

Illustrant le commerce réalisé sur de longs parcours par les caravanes traditionnelles, voici les inventaires de trois caravanes : Léon l'Africain détaille un présent au sultan de Fez, composé de « marchandises » soudanaises (XVIe siècle) (I). Schiffers donne la liste des marchandises transportées par une caravane de 650 chameaux de Tombouctou à Tindouf en 1887 (II), enfin M. Brulard dépouille les notes d'une famille de marchands établie à Ghat, notes qui donnent une idée de ce que pouvait être le commerce caravanier à la fin du XIXe siècle sur la ligne Kano-Fezzan (III).

I. *Les présents remis au sultan de Fez* [104].

« Cinquante esclaves mâles et cinquante esclaves femelles ramenés du pays des nègres, dix eunuques, douze chameaux, une girafe, seize civettes, une livre de parfum de civette, une livre d'ambre (jaune) et presque six cents peaux d'un certain animal qu'ils nomment *elamt* (antilope *addax*) dont ils font leurs boucliers. Chacune de ces peaux vaut à Fez 80 ducats. Vingt de ces esclaves mâles coûtent 20 ducats pièce (!), ainsi que quinze des esclaves femelles. Chaque eunuque valait 40 ducats, chaque chameau 50 et chaque civette 200 ducats ; la livre de civette (parfum) et d'ambre jaune est vendue à Fez 60 ducats.

II. *Caravane de Tindouf à Tombouctou* [105].

40	charges de plumes d'autruche	450 000 F
8 750	mitcal de poudre d'or	118 125 F
520	esclaves	104 000 F
85	charges d'ivoire	102 000 F
225	charges de caoutchouc	67 000 F
30	charges de résine aromatique (vraisemblablement de l'encens, tiré de la résine aromatique du *Commiphora africana*	22 500 F
45	charges de peaux	13 500 F
35	charges de peaux de chameau	7 875 F
120	peaux de girafe	13 500 F
		898 500 F

III. *Marchandises de caravane à Ghat* [106].

Ils transportaient vers Tripoli des plumes d'autruche, de la civette, de la graisse d'autruche, des peaux, des boîtes en peau, des défenses d'éléphants, des autruches vivantes, des perroquets, des objets d'or, des babouches, des sandales *(naïls)*, et à l'intention des Arabes, qui parfois les portent, des vêtements appelés *sami*. Certains de ces commerçants, lorsqu'ils arrivaient à Tripoli, allaient voir des amis ; d'autres réglaient seuls toutes leurs affaires. Leurs marchandises vendues, ils achetaient pour eux-mêmes des vêtements et des tapis. Ils se procuraient pour la vente des selles de chevaux, des parfums de toutes sortes, des sabres indiens et égyptiens, des perles de verre, des bracelets, des perles pour colliers de tous genres, des verroteries de toutes formes ; du cuivre en plaques ; des théières et des verres à thé ; de la soie et de la soie à broder ; du sucre et du thé ; de la percale, du tissu bleu, de la cotonnade large, du voile à turbans, de la mousseline ; du bois d'aloès, du mastic de Chio, de la gomme à mâcher et du benjoin, du *fasoukh* ; des miroirs petits et grands et surtout du genre *tilaghmartin* ; des pièces de drap, des burnous, des tapis décorés (non rayés), des cordelières de soie et de laine... »

A côté de ce commerce urbain longue distance, on trouve le marché hebdomadaire typique du Sahel, haut en couleur, pittoresque, où se nouent les contacts économiques autant que sociaux, base d'un échange qui est l'élément fondamental des relations sociales sous toutes leurs formes, et qui commence par des regards, des gestes, des mots échangés. Ces marchés sont, pour la population extra-urbaine, celle du vrai Sahel, relativement dispersée dans des villages, des grandes familles ou des groupements nomades, les principaux lieux de contact. Ils sont situés pour la plupart à l'extérieur des villes, se détachent à peine — si ce n'est peut-être par quelques parasols — de l'environnement et une fois par semaine — tous les trois jours chez les Mossi — se remplissent de marchandises et de monde. Les marchés hebdomadaires assurent des contacts réguliers en même temps que l'échange rapide des marchandises qu'exigent à la fois les besoins des acheteurs et la nature (souvent périssable) des biens de consommation. Presque tout le monde achète et vend, passe couramment du troc au commerce en numéraire, de nombreux petits articles étant commercialisés en quantité infime. Les marchés hebdomadaires donnent au cours uniforme de la vie rurale son rythme social ; créant autour des marchés une zone d'animation intense, nomades et paysans y affluent et s'y éparpillent depuis les régions avoisinantes d'un périmètre de quinze à cinquante kilomètres. On aime bien toutefois, les nomades en particulier, fréquenter toutes sortes de marchés, pour comparer les prix mais aussi pour la diversité. Les Peul-Bororo, en particulier, fréquentent les marchés avec une grande assiduité.

M. Dupire écrit à ce sujet : « Dans les secteurs nomades, on est frappé par l'importance des trajets parcourus et la diversité des marchés fréquentés : les pasteurs d'El-Mahouta vont en saison sèche vers les marchés de Tabotakit, Dakoro et en hivernage, lorsque leur transhumance les rapproche du Nord, ils fréquentent In Gall et Agadez, surtout pour y vendre du lait. Les Peul moutonniers, qui abreuvent aux puisards de Gouré, vendent des moutons à Hadejia et Kano [107]. » Nul ne peut échapper au dynamisme des marchés hebdomadaires, où la vie quotidienne sahélienne bat son plein et qui semblent surgir du néant pour s'évanouir au crépuscule, voire au début de l'après-midi. Un endroit désert et sinistre comme le marché de Tahoua où n'importe quelle croisée de sentiers marquée par quelques paillotes peut devenir du jour au lendemain un lieu de rassemblement grouillant de monde, de marchandises et d'animaux, accueillant aux saltimbanques, musiciens et artisans. De bon matin et souvent même la veille au soir, tous les environs s'y déversent dans un mouvement stellaire, par tous les moyens de transport courants dans les campagnes, du vélomoteur au camion démantibulé ou encore à dos d'âne ou de chameau, serrés les uns contre les autres. On voit sur des kilomètres des femmes arrivant à pied avec des pyramides de calebasses sur la tête ou encore à vélo, pédalant çà et là dans le sable étouffant et poussiéreux. Le marché hebdomadaire est à certains égards le domaine du petit commerce et donc des femmes, elles y jouent un rôle déterminant étant donné qu'elles y vendent habituellement des marchandises qu'elles ont elles-mêmes produites ou qui leur appartiennent, et ce pour leur propre compte.

« Elle apporte au marché ce qu'elle a préparé la veille au soir ou dans la nuit, des pâtisseries grasses, des crêpes, etc. D'autres femmes préparent sur le marché, assises, des biscuits dans des poêles et des fours spéciaux qu'elles apportent. Le surplus de leur grenier à céréales, elles le transportent dans une calebasse sur leur tête et le vendent au marché par petites quantités. Les cotonnades brutes ou tissées sont également de leur domaine, de même que le produit de leurs cueillettes, par exemple le beurre fait avec les noix de karité, des cosses d'acacia pour la tannerie ou des siliques de tamarinier et des tiges de mil pour la teinture, des bottes d'herbes et de feuilles de palmiers pour tresser des nattes et des corbeilles. Dans cette catégorie figurent aussi tous les produits du jardin, indigo, oignon, tomate, ail, piment et autres épices... » Les articles artisanaux (cuir, quincaillerie, vannerie) complètent cette liste dressée par G. Völger des marchandises vendues exclusivement par les femmes [108]. S'il s'agit d'un commerce plus important quantitativement, principalement de celui du bétail et du mil, les intermédiaires jouent un rôle non négligeable. Dans les régions où l'on parle haoussa, on les appelle *dillali.* Ils servent d'intermédiaires entre l'acheteur et le vendeur, logent les nouveaux arrivants et, à l'occasion, leur achètent leurs marchandises moyennant une avance. Ils soutiennent les nomades qui ne sont pas du pays, empêchant les marchands locaux de faire baisser les prix en réduisant le vendeur à la famine, mésaventure dont sont parfois victimes les touristes européens qui veulent vendre leur voiture et ne peuvent s'en remettre aux dillali. La part qui revient à ceux-ci sur chaque bête ou sac de mil vendu, ou autre, est déterminée en fonction du droit coutumier ; en règle générale ils se présentent comme d'honnêtes courtiers et entretiennent fréquemment des rapports empreints d'une longue familiarité avec les deux parties.

Le commerce des esclaves et de l'or, commerce de luxe aujourd'hui disparu, occupait une place à part, et celui du sel également, son objet étant un produit obtenu massivement dans le domaine où vivent les nomades et étant exploité par eux. Si l'or, l'ivoire et les esclaves étaient les objets les plus spectaculaires du commerce transsaharien, on sait aussi, par des rapports, que les caravanes véhiculaient une multiplicité de denrées courantes. C'est d'ailleurs ce qui leur a permis de survivre. Le commerce de luxe était le monopole des souverains, le commerce proprement dit reposait sur les denrées courantes. Ce n'est pas l'extinction du commerce de l'or ou des esclaves qui a porté un coup fatal au commerce transsaharien, mais essentiellement le détournement des voies commerciales vers les côtes et le développement du trafic maritime à partir du XVᵉ et du XVIᵉ siècle (il a débuté avec l'arrivée des Portugais dans le golfe de Guinée). A ce changement d'orientation se sont ajoutés des bouleversements au sein des puissances du Soudan occidental, l'influence croissante des interventions occidentales et européennes qui s'est traduite par l'apparition de nouvelles frontières, de nouvelles marchandises et surtout de nouveaux moyens de transport. Le commerce du sel, pour les raisons déjà évoquées, s'est maintenu : il possédait ses lois propres et elles se sont révélées suffisamment indépendantes du grand commerce transsaharien pour que, lorsque celui-ci s'effondra, le commerce caravanier du sel continuât. Il s'agit donc d'un système autonome et non d'un simple reliquat du commerce transsaharien classique.

En résumé, nous sommes en présence de trois domaines complémentaires que séparent leur géographie, leurs ethnies et leurs fonctions, et que relie le commerce longue distance, lequel a avec l'Islam un lien symbiotique : premièrement, le domaine du littoral méditerranéen, lieu de diffusion des influences de l'Europe, de l'Égypte et de l'Asie Mineure, ourlé de villes portuaires qui sont les centres de transbordement des marchandises du trafic maritime, les points de destination des caravanes du Soudan (quand toutefois elles n'ont pas déjà déchargé leurs marchandises plus au sud, dans les grands centres caravaniers intérieurs). Les protagonistes du grand commerce sont issus principalement des populations urbaines, arabes ou arabo-berbères (et juives) ; ils maintiennent un réseau de points de jonction et de dépôts de marchandises englobant l'Afrique du Nord, le Sahara et le Soudan qui est en étroite corrélation avec les centres religieux. C'est à cette même couche de population que l'on doit les capitaux, l'organisation et l'idéologie. Les « exécutants » du grand commerce : nomades du désert, arabes et surtout berbères, constituent le deuxième domaine. Ils fournissent les moyens de transport (chameaux, guides), assurent la protection militaire des routes. Bénéficiaires du grand commerce, ils représentent pour lui une menace et restent, en gros jusqu'à l'époque coloniale, exception faite de contacts occasionnels, les maîtres autonomes de leur zone de repli qu'est le désert, lequel n'a pas encore perdu sa valeur de protection, comme le montrent le Tibesti et le Sahara occidental. Le troisième domaine est l'espace situé au sud du Sahara, entre le désert et la forêt tropicale : domaine de production ou d'approvisionnement en matières premières de tous genres, parmi lesquelles on rangeait aussi les esclaves ; ils valaient moins cher qu'un chameau, et il fut un temps où une barre de sel de Taoudenni équivalait à plusieurs esclaves ! Cette zone est dominée par les maîtres et les commerçants des centres urbains du Sahel.

Les quelques scènes qui suivent, réunies ces dernières années au cours de différents voyages dans diverses régions situées en bordure du Sahara et au Sahara même, devraient, mieux qu'une liste numérique sommaire, éclairer le contexte social et ethnique actuel des pays du commerce caravanier classique et des anciens empires, tel que j'ai pu le découvrir en tant qu'« observateur participant ».

A la recherche des itinéraires d'autrefois

De Taroudant à Tarfaya

Taroudant, 28 octobre 1973, dernier jour du Ramadan, à l'hôtel « el-Fath ». Le bar de l'hôtel déborde de monde, il y flotte un brouillard opaque de fumée, mélange de tabac et de charbon de bois, une odeur de friture, de viande grillée et de thé à la menthe. La confusion des voix se perd dans les accents criards, perçants, d'une musique monotone, à la fois plaintive et jubilante, diffusée à tue-tête, les hauts-parleurs de l'antique poste de radio grésillent, tout cela fait un beau tintamarre. « El-habib, el-habib » (le Bien-Aimé), chante Oum Kaltsoum d'une voix ténébreuse, emphatique, qui réprime son émotion, au rythme aigu des flûtes soutenues par le chœur des violons, ponctuant chaque strophe d'un cri mélancolique. Les hommes se jettent dans la pénombre des regards solitaires, éperdus, rêveurs. Le mois du jeûne est terminé, ils goûtent à nouveau aux sucreries, à la viande, au thé, à la limonade, au cola, au crush, aux fanta, brochettes fortement pimentées de harissa. Ils restent dans les bars et les cafés à attendre le cri du muezzin annonçant le soir, à attendre que les lumières s'allument sur le quadrilatère de la grande place, qu'il soit temps de rentrer à la maison. Dans les rues obscures, les chairs rouges de moutons fraîchement abattus pendent devant les boutiques des bouchers, des filets de sang se coagulent dans la poussière. Des plats d'émail de toutes les couleurs les plus vives remplis de morceaux de saindoux, une odeur de sang, des têtes d'animaux l'œil grand ouvert, des tripes qui jaillissent dans un mélange de blanc, de gris et de jaune, au sol un amas de tubes digestifs et de peaux humides et glissantes. Le souk des bouchers, dans un nuage de mouches bourdonnantes, de points lumineux titubant comme des ivrognes dans la chaleur moite, une fine poussière, semblable à de la farine soufflée en l'air, l'odeur âcre des épices multicolores, la fumée bleuâtre du charbon de bois qui se consume lentement, le fin quadrillage des grilles tendues au-dessus des rues contre le soleil, comme scié en un damier d'ombre et de lumière, dans un coin sur une marche de pierre, dans une djellaba grisâtre en lambeaux, un mendiant endormi.

Me voici de nouveau dans la même rue, poussé dans le flot humain aux habits pimpants, aux couleurs superbes, qui m'entraîne à travers l'ombre des arceaux vers la lumière éblouissante des petites cours et des places, les maisons cubes percées d'étroites fenêtres par lesquelles s'échappent les voix de la ville, s'engouffrant dans les rues, dans les pans délabrés des murs grossièrement blanchis, décolorés.

Un assortiment sous cellophane de soutien-gorge de toutes les couleurs imaginables, criardes, remplit la vitrine devant laquelle je me suis arrêté comme ces Arabes qui examinent l'étalage, donnent leur avis, alors que les femmes passent sans même tourner la tête. Un marchand qui vend des versets du Coran est assis dans la pénombre de la boutique voisine : devant lui, un plateau de cuivre, des verres de thé vidés, des feuilles de menthe qui se fanent. Les lettres ornées de fioritures, les versets et les sourates du Coran, du livre « que nous avons envoyé de là-haut, afin qu'il guide les hommes hors des ténèbres, sur le sentier du puissant et digne d'éloges », sont sous verre, encadrés comme des tableaux ; dans tous les formats et toutes les présentations, ils couvrent les quatre murs de la devanture de la maison. La ruelle aux Charmes fait suite, un marchand y vend des queues de lézard, des iguanes naturalisés, des poils de porc-épic, un hérisson dans une cage à oiseau, des parfums et des essences, du khôl et du henné, des jus et des teintures de toutes les couleurs, de l'herboristerie, des plumes, des amulettes. Un saltimbanque vante pour la centième fois, en un discours enjoué, les talents extraordinaires que lui seul possède, avec force gestes et grimaces très au point, chacun l'écoute, attentif et rempli d'appréhension ; un regard, un mouvement de la main les atteindrait, les soustrairait à l'anonymat protecteur du cercle compact des spectateurs, et rien pourtant ne les ferait bouger, ne les arracherait à cette tension, au baratin presque hypnotisant du magicien. Deux enfants sont finalement désignés comme victimes, pénètrent dans le cercle, la foule se presse inlassablement autour de ces objets de raillerie, de ces médiums, surveillée par l'aide au visage caché par un turban noir et des lunettes de soleil réfléchissantes. Son art commencerait dans un instant, jamais vu, inouï, incroyable ce qui se déroulerait quand celui-ci, seulement, aurait encore donné quelque chose, et celui-là, et surtout là-bas au fond, celui qui s'apprête à filer en catimini. Un jeune homme en costume violet, un bonnet de laine rouge sur la tête, des lunettes de soleil et un transistor pendillant au poignet, s'adresse à moi. Il est « touriste » lui aussi. « Comme vous. » Il est de Rabat, il est venu rendre visite à ses parents. « Pour la Fête, vous comprenez. » Sinon il ne se plaît plus ici, il préfère « la Capitale, c'est beaucoup mieux, vous comprenez ».

A Tarfaya, je rencontre une Allemande. Enceinte de plus de sept mois, elle vit dans une hutte de planches au bord de la mer, tient un buffet à la frontière du Sahara espagnol. Deux fois par semaine, on ouvre la route à travers le no man's land, elle vit de ce que lui achètent les rares voyageurs en route vers les îles Canaries par Cisneros (Dakhla), le moyen le moins cher de regagner l'Europe. Elle vend de la limonade, réchauffe des boîtes de conserve pour les touristes entassés ici dans l'attente du laissez-passer et du tampon de sortie « Vu au passage à Tarfaya le... » ; elle écoute les plaintes des voyageurs, leurs insultes, devant elles ils expriment leurs préjugés à l'encontre des Marocains, et quand elle dit que son mari est arabe, le silence se fait, gêné, on règle l'addition. Alors elle se retrouve seule avec sa chienne Aischa, à qui elle parle en arabe, dans son sordide petit bled frontalier, jauni, ensablé, battu par les tempêtes de la mer, avec ses maisons crasseuses et délabrées, réduites à l'état d'épaves, des installations portuaires corrodées par la mer, dégradées faute d'utilisation, les façades jadis imposantes et aujourd'hui défoncées des bâtiments officiels du port. Les mosaïques de faïence *azulejos* tombent en morceaux, les autres carreaux sont ternis ou brisés, les portes clouées. « Café Sahara », lit-on, peint sur le mur d'une maison dans le recoin d'une ruelle déserte. Une ville abandonnée entre le désert et l'océan, que l'Espagne a restituée au Maroc, un poste-frontière en ruines, insignifiant.

En dehors des villes, l'Europe est très loin, on sent la proximité du désert, des nomades, des pays sans frontières, des hommes instables, en fuite, la vie dans un vaste paysage qui semble trop grand pour les hommes : un monde de sable à perte de vue, que le soleil embrase, d'arbres et de pâturages grillés, avec pour seul relief des plateaux et des massifs pelés. Un paysage où les habitants ressentent quotidiennement la fragilité de leur existence. J. Gabus entendit un chasseur lui dire : « Un grain de sable et moi, quelle différence ? Aujourd'hui peut-être, mais demain... ? [109] » Camus n'a jamais cessé de chercher à saisir cette conception existentielle de soi-même : « Dans le désert, ni lui ni son hôte n'étaient rien. Et pourtant, hors de ce désert, ni l'un ni l'autre, Daru le savait, n'auraient pu vivre vraiment [110]. »

Entre le désert et l'océan, les premières tentes de laine brunes, les chameaux, les hommes vêtus de bleu portant turban noir, « les hommes bleus » : Maures, Teknas, R'gibat. Aujourd'hui encore les frontières sont flottantes dans le désert. Certains, venus de Mauritanie, du Mali, vivent maintenant à Tan Tan, puis un jour ou l'autre continueront vers le Sahara espagnol, vers l'Algérie. Le patron de mon café, à Goulimine, est d'Oran, l'instituteur de Tarfaya vient de l'Atlas. Dans les tentes où l'on me convie, je rencontre des hommes venus de Mauritanie, d'Algérie, du Mali, du Sahara espagnol, d'Ouarzazate, de Tiznit, de Colomb-Béchar, d'Oran, de villages de toile sans nom, dont on vous dit toujours « Pas loin de..., si vous connaissez ».

Il est question de génies sous la tente des nomades, tard dans la nuit quand la plupart des hôtes se sont retirés, que l'on a bu le dernier verre de thé et que les cendres s'éteignent lentement. « On dit qu'il y en a de deux sortes », traduit Hassan. Hassan est de Rabat, il porte costume et cravate au milieu des hommes bleus parce qu'il est de la ville et qu'il veut le montrer. Il lui est déjà arrivé d'en voir lui-même, dit-il avec insistance, essayant de me persuader pour en finir avec cette conversation peu rassurante. Il me regarde fixement, comme pour les conjurer, de ses yeux vifs et sombres qui illuminent son visage émacié, anguleux, et le rendent fascinant. « Tout près d'ici, la nuit, ils vivent dans les herbes, les arbres, les rochers, dans le feu, l'eau et le vent. Ils sont partout, partout, partout ! Il faut se méfier ! » Toutefois, encore plus dangereux sont « les âmes, les génies des morts », que l'on peut à certaines heures conjurer de dévoiler l'avenir, pendant que les femmes exécutent une danse nocturne autour du tombeau.

Il y a quelques jours a commencé la guerre avec Israël, la « guerre du Ramadan », fêtée triomphalement ; les journaux rivalisent de zèle pour annoncer les victoires, publient en première page des reportages sur des travailleurs qui donnent leur sang, à l'intérieur on peut lire la liste des héros tombés, des « martyrs de la lutte antisioniste ». Tous les soirs, après la soupe du ramadan, *hereira,* la seule nourriture permise après que les sirènes aiguës avaient annoncé la fin du jour de jeûne, tous se pressaient dans les restaurants, des villageois dissimulés dans leur capuchon, des montagnards dans de lourdes djellabas marron foncé à rayures noires, un poignard courbe accroché à la taille, décoré de cuivre jaune étincelant et d'argent ciselé, d'élégants citadins, une cape de soie blanche jetée sur un costume avec cravate et chemise de nylon. Assis devant leurs petits verres de thé à la menthe et des postes de radio et de télévision, ils fumaient du haschisch en suivant les nouvelles de la guerre entrecoupées de prières collectives transmises de Rabat. Le roi Hassan, dont un routier, dans l'Atlas, nous avait dit que lui, la tête, se portait plutôt bien, que seul le pays, le corps, était malade, le roi Hassan, entouré des dignitaires, uniformément drapés de blanc, disait la prière commune dirigée par la voix de l'imam.

Aoulef, oasis du Tidikelt

Derrière nous la grande place d'Adrar, immense et sans ombre. Dans un ronflement le camion quitte la ville-oasis qui marque le bout de la piste du Tanezrouft ; j'avais enfin trouvé une « occasion » pour Aoulef, oasis aujourd'hui isolée, dans le Sahara algérien. Tidikelt, Touat et Gourara sont des régions où fleurissent des centaines d'oasis, de palmeraies, arrosées grâce aux fameux systèmes Foggara qui draînent l'eau sur des kilomètres depuis les terrains plus élevés : nœud central de l'une des principales voies commerciales transsahariennes, la piste de Tombouctou à Ghadamès, mais aussi de celle venant du Sud marocain par la vallée de la Saoura, terme des caravanes pour les Touareg du Hoggar.

Celle d'In Salah, plus connue aujourd'hui, est considérablement plus récente et n'est devenue importante que tardivement. Quant aux oasis situées en marge des pistes principales, elles sont à peine fréquentées, même celle de Timimoun, en bordure de l'Erg, que dessert un car régulier sur route goudronnée, ne voit que rarement des voyageurs solitaires. « A Aoulef, m'avait raconté un Algérien à In Salah il y a des années, tu meurs de faim si tu es étranger. Il n'y a déjà pas grand-chose à acheter à In Salah, mais à Aoulef, il n'y a rien, absolument rien. » Il venait d'Alger et errait sans travail à In Salah, et il lui était sûrement plus difficile d'y vivre qu'à des Européens en voyage, car ceux-ci sont fréquemment invités par les gens du pays ; paradoxalement les Algériens du Nord, qui ne sont d'ailleurs pas aimés dans le Sahara, souffraient d'un isolement plus grand que bien des étrangers dans la vie ascétique du désert. Aussi Aoulef, qui est encore plus rude qu'In Salah, devait-elle lui paraître totalement invivable, et je m'enfonçais dans le désert, dévoré d'impatience au souvenir de ses paroles insistantes, suivant des yeux les empreintes de sable grises et sans fin de la piste qui se perdait à l'horizon. A côté de moi était assis Mohammed Touati, vingt-cinq ans, originaire d'Aoulef. Son bagage semblait confirmer la mise en garde de mon Algérien car il n'était composé, pour autant que je puisse voir, que de nourriture. Il avait ajouté une grosse pastèque dans le porte-bagages, au-dessus de la cabine.

Cette partie du désert, prolongement du Tanezrouft, est parmi les plus plates du Sahara. Nous traversons une plaine vaste comme un océan, parcourue d'ondulations si petites que l'œil les perçoit à peine. Nous avions chargé 15 tonnes de sucre et soudain, alors qu'à perte de vue de tous les côtés rien n'arrêtait le regard si ce n'est la lumière aveuglante du soleil, un obstacle insoupçonné se présenta sous la forme d'une ondulation transversale de peu d'apparence sous les pneus beaucoup trop gonflés de notre camion surchargé. Les roues patinent, fument, retournant la poussière du sable, s'enfoncent puis il se dégage une odeur de caoutchouc brûlé. L'énorme poids lourd cahote et se balance de-ci de-là ; alors qu'il est sur le point de s'en sortir, il retombe encore plus profondément dans l'ornière qu'il a lui-même creusée et Achmed, le chauffeur, finit par arrêter le moteur. Pas de doute, cette fois les 15 tonnes de sucre sont solidement plantées. Les deux hommes déchargent leur bagage, Mohammed Touati attrape sa pastèque qui est sur le toit. Le soleil prend une teinte rougeâtre et grossit lentement en déclinant sur la surface immense et silencieuse du désert. L'hamada dans laquelle nous n'avions pas prévu de passer la nuit, rivés à une dérisoire ondulation de terrain, ce désert caillouteux que rien n'arrête, perd ses lueurs brunâtres et pourprées, les millions de galets qui composent sa structure en surface disparaissent eux aussi dans le gris livide du crépuscule, un noir insaisissable règne sous le ciel opaque du soir.

Je m'efforce de croire qu'à la faveur du jour, dans la cristalline clarté du matin glacial du désert, nous viendrons à bout de cette entrave sans endommager le moteur par un trop rude effort. Les conducteurs, c'est-à-dire le chauffeur et son second, Mohammed, racontent, ce dont je me doutais, que c'est leur première traversée du désert. Jusque-là ils desservaient la ligne routière Alger-Oran, entièrement goudronnée. « C'est trop facile », disait Achmed. Aussi trouvent-ils très amusant d'être bloqués ici. « C'est le Sahara », renchérit Achmed à tout moment, et il rient tous les deux. Je pense la même chose, à vrai dire, mais cela ne me fait pas rire. Je suis du reste plus inquiet que de raison. Le réservoir d'eau, soudé extérieurement, fuit et l'on entend tomber les gouttes dans le silence : quelques centimètres carrés de désert, de galets noirs aplatis et de sable gris rougeâtre, sont ainsi arrosés, une tache luisante se forme au milieu, une petite flaque de boue. Je recueille dans mon gobelet l'eau qui fuit, mais Achmed me rassure : « Ça coule lentement. » Notre repas *schakschuka* cuit pendant une heure. On retire enfin la casserole du feu, fumante, et l'on mange, en buvant du thé, avant de s'étendre pour dormir. Avant de s'allonger, Achmed trace avec son talon un cercle dans le sable autour de sa couche : un cercle magique. « Contre les scorpions », dit-il. Mohammed écoute encore longtemps la radio, Radio Alger je suppose, mais peu importe car de Goulimine au Caire c'est la même musique arabe, monotone, lancinante, à la fois mélancolique, stridente et crispante, que j'ai surtout entendue en voiture, mêlée à des bribes de conversation, au bruit du moteur et au défilé d'images de ces vastes paysages irradiés de soleil qui constituent la toile de fond sans laquelle on ne saurait imaginer de voyager en Afrique du Nord. Tour à tour s'enflant puis s'atténuant, comme décomposée à cause de la mauvaise réception en une succession de sons irréguliers, portés au gré du vent, gémissante en raison de perturbations de fréquence, elle transperce le silence et la fraîcheur de la nuit pour la plus grande joie de Mohammed, que je ne partage qu'avec réserve car je n'arrive pas à m'endormir. A chaque pause, entre les paroles rauques, gutturales du présentateur, j'entends le goutte à goutte du réservoir dans la petite flaque qui s'est formée, car mon gobelet a débordé. Le matin est annoncé par une tendre rayure rose sur l'horizon, en dehors de laquelle tout, autour de nous, reste d'une grise monotonie, dans un état encore léthargique d'abandon et de solitude. Mais les conducteurs, eux, s'activent déjà, roulent en un tournemain leurs couvertures de laine à dessins, à peine défaites, Mohammed prépare le thé sur un réchaud à gaz dans la cabine du camion. Nous avalons rapidement, pour échapper à la chaleur qui ne va pas tarder à sévir, les gorgées brûlantes d'un thé sucré comme du sirop. Puis ils dégonflent un peu les pneus, retirent à la main le sable qui emprisonne les roues. Soudain apparaît dans le lointain, au sud-ouest, la silhouette d'un camion qui se rapproche, vient vers nous, puis s'arrête. Un nuage de poussière nous enveloppe, le conducteur saute de sa cabine. Nous ne sommes pas sur la bonne route, explique-t-il, celle-ci est réservée aux services topographiques ! La piste d'Aoulef se trouve à deux kilomètres de là, à l'ouest. Il nous a vus de loin et a fait le détour exprès ! Du moins réussissons-nous à nous sortir de l'ornière. Et c'est alors que je me rends compte de ce que signifiait cette ondulation de terrain. Sans cette « panne » nous serions à l'heure qu'il est égarés dans quelque « no man's land ». Ainsi l'inexpérience des deux conducteurs s'est elle-même neutralisée. Le second camion part en avant, une fois que, tant bien que mal, après avoir fait gémir le moteur, nous nous sommes sortis de nos ornières de sable. Et tandis que nous suivons le nuage de poussière soulevé par l'engin qui nous précède, j'entends toujours les gouttes d'eau tomber en cadence.

Devant nous s'étend un champ de dunes vibrant sous le soleil ; du haut du plateau, nous descendons une montagne de sable roux, brillant, solidifié, qui se divise en un labyrinthe de vagues de sable. Des haies de palmes piquées dans le sable couronnent la crête des dunes et protègent des vents de sable en les ralentissant. D'imposants pylônes électriques métalliques, disproportionnés, se dressent au-dessus des maisons en torchis de l'oasis, les câbles tendus ressemblent de loin à un quadrillage compact de reflets métalliques que l'on aurait réduits grâce à un téléobjectif.

Des enfants bruyants suivent le véhicule qui avance lentement en patinant dans le sable ; nous nous arrêtons, dirigés par Mohammed, dans un cul-de-sac. Un vieillard barbu apparaît sur le seuil de la porte voisine, le père de Mohammed. « *Marhaba, marhaba* », c'est le salut qu'il nous adresse. « Bienvenue, bienvenue ! » Nous prenons tous place dans une pièce fraîche, blanchie à la chaux, sur les murs de laquelle est écrit dans des couleurs criardes, en français et en arabe, *Marhaba.* Mohammed apporte un grand ventilateur tout neuf et le pose devant moi, au maximum de puissance. Ma chemise trempée de sueur sèche dans la fraîcheur fugitive et glaciale de la ventilation, mais le courant d'air violent devient rapidement désagréable et je demande à Mohammed de ranger l'appareil. Pendant que nous déjeunons sous les regards effacés et bienveillants du père, que Mohammed sert avec une gentillesse empressée, un garçon vient apporter un message pour ce dernier. Après le repas, il s'excuse, s'absente un instant et reparaît, l'air déprimé. La gendarmerie lui a interdit de m'héberger. Mohammed arrive à peine à parler, courroucé et honteux d'une telle humiliation, car il m'avait déjà dépeint la joie qu'éprouveraient sa famille et lui-même à m'avoir pour hôte. Lorsque ensuite, selon l'usage, je fais viser mon passeport, le policier présent fait une remarque : chez les habitants, qu'il appelle les « indigènes », c'est trop « incertain » ! La fille d'un médecin suisse, le docteur E., qui avait travaillé autrefois à Aoulef, est actuellement en visite dans cette ville avec son ami, ce sont les seuls étrangers à part moi. Ils habitent l'ancienne maison du médecin et ont la gentillesse de m'y proposer une chambre. La population leur réserve un accueil chaleureux, auquel je suis invité à prendre part. C'est ainsi qu'Aoulef ne me paraît nullement pauvre ni austère, je suis au contraire constamment invité, notamment à un mariage, et toujours reçu avec prodigalité.

Dans une cour intérieure déjà noire de monde, de nouveaux hôtes continuent de s'engouffrer, par un porche mal éclairé, affluant pour la danse des femmes au premier jour de la fête. La lumière pailletée du soleil se déchire en voiles lumineux qui se nouent d'un bout à l'autre de l'étroite cour intérieure, sur les parures diaprées, les crêpes tournoyants, les lourds bracelets, les chaînes et les anneaux tintinnabulants, la peau lustrée des bras et des visages des danseuses. L'une d'elles se saisit continuellement d'un grand flacon de parfum et répand le liquide jaune vif sur toute l'assistance. Face à l'entrée, comme bousculés contre le mur par les convives, dans la pénombre du péristyle bordant la cour carrée, les musiciens. Les sons stridents de la flûte *algaita,* jouée à pleins poumons, la cadence trépidante des tambours enveloppent cette arène miniature, au milieu de laquelle un homme et une femme dansent. A l'inverse de cette musique galvanisante, leurs mouvements sont lents, ils semblent tourner au ralenti, retenant leurs gestes, mesurant leurs pas de danse. Ils décrivent des cercles au-dessus de leur tête, chacun tenant une étoffe entre ses mains ouvertes, la tendant au-dessus de sa tête comme un baldaquin, et dansant au-dessous de sa propre ombrelle, puis la laissant retomber devant l'autre avec une grâce indescriptible tout en tournant autour de son partenaire comme autour de soi-même. Dans une tension retenue et érotique, captifs et ensorcelés comme deux serpents s'entortillant sous le charme d'un joueur de flûte, le danseur et la danseuse constituent le centre dynamique de la fête.

Le soir nous dînons chez El-Hadj, le directeur de l'école d'Aoulef, le plus munificent de nos hôtes ; Suzanne, la fille du médecin, et son ami Markus sont comblés d'attentions et de cadeaux, j'en ai le bénéfice immérité. « Chaque fois que vous ne serez pas conviés ailleurs, avait-il déclaré sans ambages, vous êtes automatiquement mes hôtes ! » El-Hadj est, avec quelques aide-enseignants, responsable d'environ 850 élèves. Il se plaint d'avoir trop de travail. Sa demeure, une spacieuse maison en banko, dénote une certaine aisance dans le contexte du désert, mais elle est arrangée sans prétention. C'est un hôte merveilleux, qui ne nous bombarde pas de questions ni ne nous presse de manger plus que nous ne le souhaitons, encore qu'à part moi personne ne supporte bien le couscous gras et que les plats servis repartent toujours à moitié vides... Toujours en costume gris et chemise blanche, il est presque un peu trop « moderne » pour Aoulef. Il a fait deux séjours en Europe, dont un qui lui a permis d'assister au mardi-gras à Bâle et de le photographier. La photographie est son hobby, il m'embarque dans des bavardages quasi professionnels à propos de Nikon, d'Hasselblad, de Leica, etc. et en sait beaucoup plus que moi. Sur sa table je découvre des magazines français. Il montre des photos de Bâle et raconte qu'il était lui-même danseur masqué dans le cortège ; le plus amusant était la réaction des gens quand il avait enlevé son masque et était apparu, lui, un Nègre, raconte-t-il de bon cœur et avec beaucoup d'humour. Sa femme, une personne calme et aimable, aux longues tresses et vêtue d'une robe berbère traditionnelle richement colorée, semble tenir tout naturellement son rôle de maîtresse de maison légèrement effacée : je verrais très bien El-Hadj homme d'affaires à Alger, à Marseille ou à Abidjan.

Le lendemain je me rends chez le propriétaire d'une boutique d'Alouef à qui j'avais promis d'examiner sa mère malade. Nous sortons de l'oasis dans sa camionnette, la famille habite le hameau voisin d'Aoulef Chorfa. Quatre frères, trois sœurs et la femme de ce marchand assistent à la consultation. Il s'agit probablement d'une néphrite chronique, pour autant que je puisse diagnostiquer sans autres moyens qu'un simple examen et quelques questions. Je ne peux guère dispenser que des conseils assez sommaires, je leur explique qu'il n'est à vrai dire pas dans mon pouvoir de faire grand-chose pour elle mais je n'en suis pas moins traité avec gratitude avant de repartir. A Aoulef, je rencontre des Touareg ; ils portent à quatre une femme malade à travers la place, dans une couverture. Avant même qu'ils n'aient pu dire de quoi il s'agit, arrive l'un des gendarmes qui entraîne les Touareg dans le dispensaire et m'invite poliment à rentrer chez moi. Ils ont ici un médecin, un hôpital... que je ne me fasse aucun souci ! Mais le « médecin » actuel, c'est l'ancien guérisseur, et d'après ce que j'en ai vu, il fait essentiellement acte de représentation au milieu d'instruments qui se détériorent lentement. Il y a longtemps que les appareils financés personnellement par le docteur E. pour la radio et l'électrocardiographie ne sont plus utilisés. Toutefois, si je me mettais à soigner les gens, il le prendrait comme un crime de lèse-majesté et du reste, ajoute le policier, en tant que touriste, je n'ai pas le droit d'exercer ici. Suzanne raconte que son père avait commencé à vacciner contre la rougeole, puis qu'on lui avait interdit de le faire afin que les enfants de cette oasis ne se portent pas mieux que ceux des oasis dépourvues de médecin. L'interdit officiel de traiter les malades a pour conséquence qu'ils viennent en cachette la nuit, comme cette femme atteinte d'une congestion pulmonaire qui se traîna jusque chez nous par une soirée glaciale avec 40° de fièvre ; et au cours du banquet précédant le mariage, Markus et moi sommes attirés à l'écart : un enfant malade du cœur à ausculter.

Le soir nous nous rendons à la « fête des hommes ». En tête du cortège nuptial s'avance le marié, une djellaba blanche jetée sur les épaules. Conduit par des musiciens et des danseurs en armes, le cortège atteint la mosquée au crépuscule. Au son solennel de chants et de prières, on ceint le marié du turban, puis on l'oint de henné au front, au menton, à la poitrine, aux mains et à la plante des pieds. Dans des coupelles d'argile brûle de l'encens, qui laisse échapper une fumée pâle, légèrement bleuâtre. Le taleb récite une prière, quatre hommes saisissent la djellaba apportée par le marié à cet effet et la tendent au-dessus de sa tête comme un toit. Ensuite on reprend tout le cérémonial, mais l'objet du rituel sacré est cette fois un gamin âgé d'une dizaine d'années : l'enfant est le « ministre » du marié qui lui-même va être considéré comme un roi pendant une semaine, explique notre hôte. La nuit est maintenant tombée, les hommes rassemblés, vêtus de blanc, luisent comme des fantômes devant les murs de pisé qui s'estompent dans le gris de la nuit, tous s'éloignent lentement de la mosquée en foulant le sable froid des ruelles. La procession franchit la grande place, qui est vide. Deux douzaines de coups de feu claquent soudain dans le ciel : la salve d'abord crépite, crachote et siffle avant d'exploser ; des éclairs sillonnent le ciel nocturne, puis le nuage poudreux, d'une âcreté piquante, s'abat sur l'assemblée. Nous reprenons lentement notre procession à travers le village et arrivons enfin à l'endroit prévu pour la danse, sable rougeâtre éclairé par quelques ampoules, devant des murs roussâtres. En marge de l'assemblée des convives qui forment peu à peu un bloc compact, les quatre gendarmes en uniforme vert semblent un peu perdus, visiblement à l'écart, curieux quoique le prenant d'assez haut. Enfin une Landrover s'avance, des femmes voilées dans d'amples draperies coulent à travers les vitres en direction de la fête un regard d'une placidité légèrement affectée. « De riches parents », explique El-Hadj. L'une d'elles serait même venue de Mopti, et cela me fait penser que jadis la jonction d'Aoulef à Tombouctou passant par Akabli et Araouane était l'une des principales voies sahariennes. Les liaisons sahariennes intérieures existent encore çà et là ; j'ai la surprise de faire quelques jours plus tard la connaissance d'un vieux guide de caravane ; il me parle des pistes allant vers la Mauritanie et connaît même le vieux caravanier Achmed de Chinguetti, avec lequel j'ai fait la caravane d'Idjil. La foule des invités nous prête de moins en moins d'attention à nous étrangers — étrangers dont El-Hadj et les policiers font également plus ou moins partie — et semble nous exclure de l'action. Tels des observateurs extérieurs, nous nous retrouvons appuyés contre un mur de pisé, en bordure de la place en fête. Je prends discrètement des photos, sans me faire remarquer par un flash, avec seulement l'ouverture maximum. El-Hadj, en revanche, brandit fièrement son appareil et ose ce que, depuis des années que je voyage, je ne fais plus jamais : il inonde l'assistance de la lumière de son flash puis, après quelques photos, il range son appareil. Les salves sont de plus en plus rapprochées, obligeant la foule maintenant galvanisée des danseurs, des musiciens et des spectateurs à une courte pause, à une harmonie syncopée, un bref moment d'attention en direction des danseurs en armes. Au début, un jeune fonctionnaire du F.L.N. en costume de ville s'efforce, du haut d'un podium en sa qualité d'animateur et conférencier, et tout à fait inutilement, d'« arranger » le déroulement des opérations, de dominer la situation ; la fête archaïque des « indigènes » doit être canalisée, tempérée, réduite à un spectacle folklorique conforme à l'esprit du parti. Il agite nerveusement son micro, son arme de protestation contre l'oubli de soi spontané, total, des participants ; chaque nouveau petit groupe arrivant des ruelles poussiéreuses, chaque salve suivie d'un nuage de fumée âcre accroissent encore et synchronisent l'abandon de tous à la fête ; la fusion des individus n'est pas seulement optique, celle d'une indissoluble promiscuité, c'est aussi celle d'une communauté qui n'est plus désormais soumise qu'à deux natures d'énergie : celle des rythmes et des mélodies de la musique, et celle de la cadence des coups de feu. Sans même que quiconque s'en soit aperçu, à la périphérie du rassemblement, le jeune animateur a finalement renoncé à ses commentaires pour laisser la fête se dérouler sans lui.

On ne distingue plus depuis longtemps, dans le cercle des spectateurs, de groupes isolés ; les musiciens sont le centre d'un ensemble d'individus auquel ils impriment à la fois vie, fonction, mouvement en pulsations impétueuses presque continues, existence collective concentrée sur la danse extatique de l'instant. Les danseurs en armes vont toujours se dissociant des autres, structurant la masse humaine pour quelques instants ; ils dansent en rang, lancent leurs petits fusils en l'air, très haut, et les rattrapent en chantant, puis en un éclair forment un cercle et font feu avec une synchronisation croissante commandée par les rythmes des tambours. De tous côtés, on s'approche des chanteurs et des musiciens, on colle des billets de banque sur leurs visages en sueur, sur leur front, selon une coutume propre au Sahara et au Sahel. Invité à danser, un vieillard aveugle se déplace avec la retenue que lui commande son infirmité, sourit les yeux grands ouverts, plane comme dans un demi-sommeil onirique entre les musiciens et les spectateurs, au bras d'un jeune homme qui le conduit lentement. Je vois aujourd'hui encore l'image de ce vieillard au visage radieux, qui lui-même ne voyait personne.

Oualata, la cité bourgeoise du désert

Oualata, mars 1977.

La tempête fait rage toute la nuit, toute la journée. Quand je soulève mon gobelet, il laisse un rond sur le sol, un trou dans le sable qui ensevelit tout, bien que les portes et l'unique fenêtre soient fermées. Le temps d'apaiser la soif qui ne me quitte pas, d'avaler rapidement cette eau jaunâtre, la trace du gobelet disparaît sous une nouvelle couche de sable. Tout est calme, la préfecture, où l'on m'a logé, est enveloppée dans un léger souffle de vent que le battement des portes scande dans les charnières disjointes, tandis que du lointain me parvient, tamisée, la plainte des chameaux. La pénombre bienfaisante se déchire d'une lumière éblouissante qui s'infiltre par les fentes de la porte, d'un trou rond tombe un mince rai de lumière : entrée d'une balle du Polisario datant de la dernière offensive, il y a quelques semaines. Je gratte le mur d'en face pour en extraire le projectile : une masse métallique déformée. J'ai pourtant du mal à imaginer ici un combat concret, toute la brutalité d'une offensive s'abattant sur cette ville avec des armes modernes, vision fantomatique, aussi irréelle que les dunes aux contours imprécis flottant dans un voile de sable, à l'est, point de départ des guérillas. Cauchemar oppressant dans cette ville fossile, et que rappellent les patrouilles quotidiennes dans ces Landrover militaires grises, découvertes et curieusement plates. En sortant je suis enveloppé d'un tourbillon de sable, tandis que la ville, la falaise et les troupeaux de chameaux qui dodelinent en direction de la fontaine semblent perdus dans l'infini de la brume, formations floues, hors de toute perspective, comme sur une photo surexposée, décolorée, ou bien à l'arrière-plan très sommairement dessiné d'un paysage devant lequel des individus — silencieuses silhouettes surgissant à l'improviste — semblent flotter, comme poussés par le vent, leurs vêtements lumineux gonflés comme des voiles et retombant brusquement quand les fuyards changent de direction.

Ils ne sont pas nombreux à quitter ce labyrinthe de pâtés de maisons qui semblent ne faire qu'un seul bloc, d'étroites ruelles qui serpentent entre des murs élevés et aveugles ; bien rarement ouvre-t-on l'une de ces portes à ferrures, dont le style mauresque rappelle à la fois Tombouctou et les relations de jadis avec le Maroc ; Tombouctou, la ville sœur qui n'est qu'à douze jours de marche et qui, après la ruine du Ghana, accueillit les savants et les marchands de Oualata, lorsque celle-ci fut devenue un avant-poste du nouvel empire du Mali exposé aux pillages. « L'expansion de Tombouctou, écrit le *Tarik-es-Soudan,* fut la ruine de Biro » (Oualata). Seuls circulent dans les rues les porteurs d'eau : des femmes en tuniques sombres, des cruches d'argile rondes, rouges ou des seaux en zinc sur les épaules, accompagnées d'hommes tirant un baudet et de quelques enfants. Oualata n'est pas une « ville du désert », la « civilisation bourgeoise d'Oualata » (Gabus) se détourne du désert, elle est tournée vers l'intérieur ; le caractère reclus et isolé, le besoin de se protéger s'expriment dans l'architecture des bourgs à l'allure de forteresses et des intérieurs décorés à l'envi. S'étendant entre les rives abruptes d'un large oued qui enserre la ville dans un fer à cheval, Oualata, autrefois la « plus septentrionale des cités noires » constitue le dernier avant-poste dans un désert qui l'entoure de toutes parts et succombe lentement à la sécheresse, à la chaleur, aux tempêtes du désert.

Les décombres de maisons abandonnées, que la chaleur a fait éclater, se déversent dans la vallée entre des bâtisses encore habitées — dont les façades soigneusement peintes dénotent une tenace volonté de vivre, se dispersent entre les murs et les sentiers, s'amoncellent comme des avalanches qui se seraient figées devant les portes et les fenêtres, recouvertes de baguettes de portes arrachées par les intempéries, de souches de palmiers filandreuses, de fragments de murs. Des fossés se sont creusés entre les maisons, atteignant un mètre de profondeur, montant vers les rochers, offrant au regard une plongée grotesque dans des pièces et des cours remplies de gravats mais presque intactes, des niches peintes dans les murs, des encorbellements, des petits escaliers blanchis à la chaux qui menaient aux terrasses, au faîte des maisons, où se tenaient jadis les femmes et qui se sont aujourd'hui écroulées. Je vois les femmes se rassembler tous les soirs sur le toit des maisons encore habitées, petites taches de couleur animant un décor de tours et de toitures, lorsque, comme les hommes mais de leur côté, elles s'acquittent des prières vespérales de rigueur. En tant qu'étranger je me sens isolé, extérieur, coupé de la vie exclusive, cachée, de cette ville, quoique je déambule des journées entières dans les ruelles, que l'on m'invite parfois à pénétrer dans l'une ou l'autre des demeures et que l'on m'y réserve le plus souvent un accueil chaleureux. Mais je me fais quand même l'effet d'un intrus, d'un corps étranger et je ne me souviens que de deux autres villes du désert dans lesquelles j'aie éprouvé le même sentiment d'exclusion : Fachi, la ville saline du Ténéré, et Ghadamès avec ses rues recouvertes qui faisaient de la ville entière, dans ses murs d'enceinte, un labyrinthe souterrain compliqué de taupinières malsaines et suffocantes.

Une femme me présente son enfant hurlant de terreur, le hisse à bout de bras sur le mur de sa maison en criant : « *Schuf, nasrani, beidani !* Regarde, un chrétien, un Blanc ! » Puis elle disparaît rapidement, mais je me sens observé depuis les recoins sombres, par les fentes de la porte, je les inquiète, ils ne seront tranquilles que lorsque je serai reparti. Une petite fille me croise par hasard, seule, sans sa clique protectrice de petites amies, et elle s'enfuit, visiblement saisie d'épouvante. Je me demande si les mères menacent ici leurs enfants, pour leur faire peur, du « monsieur blanc », comme nous les menaçons chez nous du croquemitaine. L'enfant se précipite sur la porte de sa maison, la referme et je l'entends, en passant, mettre verrou et chaîne en pleu-

111

Les ruines d'Aoudaghost. La capitale du premier Empire sanhadja était, aux IXe et Xe siècles, la « citadelle méridionale du commerce transsaharien » (Monod). La ville avait été fondée au VIIe siècle par une branche sanhadja (Lemtouna) pour servir de point d'appui en territoire soninké (sarakollé) en bordure du royaume de Ghana, mais, après une brève période d'indépendance, elle fut intégrée au Xe siècle au royaume ghanéen des souverains sarakollé, alors en pleine expansion ; elle subsista, après la destruction du royaume de Ghana, à peu près jusqu'au XIVe siècle. La vallée de Tegdaoust, dans laquelle se trouve Aoudaghost, était néanmoins déjà peuplée, comme l'attestent peintures rupestres (représentations de chars) et tumuli, avant la fondation de la ville. D'autre part, après la destruction de la cité d'origine, d'autres villes furent reconstruites à côté et sur l'emplacement même de celle-ci. Les fouilles entreprises à partir de 1960 permirent de mettre au jour les ruines successives de plusieurs villes dont les plus récentes datent du XVIIe siècle. De même qu'à Koumbi Saleh, Tichit et Chinguetti, certaines ruines sont ornées d'ouvertures triangulaires pratiquées dans les murs (voir ph. 21 et 113). La mosquée mise au jour est la plus ancienne de Mauritanie. Les savants français de l'I.F.A.N. de Dakar poursuivent les fouilles sous la direction du professeur Robert dont le nom est déjà passé dans la tradition orale : les Maures de la région appellent la vallée de Tegdaoust le Bled Robert.

112-113

Koumbi Saleh : fondations partiellement restaurées d'une mosquée et de son mihrab *(niche) (ph. 112). La photo 113 montre les murs imposants de maisons mises au jour, montés par superposition de grosses dalles de pierres sédimentaires et qui donnent une idée de l'importance de la ville ; aujourd'hui les habitants des environs continuent d'appeler ces ruines « Gana ». La ville, détruite en 1240, fut découverte en 1914 par B. de Mézières et soumise depuis 1950 à des fouilles menées par J. Devisse, S. Robert et Mauny (I.F.A.N., Dakar). Après de longues périodes de recherches et de doutes, on reconnaît aujourd'hui dans la ville en ruine de Koumbi Saleh, au sud de Timbédra et proche du point d'eau de Sorba, la capitale de l'ancien Ghana qui dut compter, à son apogée, 30 000 habitants. Le royaume du Ghana (IVe-XIe siècle) fut ensuite absorbé par le Mali. C'est le plus ancien royaume soudanais sur lequel nous soient parvenus des témoignages écrits, peuplé de Sarakollé et de Toucouleur (Peul). Le Ghana était connu des Arabes comme le « pays de l'or », du temps où le « roi de l'or » Kaya Maghan en était le souverain ; le royaume s'appelait à vrai dire Wagadu, du nom de la souche noble de la famille des Wago. Le « titre du roi », Ghana, s'étendit dans l'histoire écrite arabe au pays tout entier.*

114-115

Fête de la danse à Néma, en Mauritanie. Comme presque toujours au Sahara, les hommes dansent au son de la musique et des chants des femmes ou des griots (musiciens).

113

114

115

118

116

La guitare tidinit *des hommes et la harpe* ardin *dont jouent les femmes sont les instruments classiques de la musique mauritanienne, qui répond à des règles musicales très strictes. La calebasse qui fait caisse de résonance pour les huit à dix cordes est tendue de peau et pourvue de deux espèces de cymbales. L'*ardin *est une combinaison d'instrument à cordes et à percussion ; ainsi la musicienne peut par exemple pincer les cordes d'une main et battre la mesure de l'autre. Les musiciennes jouent souvent de l'ardin à plusieurs.*

117

Femme bambara vannant le mil sorghum à Diaduballa, Manding, au Mali. Face aux zones désertiques occupées par les nomades, la brousse soudanaise est le royaume de la production du mil, céréale essentielle.

118

Fara-Guaran, au Mali. Village bambara du Manding, paysage du sud du Mali, à la frontière guinéenne, traversé par le Bani et le Sankarani, affluents du Niger. Soundiata, fondateur de l'empire du Mali, chef des Malinké qui constituent avec les Bambara l'une des principales souches des Mandingues, était originaire de cette région.

119

Djenné, au Mali. Vue du marché, depuis le toit de la mosquée. Épargnée par tous les conquérants, jamais détruite, cette cité de marchands et de savants jouit d'une situation protégée, à la manière d'une île, entre les bras du Bani et du Niger. Fondée vers l'an 800 de notre ère par des pêcheurs Bozo, Djenné accueillit au XIIe siècle les Sarakollé réfugiés du Ghana (Koumbi Saleh) et demeura jusqu'en 1300 l'« île du fétichisme ». Après que Soundiata eut érigé l'Islam en religion officielle, des musulmans y affluèrent de plus en plus nombreux ; au XVIe siècle, Djenné était comme Tombouctou un centre important pour les érudits, en même temps qu'un comptoir de commerce et une base pour la flotte du Niger sur laquelle reposait le commerce. Djenné est aujourd'hui, de toutes les agglomérations de l'architecture soudanaise, celle qui a le mieux conservé son unité ; son marché représente, principalement pour les paysans et les pâtres peul, les pêcheurs bozo et les marchands bambara et sarakollé, un important lieu d'échanges humains et commerciaux. C'était jadis le point de rencontre des caravanes de sel de Terhazza et des marchands dioula qui proposaient l'or du Bitou, provinces de Bambouk et de Bouré comprises entre le Sénégal et le Niger. Djenné et Tombouctou étaient les deux foyers commerciaux de l'empire du Mali. Il est possible que le terme de « Guinée » appliqué par les Portugais à tous les territoires de la côte africaine occidentale soit apparenté au nom de la ville de Djenné : toujours est-il que les autochtones le prononcent « Guiné ».

120

Femmes peul au marché de Djenné. A noter, le serre-tête d'ambre et le tatouage des lèvres.

rant. Un peu plus tard, je l'ai revue : elle était sur la plate-forme du toit, surveillant la porte et quand elle m'eut aperçu à son tour, elle s'enfuit à l'intérieur de la maison.

Sur la dune qui fait face à la ville, je rencontre une nouvelle fois le « bègue » ; au couscous de la veille au soir, il avait joué de la musique. Assis, seul, dans le sable, il pince son monocorde, une sorte de guitare à une corde dont la caisse est découpée dans une calebasse. Le vent s'est calmé, la lumière du couchant rougeoyant, claire et chaude, éclaire les murs et les maisons, cubes rouge brun qui se détachent entre des vagues de dunes qui ont maintenant viré au jaune orangé, sur l'arrière-plan noir des parois rocheuses. Les maisons délabrées de cette ville, seule cité encore habitée du « royaume de l'or » du Ghana et ayant survécu au déclin d'Aoudaghost et de Koumbi Saleh, la capitale, offrent un étrange contraste avec les dunes qui semblent avoir été créées de neuf, après la tempête, encore vierges de toute empreinte humaine, et comme immortelles. « Le vieux », *scheibani*, arrive soudain ; il fait tous les soirs le tour de la ville, l'injuriant, la menaçant du geste avec véhémence, comme s'il voulait la convaincre de quelque chose, mais personne ne lui prête attention.

Les rares fonctionnaires mutés ici après avoir été en poste dans des villes relativement importantes habitent en dehors de la ville, dans les bâtiments de la préfecture et ils vivent comme s'ils étaient de passage ; je les rencontre tous les jours au moment des repas puisqu'ils sont comme moi logés et nourris par la préfecture, ils se sentent en exil ici et attendent de pouvoir regagner Nouakchott, Rosso ou Kiffa. « Pour nous, me disait l'un d'entre eux, on pourrait dire, Oualata, c'est l'enfer ! » Le nom de la ville, m'expliquent-ils, signifie en sarakollé « lieu où il ne faut pas passer la nuit », car il s'y trouvait autrefois des lions et autres bêtes féroces et le préfet raconte qu'il a lui-même vu, du temps des Français, abattre un lion dans la région de Tichit. (Néanmoins l'étymologie n'est pas claire et l'origine du nom est elle-même douteuse. Comme terme hassania, il pourrait vouloir dire « lieu de rassemblement » ; Ibn Khaldoun parle en revanche de « Ioualaten » : « le lieu où l'addax lèche ses petits », comme l'écrit J. Gabus [111].)

Lorsqu'une soudaine double détonation d'artillerie déchire le silence, nous en oublions les lions et je me réfugie avec nos hôtes dans la maison. Nerveux et tendus, nous attendons. Quelqu'un me demande si j'ai peur du Polisario. Je réponds qu'ils ne me feraient sans doute rien, à moi touriste, encore que je n'en sois nullement convaincu, d'autant que je suis entouré des représentants gouvernementaux locaux, mais je garde cette dernière réflexion pour moi. Le plus inquiétant est que la ville et particulièrement la préfecture sont des cibles accessibles de loin. Cependant, comme il ne se passe plus rien, nous quittons les bâtiments étouffants, nous nous installons sur le sable devant la maison et épions les bruits du ciel dans la nuit claire et étoilée. Le repas est servi sur le sable, un grand plateau comprenant couscous, eau et service à thé ; la bassine de cuivre et la cruche d'eau *makresch* pour se laver les mains circulent de l'un à l'autre, et le dîner, commencé par un *bismillah* général, se poursuit sans autre incident. Le lendemain, le préfet me raconte que l'armée se livrait seulement à des « exercices ». Pour autant que je déplore et refuse cette guerre absurde, je suis tout de même, dans l'instant présent, bien rassuré par la présence d'une armée « en exercice », j'en avais pourtant à peine vu trace jusqu'à présent. Le seul « mouvement de troupes » que j'aie observé est la mutation d'un soldat de Oualata. Il partit chercher son fusil pliant à la préfecture, noua son turban noir, prit par la bride son chameau chargé puis, après avoir fixé son arme au bât, par-dessus une guerba rebondie, mouillée et dégoulinante, le mena lentement dans le désert pour n'être bientôt plus visible dans son uniforme kaki. Sa course devait durer sept jours, *emschi setta enhar,* mais nul ne m'a révélé son but.

Dans la brousse du Manding

Klaxonnant bruyamment, le camion passe entre les huttes de Diaduballa, un village bambara du Manding. C'est la première fois que j'entends ce nom qui ne figure sur aucune carte. Je fais un tour dans la province du Manding, entre le Mali et la Guinée, berceau de l'empire du Mali. Quelques enfants accourent, encerclent le véhicule. « Nous y sommes », dit Bagayoko, qui m'invite à descendre tandis que machinalement j'hésite à m'en remettre à son hospitalité, à quitter le camion, mon unique moyen de rejoindre la route, éloignée d'ici. J'ai fait sa connaissance au marché de Yanfolilla ; il voulait me prêter son vélo pour mon excursion dans la brousse, chez les Bambara, les Malinké et les Peul, où il n'y a plus d'autos.

Baga m'introduit dans la demeure familiale : six ou sept cases rondes au toit conique, presque toutes reliées les unes aux autres par des murs en pisé, entourent une vaste cour intérieure, le foyer *goua,* la plus petite subdivision de la structure sociale des Bambara, qui abrite la famille élémentaire. Plusieurs *goua* groupés comme des alvéoles forment un vaste ensemble d'habitations d'un même lignage, *blondah,* placé sous le commandement du doyen *fa*. Il préside aux conseils de famille qui réunissent les chefs des familles élémentaires, *goua-tigi.* Je me trouvais pour la première fois dans un village bambara, ceux que l'on appelle à vrai dire *ban-mana,* les « seigneurs du refus », parce qu'ils ont toujours résisté à toute influence étrangère, laïque aussi bien que religieuse (islamique).

Entre-temps, le bruit s'est répandu que le camion habituel n'est pas arrivé seul mais avec un étranger, un Blanc. Une deuxième vague d'enfants suit la première, j'en compte vingt-cinq. Ils restent plantés là, formant un large rang en bordure de la cour, près du petit porche par lequel ils sont apparus. Les garçons accroupis devant, les filles debout derrière, certaines portant un bébé sur le dos. Le chauffeur, un marchand de Bougouni, en quête de récoltes d'arachides prêtes à la vente et à bon prix, dort déjà. Il s'est allongé, dans son vêtement blanc qui ressemble à un pyjama, après avoir compté sous le regard ébahi des enfants une grosse liasse de billets de banque. Sans doute sa recette du marché du jour à Yanfolilla et l'argent du transport. Il se sent supérieur aux gens d'ici, de la brousse, il les connaît du reste assez superficiellement, mais cela ne l'empêche pas de se comporter comme s'il arrivait chez lui. Lorsqu'un peu plus tard Baga apporte la poule que l'on s'est empressé de tuer et le plat de bouillie de mil *tô,* il se sert sans se faire longtemps prier, il joue au maître de maison ; il me donne des morceaux de poule, m'encourage à manger. Baga chasse les enfants, les menaçant du geste, ils se dispersent et détalent dans la nature par le porche. Les filles se sont éloignées mais les garçons reviennent et reprennent leurs postes d'observation. La nuit tombe peu à peu et je perçois de toutes parts les coups qu'on frappe lourdement pour concasser le mil, la fumée des feux, des voix, des bruits et des pas d'hommes que la clôture m'empêche de voir. C'est ici ma première étape sur le chemin de Kangaré et peut-être de Niani, l'ancienne capitale du Mali, près d'un lieu qui a nom « Mani Koura ». Je voudrais m'y rendre depuis Kangaré, mais aucun véhicule n'y va plus, la brousse n'est traversée que de pistes. Quand j'étais à Yanfolilla, Baga m'avait entendu parler de mes projets. Personne ici ne connaissait Niani, quant à Mani Koura, c'était sur le fleuve : à la jonction du Bani et du Sankarani. J'obtins par la suite des indications plus précises sur le moyen de m'y rendre, rencontrai un guide qui me détailla l'itinéraire, la colline Mani Kourou, point de repère de l'ancienne Niani dans la brousse touffue. Mais chacun me mit en garde : c'était déjà la Guinée et il était dangereux pour un étranger de se montrer en zone frontalière. Eu égard à la peur bien connue qu'avait Sékou Touré des agents secrets, je m'en tins à leurs avertissements et ne visitai que l'île sise entre le Bani et le Sankarani, du côté malien. Je passai quelques jours dans cette région historique, chantée et sublimée par les griots, qui avait donné naissance au grand chasseur « Sinbon », au « lion » Maridiata, au « roi des lions » Makhandiata, pour ne citer que quelques-uns des surnoms de Soundiata. C'est dans cette forêt tropicale paisible et un peu monotone, parsemée de villages bambara et malinké — pays de pâture pour les troupeaux des pâtres foulbé qui ont aussi la garde des bêtes des paysans — que l'empire du Mali prit racine. Au terme d'une longue lutte, Soundiata vainquit Soumangourou Kanté, le maître de Sosso. Mythologie et histoire, inextricablement liées dans la tradition, contées et chantées, représentent les combats des ancêtres mythiques : à l'aide de béquilles confectionnées par le taillandier, Soundiata, qui était estropié, apprit à marcher et acquit par la suite une force qui devait le rendre capable d'arracher des arbres ; il en apporta pour preuve à sa mère un baobab déraciné. Il se battit longtemps contre Soumangourou Kanté, le général Fakoli attaché à ce dernier possédant une arme prodigieuse et redoutable : une flèche magique qui se divisait en vol en neuf projectiles qui, immanquablement, tuaient neuf adversaires. Puis ils reprenaient leur trajectoire en arrière, tuaient neuf autres ennemis et revenaient à Fakoli. Deux femmes furent fatales à Soumangourou : la première était une sœur de Soudiata qui devint sa maîtresse en vue de découvrir le secret de son invulnérabilité. Elle apprit que seule une flèche armée d'un ergot de coq blanc pourrait le tuer. La seconde femme était celle de Fakoli : bien que Soumangourou eût déjà 44 femmes, alors que son général (Fakoli) n'en avait qu'une, il voulut encore à tout prix posséder celle de Fakoli. Fakoli passa dans le camp de Soundiata et Soumangourou Kanté fut vaincu à la bataille de Kirina. Il disparut dans la brume ; un baobab a poussé à l'endroit où était resté son bracelet. Soundiata avait prédit sa victoire depuis longtemps au moyen d'un cadeau de mauvais augure : à la mort de sa mère, étant étranger au pays de Soumangourou Kanté, il dut s'acquitter d'un prix funéraire symbolique. Il offrit un peu d'or dans un vieux pot, une flèche, un œuf de perdrix, un œuf de pintade et les graines d'un haricot sauvage. Les griots prophétisèrent la signification de ce présent : la flèche était promesse de guerre, dans les ruines des villes détruites nicheraient la perdrix et la pintade, des mauvaises herbes tel le haricot sauvage proliféreraient, et il ne resterait que vieilles marmites et pots d'argile cassés. L'oracle se réalisa avec la victoire de Soundiata qui créa le puissant empire du Mali, dont les villes principales sont néanmoins tombées elles aussi aujourd'hui : Niani et Mani Kourou sont des ruines envahies de végétation sur les rives du Sankarani. Les griots chantent la gloire de Soundiata, mais aussi le temps qui s'en va :

« Ô Nare, Mangan Konate, la puissance est la joie mais d'autres t'ont précédé et d'autres te succéderont. L'ange de la mort lui-même a soufflé sur les Mandé...

« Ô Sinbon, en toute liberté le peuple tout entier des Mandingues s'est battu pour toi. Pour toi à Dagayala (Kirina). Mais, dis-moi, Sinbon, que sont tous ces hommes devenus... » (d'après Massa Makan Diabaté)[112].

Le lendemain matin, Baga me montre la bicyclette qu'il veut me prêter. Le vélo est devenu le moyen de transport habituel ici. Les étroits sentiers de brousse, relativement plats, s'y prêtent bien. On ne peut cependant s'empêcher de s'étonner à la vue de ces chasseurs bambara que l'on rencontre partout, sur leurs vieux vélos, dans le dédale des sentiers de brousse, et un fusil en bandoulière, suivis par des chiens. Baga me prête sa bicyclette aussi longtemps que je veux. Je ne peux toutefois pas partir aujourd'hui, car ce soir on fête la « dénomination » de sa fille. Moi qui n'étais initialement venu que pour le vélo promis, je me retrouvais brusquement admis au sein d'une communauté de ce petit village et j'étais très content d'être invité à cette fête. Baga m'emmena fièrement dans la maison de sa femme qui me montra l'enfant. C'est leur premier enfant : ils ne sont pas mariés depuis longtemps. Ainsi m'est-il donné de goûter quelques jours à la vie d'un petit village de brousse. Après des semaines passées dans le désert et après Bamako, je me sens ici dans un autre monde. Il se dégage de la brousse, si monotone et uniforme, une force et une sauvagerie contenues, difficiles à comprendre : sont-ce les innombrables voix animales, le froufrou des feuilles, les coups d'ailes d'oiseaux effrayés ou bien la vue barrée, le fait d'être constamment entouré de buissons, d'arbres, d'herbes qui rétrécissent le champ de vision et vous enferment dans un monde clos tout en vous donnant le sentiment qu'il s'y cache quelque chose ? La brousse est le monde des ancêtres, le « par-delà la barrière », une contrée sauvage, mystique ; la lisière du village marque la fin de ce monde-ci. Avant d'être initiés, chez les Bambara et chez beaucoup d'autres peuplades de la brousse, les jeunes sont exclus provisoirement de la communauté ; ils doivent se tenir en dehors du village, dans une anarchie rituelle : ils doivent survivre seuls dans la brousse (souvent sous l'invisible surveillance de chasseurs qui éloignent les bêtes féroces), ils ont le droit de voler, de réclamer quelque chose à ceux qu'ils rencontrent dans la brousse ou encore aux habitants d'autres villages, d'attaquer, du moins symboliquement, enfants et femmes. Ce n'est qu'après cette période d'épreuve et d'exclusion, mort symbolique et introduction dans le monde ancestral, qu'ils reviennent dans la communauté, au bout de trois mois chez les Bambara, nés une seconde fois à ce monde-ci.

Baga m'emmène dans la brousse ; il lui faut des bâtons pour construire un métier à tisser. Nous abattons quelques fûts de la grosseur du bras. Après les premiers coups de hache, un bruit de froissement dans les buissons, un chasseur surgit en colère ; il était si bien caché que nous ne l'avions pas remarqué et nous prenions notre bois juste devant sa cachette. Par la suite, il m'est encore arrivé, alors que je me promenais, seul à bicyclette, de me laisser surprendre par un chasseur. J'étais une fois de plus en train de rafistoler mon pneu « made in Czechoslowakia » ; soudain il était derrière moi, comme tombé du ciel, sans que j'eusse entendu le moindre bruit.

Au village, tous sont occupés à construire une maison rectangulaire en pisé ; Baga aide lui aussi, les enfants pétrissent et façonnent la terre, apportent, à mon grand étonnement, les briques sur une brouette fabriquée avec une solide fourche et une roulette de bois encochée. Ils ont dû démolir deux fois la mosquée, raconte Baga, avant qu'elle ne devienne belle. Il me montre du doigt une petite maison rectangulaire dont la façade est ornée d'un minuscule minaret à aiguille, de style soudanais, dépassant à peine d'un toit de chaume à pignon. Dans la soirée nous nous rendons à l'arbre sacré, la « place des Oiseaux ». Baga me montre une espèce de cage, un treillis conique de dimensions humaines. Pour les oiseaux, explique-t-il ; la corbeille est une carcasse de masque-oiseau. Cette scène forme un violent contraste avec les impressions que j'ai éprouvées le matin dans ce minuscule village, avec les images de pauvreté, un air désorienté et un modernisme à la Shanty town : des tricots imprimés de couleurs « pop », élimés et déchirés, des pantalons à pli sur certains adolescents, des photos de magazines jaunies sur les murs des cases en pisé. Clivage sensible entre la jeunesse et les vieux, rêves et discours de Bamako, la prometteuse métropole. Pourtant Baga, qui a déjà vécu à Bamako, s'amuse maintenant à bricoler méticuleusement des masques oiseaux. Lorsqu'enfin une deuxième cage est prête, nous allons au cimetière, en dehors du village. Cinq cônes d'argile se dressent sur le sol. C'est ici que l'on brûle les effets de femmes défuntes, les hommes, eux, emportent leurs affaires dans la tombe. Nous terminons par une visite au chef du village *dugutigi.* Baga a quelque chose à me proposer ; il parle de la maison sacrée, des masques. Le chef du village hésite d'abord puis accepte de me les montrer. Comme à Kangabé, dont la maison sacrée *kamabolon* doit abriter les insignes rapportés de La Mecque par Kankan Mussa, Diaduballa a également sa « case sacrée », *kombarabara.* Le chef du village ouvre la porte en bois et revient en pleine lumière avec deux masques de visages en bois foncé. L'un est un masque d'homme, l'autre de femme ; ils ont un rôle dans les rites funéraires.

Je suis intrigué par la fête, par les « oiseaux », la danse des oiseaux *kotekono.* Nous quittons le village au crépuscule, tous s'assemblent sur une place encadrée d'immenses arbres à la couronne majestueuse. Les aînés sont assis près de la plate-forme aux palabres, *guala.* Quand viennent les oiseaux, dit Baga, il ne faut plus traverser la place. Puis il disparaît, me laisse sous la protection de ses amis. « Je suis occupé », dit-il. « On va chercher les oiseaux. » Une bonne heure se passe, il fait complètement sombre, rien ne bouge. Au loin couvent des petits feux sans surveillance, des coups de tambour sont frappés çà et là, des mélodies brèves, à peine entonnées par les femmes. Le brouillard, la brume de sable et le vent des jours précédents sont tombés, la nuit est étoilée quoique sans lune. Le chant des cigales perce l'obscurité pesante, infinie, qui s'est répandue autour de nous, sous les arbres, dont seules les couronnes, serrées en silhouettes noires et compactes, se détachent sous la voûte céleste de la masse sombre de la forêt tropicale, entrecoupée des cônes pointus des toits.

L'opacité de la brousse est soudain traversée par le roulement lointain des tambours, qui se rapprochent rapidement. Après la retenue de l'exorde, les coups explosent brusquement en rythmes sauvages, frappés à

121

Sédentaires et nomades peul vivent à et autour de Djenné ; les femmes vendent au marché le lait et le beurre de leurs vaches. Les grands chapeaux de paille que portent les hommes, du diamètre d'une roue de voiture, sont typiques de Djenné. Parmi les nombreuses ethnies qui se côtoient à Djenné (Bozo, Sarakollé, Malinké, Bambara, Songhai, Arabes et Maures), les Peul ont depuis le XIX*e siècle un rôle prépondérant. En 1810 la ville de Djenné fut rattachée à l'Empire peul de Macina, dont la capitale, Hamdallaye, avait été reconstruite. En 1860 c'est la presque totalité du Mali, du Manding à Tombouctou, qui fut conquise par les peuplades métissées de Peul, les Toucouleur du Sahara occidental, menés par El-Hadj Omar ; c'est lui également qui gouverna depuis Hamdallaye.*

122

La grande mosquée de Djenné, célèbre chef-d'œuvre de l'architecture soudanaise en pisé, miroir de l'histoire de l'Islam au Mali : en 1300 le roi Konboro embrassa l'Islam, fit raser son palais de Djenné et édifier une mosquée. Amadou Sekou, roi peul de Macina, ordonna sa destruction en 1830 : la mosquée étant devenue le centre de mondanités qui n'avaient rien de religieux, le sévère monarque musulman en vint à cette mesure radicale. Cependant la démolition n'aurait été que partielle et aurait essentiellement touché l'intérieur ; la mosquée en ruine a été entièrement restaurée en 1909, l'édifice actuel remonte donc, pour ses caractéristiques essentielles, au début du XIV*e siècle.*

123

Vue de Djenné. Derrière les maisons commencent immédiatement les terres alluviales du Bani entourant la ville quasi insulaire.

124

Une pinasse du Niger prête au départ sur la jetée de Mopti au Mali.

125

Le marché de Goundam. Aux confins du Mali et de la Mauritanie, ce centre commercial et caravanier est fréquenté par Kel Antassar, Tenguereguef, Kounta et Maures. A l'arrière-plan, le rivage voilé d'une brume de sable du lac Télé.

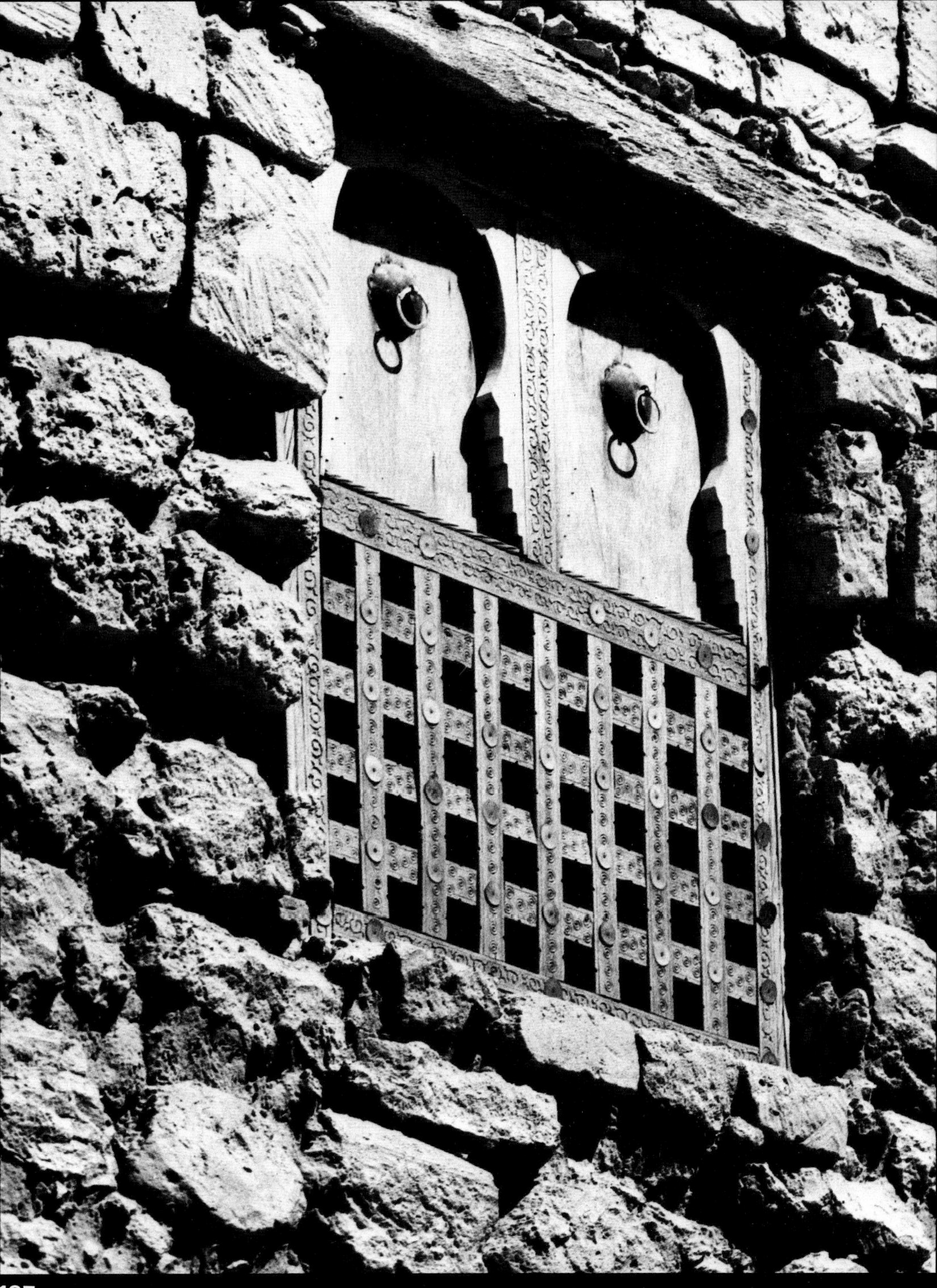

127

130

131

126

La mosquée de Sankoré à Tombouctou, célèbre en tant qu'université et centre de rassemblement des musulmans. Elle fut construite au XIVᵉ siècle par des Beidani (Maures blancs) venus de Oualata, pour être le foyer religieux de Sankoré, le « quartier des Blancs ». D'autres traditions en attribuent la construction au célèbre empereur du Mali Kanga Moussa.

127

A Tombouctou ne subsistent que de rares spécimens de ces fenêtres et de ces portes en bois décorées, de style hispano-mauresque, marques architecturales des empires berbères du Sahara occidental : Mahmoud Pascha — successeur du grand chef militaire marocain Pascha Djouder, qui conquit en 1591 l'Empire songhai — fit arracher portes et fenêtres pour la construction de bateaux afin de pouvoir poursuivre les rebelles sur le Niger.

128

Guerrier targui du Mali, armé d'une épée takuba *et d'une carabine Winchester.*

129

Soliman, un guerrier tenguereguef (Touareg des dunes du fleuve). Les Touareg du Hoggar portent les mêmes écharpes rouges croisées sur la poitrine ; dans le Tassili, ce genre d'écharpe faisait partie des costumes de fête. L'homme est armé d'une lance en fer allar, *d'un sabre et d'un poignard* telok. *Couché devant lui, le chameau mis à ma disposition, pas encore chargé mais équipé d'une selle de course du type* tahiast, *très répandu chez les Touareg occidentaux* (Ullimmidden, Ifoghas).

130

Au marché de Goundam, nomades caravaniers et marchands noirs, ici en contraste « typique », discutent le prix des plaques de sel de Taoudenni.

131

Après le marché de Goundam : les caravaniers touareg, tenant à la main le bâton dont ils fouettent les chameaux, quittent la ville, chargés de ce qu'ils ont acheté.

toute force, grondant à faire vibrer les feuilles, semble-t-il, pour mourir tout aussi soudainement en maintenant toutefois une très faible vibration, une espèce de fond sonore qui doit tenir en haleine la voix tonitruante des anciens jusqu'au prochain appel des tambours. C'est alors que Baga traverse la place d'un saut et que s'enflamme le feu qui avait été préparé. Baga exécute autour du feu d'étranges pas sautillants en double cadence, tout en battant sa propre mesure au son grêle d'une clochette en fer blanc, comme les Touareg des caravanes qui dissipaient le silence de la nuit et la fatigue au moyen d'une double cloche de fer, *kouge.* Les coups de cloche de Baga s'étouffent lentement dans l'obscurité, pour finalement s'éteindre tout à fait. Il va chercher l'oiseau.

Peu après, une silhouette emplumée émerge de l'ombre à grand fracas, comme attirée par le feu, tournoie entre les spectateurs, fait des bonds, se retourne, comme mue par un ressort. Les enfants s'enfuient à son approche, braillant dans la nuit, puis reviennent tout doucement : « L'oiseau ! » Comme il s'était métamorphosé, le pauvre masque : une robe touchant terre complètement bourrée de plumes, un épais manteau de plumes soutenu par la carcasse tressée cachent le danseur, un bec rouge et interminable accroché par-devant et piquant vers le bas ; au ventre de l'oiseau est fixée une poupée rouge de la grosseur du bras qui se dresse et s'agite pendant la danse. Baga conduit l'oiseau vers moi. Il s'approche en sautillant, me saisit à la gorge avec son bec et je recule un peu. Tout le monde rit et les enfants tentent de me rassurer : « Il ne te fera rien ». Peu convaincus eux-mêmes, ils se replient en petits groupes dès que « l'oiseau » approche.

Baga et l'oiseau s'encerclent mutuellement, Baga essaye de le persuader, le conjure : « C'est bien, grand oiseau, que tu sois venu, nous nous réjouissons, grand oiseau, danse, danse ! » Les tambours retenus accélèrent, redoublent d'intensité, incitant l'oiseau à des sauts sauvages, à une danse frénétique. Il tourbillonne tout autour de la place, enveloppé du nuage de poussière qu'il soulève et d'où il pique sur les spectateurs pour, avant même que la poussière se soit déposée, poursuivre sa danse en un autre point de la place. Soudain le roulement du tambour s'apaise, on n'entend plus que quelques coups frappés doucement, lentement. L'oiseau s'écroule, tombe, se roule, rebondit faiblement au sol, jusqu'à ce qu'un nouveau roulement de tambour le relance, lui insuffle une nouvelle vie, le fasse tournoyer entre le cercle obscur des habitants du village et le point lumineux du feu. Mais le grand oiseau n'est pas seul, il est suivi du petit oiseau *sulukuni.* « Pour les enfants. » Une minuscule figure conique, haute d'environ cinquante centimètres, à panache blanc, frétille d'un bout à l'autre de la place dans un costume en plumes. Je m'imagine le gamin qui — aussi fier qu'excité — se cache péniblement dans sa cage de branches et de plumes, imitant la danse du grand oiseau. Il essaie de sautiller, de décrire des cercles, de se balancer au rythme des tambours. On sent l'effort qu'il lui en coûte, il n'a presque pas la place, ne voit à peu près rien, et titube comme un insecte bourdonnant autour du feu, au risque souvent d'être heurté, renversé par le grand oiseau dans sa danse extatique. Pour finir, il quitte la place en vibrant, chancelant, sautillant comme une tortue qui se terminerait légèrement en pointe, et le voici déjà entouré, il disparaît dans la ribambelle d'enfants, dans l'obscurité de la forêt tropicale.

A la danse des oiseaux succède celle des filles et des femmes. Les oiseaux ont disparu. Le visage tourné vers le feu, le corps également courbé, déhanché vers le feu, elles exécutent autour du feu une rotation au rythme des battements du tambour puis virevoltent brusquement à l'unisson, le cordon ainsi formé par toutes les danseuses s'ouvrant vers l'extérieur. Entre le moment où elles se tournent vers le feu et l'ouverture du cercle, les intervalles diminuent. Danse incantatoire d'ombres volant autour des flammes qui projettent leur lueur sur le corps scintillant des femmes. Elles dansent jusqu'à la nuit avancée, jusqu'à ce que je sois trop fatigué pour les regarder, et elles dansent encore quand, étendu dans ma case, je commence à m'assoupir. La fête se poursuit jusqu'au matin, musiciens, danseuses et femmes ont quitté la place, la musique m'a suivi, la fête continue chez Baga, dans la cour. Je rêve que je suis au milieu d'un gigantesque tambour qui, quoique plus sourd, me martèle dans la tête de tous les côtés à la fois ; les rythmes du tambour poursuivent jusqu'à l'aube leur danse autour de la ronde maison de pisé. A tout moment les battements particulièrement percutants du tambour m'arrachent, exténué, à mon demi-sommeil, puis finissent par ne plus me parvenir qu'en sourdine et je m'endors.

Le matin, rassemblement dans la cour. Le père de Baga étend les mains comme s'il tenait un livre. Une calebasse repose à terre devant lui, remplie de boulettes de mil. Les habitants du village dispensent des cadeaux symboliques, du mil et des noix de cola. Une calebasse de mil, une autre de cola sont déposées devant le père de Baga. Puis tous les assistants lèvent les mains comme s'ils tenaient un livre ; le chef du village, le seul à être juché sur un divan, adresse aux boulettes de mil une formule incantatoire, j'entends plusieurs fois le nom de « Fatmata ». Les hommes sont assis à la droite du chef, les femmes à sa gauche ; on a ménagé devant lui un passage, entre deux maisons. C'est par cette trouée qu'arrivent soudain, après l'incantation, trois femmes. Sur un pas de danse solennel, elles s'approchent du chef en chantant, la première femme a le visage peint de raies blanches verticales. La deuxième remet au chef un petit paquet, une couverture bleue dans laquelle l'enfant est enveloppé. « Fatmata. » A présent le nom, tenu secret depuis sept jours par le marabout, peut être prononcé. Chacun des groupes familiaux rassemblés envoie un représentant au chef du village qui lui donne trois boulettes de mil et une noix de cola. L'enfant est ramené à la maison et les femmes servent de grands plats de riz. Cette fête, *denkunabo,* à laquelle il m'a été donné de prendre part, s'achève par un grand repas qu'hommes et femmes prennent séparément.

Hamdallaye, la forteresse des Peul

Du berceau de l'empire du Mali, mon voyage me conduisit, le long du Niger, de la brousse au delta intérieur, au bord du désert. J'étais en même temps sur les traces du passé récent, car c'est dans cette région que s'étaient formés les derniers États précoloniaux du Soudan occidental : l'empire des Bambara de Segou, en état de rivalité constante avec les Peul et les Toucouleur de Macina. Amadou Sekou, fondateur de l'Empire peul de Macina, érigea en 1810, non loin de Djenné, la forteresse de Hamdallaye, pour en faire le centre de son État théocratique.

Hamdallaye signifie : Dieu soit loué ! Au milieu du XIXe siècle, un second empire d'inspiration islamique fut fondé ; du Sénégal, El-Hadj Omar, chef des Toucouleur, un peuple mélangé de Peul, attaqua à l'est, vainquit les Bambara de Segou, conquit en outre l'empire de Macina, puis se fixa à Hamdallaye (en 1861). De là il se dirigea vers le nord pour conquérir Tombouctou, mais fut repoussé par un soulèvement général soutenu par les Kounta, les Touareg et les Peul de Macina. Sa forteresse de Hamdallaye fut assiégée pendant neuf mois. Il se serait fait sauter avec ses derniers partisans ou, selon les griots, il aurait cherché refuge dans une grotte sacrée « Degimbéré », où il a disparu sans laisser de trace. Ses successeurs ont défendu victorieusement l'empire consolidé de Hamdallaye jusqu'à l'arrivée des Français. Hamdallaye et Degimbéré sont aujourd'hui des lieux de pèlerinage ; les Peul fondateurs, Amadou Sekou et après lui les Peul Toucouleur, conquérants sous Hadj Omar, sont également vénérés en tant que champions de l'Islam. Au Mali les Toucouleur s'appellent les « Foutankobé », les gens de Fouta, d'après la région du Sénégal et la Guinée dont ils sont originaires : Fouta Toro et Fouta Djalon sont les pays d'origine des Peul. Hamdallaye est aujourd'hui une cité en ruine, envahie par la brousse ; seul un village proche de la route de Mopti à Bamako est encore habité. Je m'y suis arrêté pour me trouver soudain devant les témoins vivants des puissances du passé : stupéfait et ravi, je reconnus le *tamasheq,* aux premiers mots qu'ils m'adressèrent. Une minuscule enclave targui avait été préservée ici. Les ancêtres des habitants actuels avaient quitté Tombouctou pour poursuivre les troupes de Hadj Omar et s'étaient sédentarisés ici. Ils habitaient maintenant ce petit village avec un groupe peul. Achmed, le chef des Touareg, me fit un accueil sympathique et se proposa d'être mon hôte, m'amena chez le forgeron et chez les autres ; leurs armes étaient appuyées aux murs : lances, épées, poignards.

Achmed est marié à une Noire et travaille dans les rizières ; il possède en outre des chèvres et des vaches mais en confie la garde à un Peul *afuli.* Nous buvons du thé et soupons près du feu. Touareg et Peul forment une communauté originale d'individus qui, extérieurement au moins, sont nettement différenciés. Les Touareg sont vêtus des habituelles gandouras et portent un voile autour du visage ; les Peul sont habillés de tuniques mi-longues taillées dans des textiles grossiers et sont coiffés d'immenses chapeaux coniques. Devant la maison d'Achmed est dressée une petite tente de lin blanche sous laquelle il dort avec sa femme et son fils qui doit avoir deux ans ; il nettoie pour moi une pièce exiguë dans la maison, m'apporte encore une assiette de viande en sauce : « Il ne faut pas le dire aux Peul, dit-il, ils ne font pas de cadeau. » Bien qu'aucune de mes expériences ne me l'ait confirmé, je ne peux m'empêcher de penser que les Peul passent au Mali pour « proverbialement avares ».

Le matin Achmed m'accompagne à la forteresse d'Hamdallaye. Pendant près d'un quart d'heure nous marchons dans une brousse aérée, sur un terrain plat mais étrangement ondulé : levées de terre et descentes envahies de broussailles dessinent un damier sur le sol rouge et caillouteux, accentué par des remblais et des tombes plates, des restes de fondations en maçonnerie. *Hinan,* les maisons, m'explique Achmed, allongeant le bras pour indiquer l'étendue : les restes de la ville d'Hamdallaye « rasés ». A ce moment se dresse dans la brousse brumeuse un mur noir, curieusement intact, la haute enceinte montée en pierres de la forteresse de Hamdallaye. A l'entrée, une enseigne délavée : « Congestion du Cheik Amadou, fondateur de Hamdallaye. »

Achmed prend congé, et je pénètre seul dans la grande cour intérieure rectangulaire, fermée par un mur de pierres brutes d'environ cinq mètres de haut. Quelques créneaux, des restes de crépi, quatre tours carrées attirent mon attention. Les ruines sont médiocres et désintégrées, elles ont paradoxalement un air neuf. On sent qu'Hamdallaye a été bâtie rapidement et détruite peu après : elle n'a pas eu le temps de vieillir. A l'intérieur — entre des buissons et des herbes envahissants, des arbustes desséchés et des tertres — des pans de murs effondrés et proprement entretenus, reliés par des sentiers, les tombes des légendaires héros des Peul : Sekou Ahmadou (1775-1854), Amadou Sekou (1811-1855), Alpha Nouhoun, Tairou, Allaye Sekou, Alpha Bokari, Bobori, Karabenta, et Welore, la « fidèle servante » de Sekou Ahmadou. La tombe d'Amadou Sekou est entourée d'une maison blanche en béton, dont les portes en tôle sont fermées à clef ; les tombes de Welore et du marabout Bobori sont encadrées de pierres : stations de culte, à en juger par les petits tas de pierres disposés tout autour. Au centre du cercle de pierre, un cylindre d'argile rempli de cailloux ; un peu plus loin, sous un arbre, des jattes d'argile et des bassins pour se laver. J'apprends par la suite que les gens des environs se rassemblent à Hamdallaye certains jours saints pour la prière du vendredi.

Des palmiers à moitié desséchés se balancent et craquent au vent, qui envoie des rives du Niger un nuage rougeâtre de poussière ; les trognons gris que sont devenues les palmes brûlées par le soleil pendent et s'entrechoquent avec un léger claquement, les lézards glissent entre les herbes et les débris de toutes sortes, quelques belettes chasseresses soulèvent de minuscules nuages de poussière. Le roucoulement omniprésent d'oiseaux invisibles et le vol de gros bourdons tour à tour se rapprochent et s'éloignent en rafales, au gré du vent. Insignifiante à première vue — à moitié ensevelie dans une nature exubérante —, Hamdallaye est aujourd'hui un décor très évocateur du passé. En voulant jeter un coup d'œil dans le tombeau d'Amadou Sekou par la toute petite fenêtre, je suis pris d'un sursaut de recul ; juste devant moi une paire d'yeux, celle d'un grand gecko immobilisé à l'ombre de la niche de la fenêtre, qui disparaît aussitôt dans l'obscurité avec la prestesse d'un fantôme.

Agadez

Je vais au marché presque tous les jours et j'y observe les gens toujours nouveaux. Puis je me repose sur des bancs un peu bancals, des planches de caisse clouées ensemble, je bois pour « 10 francs » un thé au gingembre servi dans une « tasse », boîte de lait concentré à laquelle on a soudé une anse en fer blanc. Un Targui de grande taille en gandoura bleu ciel passe avec son fils, un sac de mil sur les épaules. Derrière lui, l'enfant porte un régime de dattes de Fachi. Ils chargent leur chameau puis disparaissent de mon champ de vision, cachés par d'autres dans la cohue du marché. Des femmes peul attendent des clients intéressés par leur lait et leur beurre. Elles ont posé à terre leurs grandes calebasses recouvertes d'une assiette de paille et dont le soleil fait briller la blanche décoration, un demi-cercle fermé en dents de scie, sur la face extérieure orange. La portion de lait, mesurée avec une louche taillée elle aussi dans une calebasse plus petite, vaut cinq centimes, *rial.* Voici que j'aperçois de nouveau mon Targui : son chameau s'est relevé en blatérant et il le fait sortir tout doucement de la ville en le tenant par la bride, en direction des montagnes. Des adolescents peul armés de *takuba,* en pagne de cuir, une couverture rayée jetée sur les épaules, se poussent en riant devant un nouveau dépôt, qui date de quelques jours, de vêtements européens usagés, un don arrivé avec du retard. Formant une longue file devant les boutiques des Mauritaniens, les femmes haoussa sont assises, corpulentes, bruyantes, collées au sol derrière leurs caisses, leurs sacs, leurs calebasses. « *Burru, burru !* », crient-elles, « du pain ! » ; elles vendent de la viande séchée, salée, poivrée, pimentée, des légumes, des tomates séchées, des carottes, de la bouillie de fonio, des beignets, des épices, des noix de cola, des melons, des oignons. Mes quelques bribes de tamasheq et de haoussa provoquent des éclats de rire. Je veux savoir le prix du pain, « *Burru manikit ? Delabi* », répondent-elles, 10 centimes, mais après m'avoir donné le pain, elles demandent davantage, « *delaoku* » (15), crient-elles la main tendue vers moi d'un air décidé. Chacun sait que le pain coûte delabi ; quand je m'en vais un peu plus loin, elles éclatent d'un grand fou-rire, de leur plaisanterie et aussi parce qu'il est plutôt rare qu'un *nassara* leur achète quelque chose.

Une musique stridente et des chants haoussa, mêlés aux craquements des disques, m'entraînent à nouveau au stand de friperie. Un tourne-disque est arrivé avec le lot de vêtements, objet de curiosité et de bousculade. La musique résonne d'un bout à l'autre du marché et s'allie à la chaleur, à la poussière, aux senteurs âcres des épices, aux parfums des femmes, à l'odeur de chèvres, de chameaux, du tabac à chiquer, des feux de charbon de bois, du pain frais et à la fumée grasse des déchets de viande qui se carbonisent sur les grils noirs, s'échappant lentement au-dessus des cases du marché.

Un charlatan, qui s'est glissé auprès de moi, me fait sursauter en me soufflant brusquement et très fort, juste contre l'oreille, un son aigu de sa flûte. Provoquant l'hilarité des passants, il va son chemin, il siffle ou crie, bien fort : « *Mageni, mageni !* ». On l'entend encore de loin, alors même qu'il a disparu entre les huttes du marché qui commence à se vider. *Mageni,* propose-t-il, remèdes, amulettes, pouvoir magique, et des rues devenues sombres le voici qui surgit au milieu des groupes s'apprêtant à quitter le marché, il s'impose, affirme, dans l'espoir de vendre encore, à la faveur du soir, à l'heure « où le soleil se drape », comme dit le Coran, un fétiche, une amulette, un remède miracle.

La ville avait complètement changé depuis les mornes mois de la sécheresse, l'atmosphère oppressante de désespoir résigné, de misère publique, liée au fatalisme et au refus orgueilleux d'admettre la réalité, l'activité artificielle de ceux qui ne font que passer, nomades nouvellement arrivés, coopérants, techniciens, « experts », militaires, politiciens et reporters venus inspecter « les éprouvés » comme on les appelait, cette activité avait disparu, et presque tous les nomades étaient repartis. Chaque famille s'était vu allouer quelques chèvres, à titre de nouveau capital de départ. « Ils sont retournés dans la brousse », entendait-on généralement. Le mot selon lequel les nomades ne mendient pas avait perdu sa valeur, encore que beaucoup eussent attendu la dernière extrémité pour se décider à franchir ce pas sur la voie de la lutte pour l'existence. « Seuls les esclaves mendient », disent les Touareg, qui s'efforcent de garder le sens de l'honneur jusqu'au bout. J'ai vu des Imoshar de haut rang mettre en avant leurs anciens esclaves et même se rendre chez un bienfaiteur potentiel en disant : « Regarde, c'est un esclave, un mendiant, il n'a rien à manger. Donne-lui donc quelque chose ! »

132
On ne voit plus que rarement ces boucliers touareg ahrer, *en peau d'antilope. « Que souhaite le noble guerrier ? un chameau blanc, une selle rouge, son épée... » (Foucault,* Poésies touarègues).

133
Délégation d'une tribu de Touareg Tenguereguef se rendant à Tombouctou. Notre chevauchée le long du Niger évoqua pour mes compagnons le souvenir de la domination française, car c'est le long du Niger qu'eurent lieu les premiers affrontements entre des tribus touareg occidentales et les troupes françaises venant du Sénégal. Près de Takoubao, entre Goundam et Tombouctou, ils me montrèrent une colonne commémorative érigée par les Français. C'est ici qu'en 1894 une troupe de choc menée par Bonnier a été vaincue par les Touareg.

134
Prière au bord du Niger : épée, lance et poignard sont pieusement déposés.

135
Touareg à Tegida n'Tessoum, au Niger.

136
L'architecture en banko (pisé) d'Agadez : l'encadrement de la porte est un élément stylistique de l'architecture haoussa. Au premier plan, des rangées de briquettes de glaise en train de sécher, telles qu'on les utilise toujours.

137
La procession des cavaliers du sultan d'Agadez se rend à la prière du cimetière Tanuberi, lors de la fête du Tabaski, à la fin du pèlerinage.

138
Au marché de Tahoua : le sel de Bilma que l'on vient d'acheter sous forme de fochi *et les peaux tannées rouges* filali, *qui servent à confectionner divers objets.*

139
Touareg de l'Aïr au marché d'Agadez.

140
Jeune femme bororo, dans la région de Tahoua, au Niger.

133

134

135

140

Le maintien d'Agadez, d'après Ibn Battuta « la plus grande, la plus belle et la plus solide des villes du Soudan », n'est pas un hasard. Tandis que Tombouctou et Oualata déclinent lentement, que seuls des ruines et les chants des griots rappellent encore la grandeur d'Aoudaghost, de Koumbi Saleh, de Macina et d'Assode, Agadez vit et a su sauvegarder son indépendance en même temps qu'un état sauvage qui déconcerte au milieu de tant de changements. Fêtes, danses et processions à Agadez ne sont pas du folklore ; les « Agadésiens » les vivent pour eux-mêmes, leur musique et leurs chants expriment de manière authentique leurs sentiments et leurs états d'âme. Mais les *Emgedeshi* ne sont pas seuls à marquer de leur empreinte la vie de cette ville, ils ne sont qu'un petit groupe dans la mosaïque des ethnies que leurs « représentants » ont ici rassemblées, par une vie sédentaire ou au cours de pérégrinations : Arabes, Haoussa, Djerma, Kanouri, Songhai, Touareg et Peul, au carrefour de voies commerciales importantes. Entre les Touareg au nord, l'Empire bornou à l'est, les États haoussa au sud, les territoires des Songhai et des seigneurs du Mali à l'ouest, Agadez fut suffisamment forte et importante pour survivre, suffisamment isolée pour ne pas être détruite. Aux yeux d'un conquérant tel qu'Askia Mohammed, la ville ne valait que dans la mesure où elle jouait le rôle de foyer commercial.

« Agadez est la ville des Noirs qui se rapproche le plus des villes des Blancs, si l'on excepte Oualata... Le roi d'Agadez entretient une garde importante et possède un palais au milieu de la ville. Mais son armée est composée d'hommes de la campagne et des déserts. Il est en effet issu de ces peuples de Libye, et parfois ces derniers le chassent et le remplacent par l'un de ses parents. Mais ils ne le tuent pas, et c'est celui qui donne le plus de satisfaction aux gens du désert qui est nommé roi d'Agadez [113]. »

Ces particularités du sultanat d'Agadez, à la limite des Noirs et des Blancs, des nomades et des sédentaires, relevées ici par Léon l'Africain, existent encore aujourd'hui pour l'essentiel. Le sultanat, bien qu'il ait été fondé par les Touareg de l'Aïr, n'est transmissible qu'à des descendants « noirs » choisis parmi les successeurs par les chefs de tribus touareg — les Kel Gress, les Kel Iferouan et les Itesen sont traditionnellement des « faiseurs de rois ». La construction la plus impressionnante, celle qui donne l'image la plus caractéristique de la ville, est la mosquée que l'on aperçoit de très loin, émergeant au-dessus de la masse rouge des maisons cubes. « La route commençait vraiment à s'animer, et mes compagnons de route me montrèrent au loin, non sans une certaine fierté patriotique, la haute Mesalladjeh (le minaret), célébrité d'Agadez », note Barth à son arrivée avec la caravane des Kel Owi de Tintellust.

La construction de la mosquée (XVe siècle), premier acte de fondation de la ville, illustre en même temps la consolidation de l'Islam qui, dans les États « païens » des Haoussa, ne prit définitivement racine qu'au XIXe siècle, avec la « Jihad des Foulani ». La légende de Njib fait encore apparaître des séquelles de conflits confessionnels ; ce saint dont on vénère la tombe (au cimetière de Tanuberi) avait été tué par les esprits : ceux-ci rôdaient sur le minaret et ils étranglèrent l'imam qui voulait entonner la prière. Le premier minaret, érigé par le premier sultan Junus à l'emplacement marqué d'une lance par un esprit, s'effondra parce que, dit la légende, le plus pauvre des travailleurs n'avait pas reçu de gages [114].

Dans certains quartiers, quelques maisons vides tiennent encore debout tant bien que mal. Barth déjà, qui fut le premier Européen à visiter et à décrire Agadez, en 1850, parlait du délabrement de certains quartiers. L'une des causes de cet abandon en était le départ d'un grand nombre de commerçants (après le déclin de l'Empire songhai) pour le Nigeria. Le nombre d'habitants restants, qu'il estimait à 7 000, n'a pour ainsi dire pas varié depuis lors. Autre cause : beaucoup de terres appartenaient et, pour une part, appartiennent toujours aux Touareg et elles ne sont utilisées que passagèrement. Elles servent par exemple de base temporaire lors de la préparation d'une caravane, les maisons servent souvent d'entrepôts, les Touareg préférant dormir en été sous les tentes qu'ils dressent dans la cour.

Mon tour de ville m'avait amené dans l'un des quartiers les plus excentrés ; un marché animé, des hommes se hâtant dans le crépuscule, les lumières et les bruits de la rue principale avaient disparu, absorbés dans le dédale de murs où je déambulais tranquillement. L'obscurité qui s'épaississait rapidement décolorait les murs rougeâtres, les étoffes lumineuses des vêtements, l'azur du ciel et créait un décor uniforme de gris légèrement en camaïeu et virant peu à peu à un noir de plus en plus profond. Les épais murs en pisé, chauffés, fissurés, remplissant les petits recoins des ruelles tortueuses, diffusaient une douce chaleur qui se mêlait à la fumée des feux qui s'allumaient. La nuit est totale à présent. De loin nous parviennent les martèlements sourds du tambour. Je me joins aux silhouettes qui glissent sans bruit, guidées comme moi par l'appel des tambours et suivant avec la certitude de somnambules les obscurs sentiers. Comme nous arrivons en bordure de la ville, les rythmes des tambours, soutenus par des chants et des battements de mains, semblent tout proches et cependant d'innombrables détours de ruelles et de murs nous en séparent encore. Nous pénétrons enfin dans une cour. L'air chaud du soir, qui sent la poussière, s'élève en tourbillons sous les trépignements des danseurs. Je m'assieds discrètement parmi des gens qui observent un groupe de femmes dansant à la lueur vacillante d'un feu, tout juste reconnaissables çà et là à la faveur des rapides éclairs de lampes de poche. Ces femmes chantent et battent des mains au rythme des vibrations sourdes, pesantes et sensuelles des tambours autour d'un podium sur lequel se trouve un lit et, sur ce lit, une femme, assise, exécute une danse. Elle enroule ses bras autour de la tête, comme électrisée par la cadence du tambour, ses bracelets scintillent et cliquètent, son corps semble capter la musique en mouvements saccadés et convulsifs, elle rejette la tête en arrière, sa silhouette se raidit devant le ciel nocturne, elle pousse des cris dans l'obscurité, retombe comme à bout de forces, se cabre puis dresse à nouveau son corps nu, s'affale, gémit, s'effondre enfin sans connaissance dans la fumée du feu qui s'éteint. Du noir des rangs jaillissent des lampes de poche qui toutes convergent sur cette femme, ses yeux sont clos, elle respire violemment. Les danseuses rafraîchissent avec un peu d'eau son corps luisant de sueur, son visage détendu, l'enveloppent d'une couverture et la portent jusque chez elle. Fini le « tam-tam » des « Bouzou », des « sauvages » comme les appelle mon hôte. « Cette femme, m'explique-t-il, est malade à la tête. » Égaré, abasourdi, épuisé, je me glisse à la suite de ceux qui s'en retournent vers la rue principale, pris dans une nuit qu'animent encore les bruits et les résonances indistincts d'autres fêtes, d'autres rassemblements, d'autres danses. Sur la ville un voile de poussière que troue la lumière diffusée par de rares lanternes et par des projecteurs. Sons, pas, appels, cris d'animaux, chants, tambours et flûtes, odeur âcre de la fumée des feux de bois qui s'éteignent. Une ville au repos mais nullement endormie, repliée sur elle-même, que troublent brusquement, de temps à autre, un bruit de moteur vrombissant, les faisceaux lumineux de quelques camions. Monstres surchargés, empoussiérés, brinquebalants, bruyants, d'où descendent silencieusement des silhouettes somnambuliques, gelées, emmitouflées, chargées de couvertures et de paquets, qui disparaissent dans les ruelles. Je suis trop agité pour aller me coucher tout de suite. J'erre dans la ville, sans but. Presque toutes les lumières se sont éteintes, toutefois la porte de « L'ombre du plaisir », un bar sinistre, laisse encore filtrer un rai de lumière et de la musique, des rythmes dévorés de fièvre et de nostalgie, opposant à la danse incantatoire, débordante de vie, qui se déroulait à quelques blocs de maisons de là un contraste d'une violence presque insoutenable. « *She's got it, baby, baby, she's got it.* » Lueur des chandelles, musique assourdissante, atmosphère moite et viciée. Un visage de profil, luminescent et flou, un regard abruti, vitreux : le barman. Une Négresse vêtue d'oripeaux, noir et or, à la façon d'une peau de reptile, buvant à la bouteille une bière Niger, le goulot disparaissant entre ses lèvres charnues, rotant, faisant onduler ses hanches massives et proéminentes au gré de la musique stridente et rythmée d'un électrophone en équilibre sur une caisse, dans un coin. Le barman, « le grand chef », le bras appuyé sur un mur qui coupe la pièce à mi-hauteur, observe son monde d'un air somnolent. A l'unique table de la pièce est assise une putain, une noire plantureuse, une pochette garnie de perles posée devant elle, sur les planches fissurées de la table. « Salut monsieur. » Surgi de l'obscurité, un Noir s'est assis à côté de moi. Il ricane, fume, attend, me jauge. « Elle vous plaît pas, la femme ? », murmure-t-il sans vraiment me regarder et sans remuer les lèvres.

Je me tais, bois ma bière, assoiffé, couvert de sueur et de poussière, fatigué. J'entends et sens encore vibrer en moi les coups de tambour, je vois encore la danseuse se cabrer dans une pose extatique, dans l'obscure cour aux portes d'Agadez, et je ressens en même temps la séduction malsaine de cet étrange bar, qui doit être à la fois africain et européen. Image pitoyable de l'univers scintillant des villes d'Afrique noire, garni de kitsch occidental-européen, et néanmoins animé, réchauffé par une vitalité, des couleurs, une musique bouillonnante, par une insouciance libératrice qui rend supportables les contrastes les plus criants. « L'ombre du plaisir » fermera bientôt ses portes à son tour, le barman s'est étendu en travers du comptoir et, dans un demi-sommeil, observe les derniers clients. Je paye ma bière et sors dans l'air rafraîchi de la nuit ; la brise se lève, plaque sur ma peau ma chemise trempée de sueur, je suis la rue principale en frissonnant, passe devant les lumières des « tabliers » qui proposent encore à la lueur de leurs lampes à pétrole bonbons, beignets, cigarettes, chewing-gum, noix de cola, dattes, biscuits, stylos à bille, allumettes et cacahuètes. Je longe les boutiques fermées des marchands arabes, me rappelle le sympathique Cheikh Achmed, un marchand de Trarza qui m'avait vendu des dattes à meilleur prix parce que je lui avais parlé de son pays, de la caravane de Chinguetti. A la maison, Achmed, mon hôte, m'attend. Toute la famille est encore éberluée, excitée et affairée. Aischa elle-même, la vieille mère toute courbée, traverse rapidement la cour avec une lampe à pétrole. Salema, la femme d'Achmed, vient de mettre son enfant au monde. Il dort dans un berceau accroché aux montants du toit, comme un hamac, le visage encore maculé de sang. « Une fille », dit Achmed. La mère, relevée sur le lit, entourée de femmes assises, comme la danseuse « possédée », se voit proposer plusieurs plats de nourriture. On a également déposé à côté de mon lit une calebasse pleine de bouillie de mil et un verre d'eau.

Ce voyage, qui maintenant touche à sa fin, a été à la fois bien long et très court. Vagabond depuis des mois, je sillonne le Sahara et le Sahel, vivant avec des hommes chaque jour différents, dans des villes et des maisons étrangères, à des tables étrangères. J'ai voyagé en voiture, à dos d'âne et de chameau, par avion et par le train, à pied et à bord des navires du Niger. Un film polychrome d'images et d'expériences magnifiques, harmonieuses autant qu'effrayantes et bouleversantes. Comme je me suis habitué à me retrouver partout, à ne pas me sentir dépaysé ! Ne me suis-je pas trop habitué aux contacts fugitifs et hasardeux, à les considérer comme des événements sans importance ? Mais n'est-ce pas la seule manière de prendre conscience de la diversité des formes de vie existantes, de découvrir ce qu'elles ont de commun et de pouvoir aussi relativiser, à la lumière de mon être propre, et me défaire de ma vision ethnocentrique d'Européen ? Une fois de plus, il fallait quitter Agadez, une fois de plus un voyage dans le désert s'achevait. Après de si longs mois de pérégrinations le grand départ ne me pesait pas outre mesure. Ne savais-je pas que je reviendrais bientôt ? Le plus pénible était cette conscience de plus en plus nette à chaque voyage, de la destruction opérée en Afrique par la civilisation technique, qu'aucune mesure adéquate ne compense. Tandis que je m'efforçais de connaître la vie de ces hommes, de m'y attacher et de la décrire, d'autres employaient toute leur énergie à la détruire. Je n'ai pas eu à chercher longtemps des traces des émissaires du progrès. Pourtant, tandis que la plupart des ethnies sédentaires se livraient ou ont été livrées au système importé, les nomades tentent toujours d'échapper à la marée étrangère. Pour combien de temps encore ? Beaucoup ont conscience de la fragilité de leur existence, des conséquences de ces changements pour leur civilisation et leur mode de vie. Ce mot d'un Targui d'Agadez est vrai pour un grand nombre d'entre eux. Interrogé sur les conséquences du progrès, il s'est contenté de répondre : « Sédentarisé — transformé — foutu ! »

Monod, le grand expert du Sahara, résume admirablement la situation [115] : « Il n'est pas question de nier que certaines améliorations techniques peuvent être accordées à la dure existence du nomade et de ses troupeaux ; mais c'est aux intéressés eux-mêmes, et à eux seuls, d'en décider. Si le guerrier targui estime devoir troquer ses robes contre un bleu de chauffe et son voile de tête contre une casquette américaine, libre à lui. Mais a-t-on le droit de lui imposer, directement ou non, pareille métamorphose ? »

ANNEXES

Index

Numéro de la note dans le texte	Auteur	Numéro dans la biblio-graphie	Page(s) de l'ouvrage cité
1	Reichhold, W.	107	66
2	N'Diaye Bokar	97	38
3	Lhote, H.	86	352
4	Bovill, E.W.	19	93
5	Reichhold, W.	107	19
6	Cortade, J.M.	29	
7	Nicolaisen, J.	99	219
8	Hanoteau, A.	70	XVII, 175
9	Duveyrier, H.	37	376
10	Lhote, H.	86	130
11	Nicolaisen, J.	99	402
12	Hanoteau, A.	70	213, 215
13	Dupire, M.	36	85
14	Nicolaisen, J.	99	402
15	Barth, H.	4, vol. I	318
16	Schiffers, H.	118 b	40
17	Capot-Rey (d'après)	19	251
18	Chudeau, R.	25	
19	Clauzel, J.	26	89
20	Schiffers, H.	118 b	368
21	Fuchs, P.	45 c	8
		43	314
22	Nicolaisen, J.	99	212
23	Fuchs, P.	44	16
24	Bosse, H.	17	
25	Ganou, F.	92	
26	Hanoteau, A	70	265
27	Fuchs, P.	44	140
28	Schiffers, H.	118 b	40
29	Geneviève, J.	61	1111
30	Heinrichs, H.J.	71	
31	Godard (d'après)	118 b	371
32	Spittler, G.	125	44
33	Fuchs, P.	43	315
34	Clauzel, J.	26	116
35	Gardi, R.	56	43
36	Grandin, cap.	66	501
37	Grandin, cap.	66	503
38	Dieterlen, G.	67 a	XIII
39	Duveyrier, H.	37	271
40	Brulard, M.	21	206, 208
41	Barth, H.	4, vol. II	141, 142
42	Bernus, S.	12	167
43	Khaldoun, Ibn	76	347
44	Fuchs, P.	45 c	4
45	Séré de Rivières, E.	122	232
46	Grandin, cap.	66	497
47	Bovill, E.W.	19	82
48	Baumann, H.	8	
49	Bernus, E. et S.	10	8
50	Bernus, E.	11 b	207
51	Bernus, E. et S.	10	103
52	Bernus, E. et S.	10	15
53	Bernus, S.	12	159
54	Bernus, E. et S.	10	107
55	Bernus, E. et S.	10	18
56	Lambert	78 a	371
57	Bernus, E. et S.	10	88
58	Bernus, E. et S.	10	55
59	Brulard, M.	21	212
60	Bernus, E. et S.	10	62
61	Lhote, H.	86	129
62	Blanguernon, C.	15	76
63	Regnier, J.	106	236
64	Lhote, H.	86	23
65	Regnier, J.	106	258, 260
66	Lhote, H.	86	14, 263
67	Regnier, J.	106	241
68	Lhote, H.	86	386
69	Quezel, P. *(in)*	118 a	446
70	Duerr, H.P	34	97
71	Lhote, H.	86	386
72	Lhote, H.	86	387
73	Cornelius, C.D. *(in)*	118 b	630
74	Duveyrier, H.	37	275
75	Camus, A.	22	44

Numéro de la note dans le texte	Auteur	Numéro dans la biblio-graphie	Page(s) de l'ouvrage cité
76	Bovill, E.W.	19	160
77	Bovill, E.W.	19	161
78	Sadi, Es A.	113	180
79	Bovill, E.W.	19	170
80	Bovill, E.W.	19	171
81	Sadi, Es A.	113	174
82	Clauzel, J.	26	94
83	Clauzel, J.	26	107
84	Clauzel, J.	26	111
85	Clauzel, J.	26	92
86	Genevière, J.	61	1120
87	Genevière, J.	61	1125-1127
88	Genevière, J.	61	1124
89	Genevière, J.	61	1126
90	Brosset, cap.	20	259
91	Hirschberg, W.	73	325
92	Clauzel, J.	26	118
93	Dapper, O. (d'après)	134	51
94	Weis, H. *(in)*	114	106
95	Lasky, M.J.	79	29
96	Monod, Th. *(in)*	118	46
97	Oliver/Fage	101	89
98	Brulard, M.	21	209
99	Yaqut (d'après)	19	82
100	Cohen, A.	27	22
101	Völger, G.	133	57
102	Smith, M. G. *(in)*	124	98
103	Duveyrier, H.	37	258
104	Bovill, E.W.	19	145
105	Monod, Th. *(in)*	118 c	61
106	Brulard, M.	21	206
107	Dupire, M.	36	78
108	Völger, G.	133	21
109	Gabus, J.	52	94
110	Camus, A.	23	93
111	Gabus, J.	52	8
112	Massa M., Diabaté	91	
113	Leo Africanus (d'après)	12	159
114	Séré de Rivières, E.	122	185
115	Monod, Th.	94	

Bibliographie

1. *Africa.*
« The End of the Nomadic Era », n° 73, sept. 1977.

2. Balandier, G.
Anthropologie politique, P.U.F., Paris, 1967.

3. Barth, H.
Im Sattel durch Nord- und Zentralafrika, F.A. Brockhaus, Wiesbaden, 1967.

4. Barth, H.
Reisen und Entdeckungen im Nord- und Zentralafrika, 5 vol., Gotha, 1857-1858.

5. Baumann, H., Thurnwald, R., Westermann, D.
Völkerkunde von Afrika, Essener Verlagsanstalt, 1940.

6. Baumann, H.
Afrikanische Plastik und sakrales Königtum, Munich, 1969.

7. Baumann, H.
Afrikanisches Kunstgewerbe, Berlin, 1929.

8. Baumann, H.
Die ethnologische Beurteilung einer vorgeschichtlichen Keramik in Mittelafrika, 1964.

9. Bernus, E.
« L'évolution des relations de dépendance depuis la période précoloniale jusqu'à nos jours chez les Iullemmeden Kel Dinnik », *Revue de l'Occident musulman et de la Méditerranée,* n° 21, Aix-en-Provence, 1976.

10. Bernus, E., Bernus, S.
Du sel et des dattes, Centre nigérien de recherches en sciences humaines, Niamey, 1972.

11. Bernus, E.
a/ « Le sel du désert », revue *Atlas,* n° 88, Paris, 1973.
b/ « Les tactiques des éleveurs face à la sécheresse : le cas du sud-ouest de l'Air. Niger » in *Stratégies pastorale et agricole des Sahéliens durant la sécheresse 1969-1974,* CEGET, n° 30, C.N.R.S., Bordeaux, 1976.

12. Bernus, S.
Henri Barth chez les Touareg de l'Air, juillet-décembre 1850, Centre nigérien de recherches en sciences humaines, Niamey, 1972.

13. Beuchelt, E., Ziehr, W.
Schwarze Königreiche, Francfort, 1979.

14. Birket-Smith, K.
« Die Tuareg » in *Ferne Völker,* Zurich, 1958.

15. Blanguernon, C.
Le Hoggar, Arthaud, Paris, 1973.

16. Bonté, P.
« Structure de classe et structures sociales chez les Kel

Gress », *Revue de l'Occident musulman et de la Méditerranée,* n° 21, Aix-en-Provence, 1976.

17. Bosse, H.
Diebe, Lügner, Faulenzer, Syndikat, Francfort, 1979.

18. Boulanger, R.
Maroc, Hachette, Paris, 1966.

19. Bovill, E.W.
The Golden Trade of the Moors, Londres, 1968.

20. Brosset, capitaine.
La Saline d'Idjil, 1933. Bull. Comité afr.-fr., XLIII, n° 11.

21. Brulard, M.
« Aperçu sur le commerce caravanier Tripolitaine - Ghat - Niger vers la fin du XIXe siècle », *Bulletin des liaisons sahariennes,* n° 31, 1958.

22. Camus, A.
L'Exil et le Royaume, Gallimard, Paris, 1957.

23. Camus. A.
L'Hôte, dans *l'Exil et le Royaume, op. cit.* (22).

24. Cauvet, C.
Les Origines caucasiennes des Touareg, Alger, 1925. Bulletin de la Société de géographie d'Alger et d'Afrique du Nord.

25. Chudeau, R.
Le Sahara soudanais, Paris, 1909.

26. Clauzel, J.
L'Exploitation des salines de Taoudenni, Alger, 1960. Monographies régionales n° 3, Institut de recherches sahariennes, Alger, 1960.

27. Cohen, A.
« Politics of the Kola Trade », in *Africa,* n° 36, Londres, 1966.

28. Cornelius, C.D.
Die Wissenschaft von der Sahara, in H. Schiffers (118 b).

29. Cortade, J.M.
Lexique français-touareg, Arts et métiers graphiques, Paris, 1967.

30. Decraene, Ph.
« Une arme politique contre les Touareg du Mali », *Le Monde,* 6-2-1974.

31. Dostert, E., Todd Post, E.
Africa 1966, Washington D.C., États-Unis.

32. Dostert, E., Todd Post, E.
Africa 1974, Washington D.C., États-Unis.

33. Duchemin, G.J.
A propos des décorations murales des habitations de Oualata, IFAN, t. XII, n° 4, Dakar, 1950.

34. Duerr, H.P.
Traumzeit. Über die Grenze zwischen Wildnis und Zivilisation, Syndikat, Francfort, 1978.

35. Dupire, M.
Peuls nomades, Travaux et mémoires de l'Institut d'ethnologie, Paris, 1962.

36. Dupire, M.
Les Facteurs humains de l'économie pastorale, Centre nigérien de recherches en sciences humaines, Niamey, 1972.

37. Duveyrier, H.
Les Touareg du Nord, Paris, 1864.

38. Englebert, V.
« I joined a Tuareg Salt Caravan », *National Geographic magazine,* vol. 128, n° 5, nov. 1965.

39. Evans-Pritchard, E.E.
Theorien über primitive Religionen, Francfort, 1968.

40. Feiland, R.
Marokko, Bonn, 1962.

41. Fuchs, P.
Das Antlitz der Afrikanerin, Stuttgart, 1966.

42. Fuchs, P.
« Metallurgie der Naturvölker », in *Naturvölker in unserer Zeit,* Stuttgart, 1971.

43. Fuchs, P.
« Sozio-Ökonomische Aspeckte der Dürrekatastrophe für die Sahara-Bevölkerung von Niger » in *Afrika Spectrum,* Hambourg.

44. Fuchs, P.
Sudan, Vienne et Munich, 1977.

45. Fuchs, P.
a/ *Kanuri (Zentralsahara, Oase Fachi). Anlegen und Bewässern eines Gartens,* Film E 2464 des I.W.F., Göttingen, 1978. b/ *Kanuri (Zentralsahara, Oase Fachi). Salzgewinnung,* Film E 2465 des I.W.F., Göttingen, 1978. c/ *Kanuri (Zentralsahara, Oase Fachi). Traditionneller Handel,* Film E 2466 des I.W.F., Göttingen, 1978.

46. Fuchs, P.
Sahara und Sahel, in *Die Völker Afrikas und ihre traditionellen Kulturen,* Studien zur Kulturkunde, 35 vol., Verlag Franz Steiner, Wiesbaden, 1979.

47. Gabriel, A.
Das Bild der Wüste, Vienne, 1958.

48. Gabus, J.
Die drei Gesichter Afrikas, Verlag Otto Walter, Olten, 1949.

49. Gabus, J.
Völker der Wüste. Leben, Sitten und Handwerk der Saharastämme, Verlag Otto Walter, Olten et Fribourg-en-Brisgau.

50. Gabus, J.
Kunst der Wüste. Formen, Zeichen und Ornamente im Kunsthandwerk der Saharavölker, Verlag Otto Walter, Olten et Fribourg-en-Brisgau, 1959.

51. Gabus, J.
Les Touareg. Musée d'ethnographie, Neuchâtel, 1977.

52. Gabus, J.
Oualata et Gueïmaré des Nemadi, musée d'Ethnographie, Neuchâtel.

53. Gabus, J.
Musique et Sociétés, musée d'Ethnographie, Neuchâtel, 1977.

54. Gardi, R.
Cram Cram. Erlebnisse rund um die Airberge in der südlichen Sahara, Stuttgart, 1973.

55. Gardi, R.
Unter afrikanischen Handwerken. Begegnungen und Erlebnisse in Westafrika, Graz, 1974.

56. Gardi, R.
Sahara. Monographie einer grossen Wüste, Munich, Berne, Vienne, 1975.

57. Gardi, R.
Weisheiten und Narrheiten, Benteli Verlag, Berne, 1975.

58. Gardi, R.
Tenere, Benteli Verlag, Berne, 1978.

59. Gaudio, A.
Les Civilisations du Sahara, Marabout.

60. Gautier, E.F.
Le Sahara, Payot, Paris, 1928.

61. Genevière, J.
Les Kountas et leurs activités commerciales, IFAN, t. XII, n° 4, pp. 1111-1127, Dakar, 1950.

62. George, U.
In den Wüsten dieser Erde, Hoffman & Campe, Hambourg, 1976.

63. Gerville-Réache, L. et Mathieu, J.R.
L'Enfer du sel, Paris, 1932.

64. Gersi, D.
La Dernière Grande Aventure des Touareg, Laffont, Paris, 1972.

65. Gouletquer, P. et Kleinmann, D.
« Structure sociale et commerce du sel dans l'économie touarègue », *Revue de l'Occident musulman et de la Méditerranée,* nº 21, Aix-en-Provence, 1976.

66. Grandin, capitaine.
Notes sur l'industrie et le commerce du sel au Kawar et en Agram, IFAN, t. XIII, nº 2, avril 1951.

67. Griaule, M.
a) *Conservsations with Ogotemmêli.* Oxford University Press, Ely House, Londres W.I., 1965. Préf. de G. Dieterlen.
b) *Dieu d'eau. Entretiens avec Ogotemmêli.*
Le Renard pâle (par G. Diecterlen). Institut d'ethnologie, Paris, 1966.

68. Guillaume, H.
Les Nomades interrompus, Centre nigérien de recherches en sciences humaines, Niamey, 1974.

69. Hampate Ba, A.
Aspects de la civilisation africaine, Présence africaine, Paris, 1972.

70. Hanoteau, A.
Essai de grammaire de la langue tamacheq, Alger, 1896.

71. Heinrichs, H.J.
Bericht einer Reise durch Westafrika, *Basler Zeitung,* 1974.

72. Helfritz, H.
Marokko. Berberburgen und Königsstädte des Islam, Cologne, 1970.

73. Hirschberg, W.
Die Kulturen Afrikas, Francfort, 1974.

74. Hoffmann-Burchardi, H.
Kasbahs und Berber im Atlas Marokkos, Atlantis, Zurich, 1963.

75. Hugot, H.J., Bruggmann, M.
Zehntausend Jahre Sahara, Lucerne, 1976.

76. Khaldoun, Ibn.
Histoire des Berbères et des dynasties musulmanes de l'Afrique septentrionale, Paul Geuthner, Paris, 1968-1969.

77. Köhler, A.
Verfassung, soziale Gliederung, Recht und Wirtschaft der Tuareg, Gotha, 1904.

78. Krüger, Ch. (éditeur).
Sahara, avec la collaboration de A. Gabriel, P. Fuchs, Th. Monod, M. Kassas, Vienne et Munich, 1967.

78a. Lambert, R.
Les Salines de Téguidda-n' Tessoum, Bull. du Comité historique et scientifique de l'A.O.F., nºs 2 et 3, 1935.

79. Lasky, M.J.
Afrikanisches Notizbuch, Fischer-Bücherei, Francfort, 1962.

80. Laude, J.
Les Arts de l'Afrique noire, Paris, 1966.

81. Leclerc, G.
Anthropologie und Kolonialismus, Munich, 1973.

82. Lévi-Strauss, C.
Anthropologie structurale, Plon, Paris, 1958.

83. Lévi-Strauss, C.
La Pensée sauvage, Plon, Paris, 1962.

84. Leiris, M.
L'Œil de l'ethnographe, Paris.

85. Lhote, H.
Aux prises avec le Sahara, Les Œuvres françaises, Paris, 1936.

86. Lhote, H.
Les Touareg du Hoggar, Payot, Paris, 1955.

87. Lhote, H.
Les Gravures du nord-ouest de l'Aïr, Arts et métiers graphiques, Paris, 1972.

88. Lhote, H.
A la découverte des fresques du Tassili, Arthaud, Paris, 1973.

89. Lhote, H.
Vers d'autres Tassilis, Arthaud, Paris, 1976.

90. Maquet, J.
Les Civilisations noires, Marabout, Paris, 1962.

91. Massa Makan Diabaté
« Oral Tradition and Mali Litterature », in *The Republic of Mali,* Paris, 1969.

92. *Mission économique et pastorale.*
Étude démographique et économique en milieu nomade, par F. Ganou et J. Ribet, République du Niger, 1963. Ministère de la Coopération.

93. Monod, Th. et Toupet, Ch.
Die westliche Sahara, in Schiffers : *Sahara und ihre Randgebiete* (118), vol. 3, Munich, 1973.

94. Monod, Th., Jaffre, J. et Durou, J.M.
Les Caravanes de sel, Denoël, Paris, 1978.

95. Monod, Th.
« Der Maden Ijafen. Ein Karawanendepot aus dem XII. Jahrhundert », in *Sahara,* Cologne, 1978.

96. Monteil, Ch.
Les Bambara du Ségou et Kaarta, Paris, 1924.

97. N'Diaye, Bokar
Groupes ethniques au Mali, Bamako, 1970.

98. Niane, D.T.
Le Soudan occidental au temps des grands empires, Paris, 1975.

99. Nicolaisen, J.
Ecology and Culture of the Pastoral Tuareg, Copenhague, 1963.

100. Nicolas, F.
Tamesna. Les Ioullemmeden de l'est ou Touareg « Kel Dinnik », Paris, 1950.

101. Oliver, R. et Fage, J.D.
A Short History of Africa, Penguin African Library, 1969.

102. Poncet, Y.
Cartes ethno-démographiques du Niger, Centre nigérien de recherches en sciences humaines, Niamey, 1973.

103. Pottier, R.
Histoire du Sahara, Paris, 1947.

104. Quezel, P.
« Flora und Vegetation der Sahara », in H. Schiffers : *Die Sahara und ihre Randgebiete,* vol. 1, Munich, 1971.

105. Questiaux, J.
Quelques Aspects de l'économie salinière dans les territoires d'Afrique nord-occidentale et centrale, Alger, 1957.

106. Regnier, J.
Les Salines de l'Amadror et le Trafic caravanier, Bulletin des liaisons sahariennes, nº 43, 1961.

107. Reichhold, W.
Islamische Republik Mauretanien, Bonn, 1964.

108. Richter, L.
Islands of the Sahara, Leipzig, 1960.

109. Ritter, H.
Zieh doch weiter mit uns bis Maradi, G. Westermann Verlag, 1974.

110. Ritter, H.
Jeder Stamm aus einem anderen Land. Jeder für sich und Gott gegen alle, Hambourg, 1975.

111. Ritter, H.
« Mit der Salzkarawane unterwegs » in *Wo die Welt noch wild ist,* édité par Max Schäfer, Wurzbourg, 1976.

112. Ritter, H.
Agadez : Stadt am Ufer der Wüste, Westermanns Monatshefte 11, 1979.

113. Sadi, Es, Abderrahman ben Abdallah ben Imran ben Amir
Tarikh Es-Soudan, Maisonneuve, Paris, 1964.

114. *Sahara*
Catalogue d'une exposition au Rautenstrauch - Joest - Museum, Cologne, 1978.

115. *Sahara*
de B. Vaes, G. del Marmol, A. d'Otreppe, « Les Guides bleus », Hachette, Paris, 1977.

116. Salifou, A.
Kaoussan ou la Révolte senoussiste, Centre nigérien de recher ches en sciences humaines, Niamey, 1973.

117. Schiffers, H.
Nomaden im schwarzen Land. Die letzte Karawane, Düsseldorf, 1968.

118. Schiffers, H.
Die Sahara und ihre Randgebiete, 3 vol. a/ *Physiogeographie* (1971) ; b/ *Humangeographie* (1972) ; c/ *Regionalgeographie* (1973), Weltforum Verlag, Munich.

119. Schiffers, H.
Nach der Dürre, Weltforum Verlag, Munich, 1976.

120. Schweeger-Hefel, A.
Der afrikanische Gelbguss und seine Beziehungen zu den Mittelmeerländern, Wiener Beiträge zur Kulturgeschichte und Linguistik, 5, 1943.

121. Senghaas, D. (éditeur)
Imperialismus und strukturelle Gewalt, Suhrkamp, Francfort, 1972.

122. Séré de Rivières, E.
Histoire du Niger, Berger-Levrault, Paris, 1965.

123. Skinner, E.
The Mossi of the Upper Volta, Stanford, 1964.

124. Smith, M.G.
A Hausa Kingdom : Maradi under Dan Baskore, 1854-1875, in *African Kingdoms in the 19th Century,* Londres, 1967.

125. Spittler, G.
Sozio-Ökonomische Studie über Iférouane und Timia, Université de Fribourg-en-Brisgau, 1976.

126. Straube, H.
Pastoral and Nomadic People, in *Essays in Ethnology,* Bombay, 1969.

127. Strelocke, H.
Algerien. Cologne, 1974.

128. *Tamasheq (grammaire)*
Initiation à la langue des Touareg de l'Air, Agadez, 1968.

129. *Tamasheq (lexique)*
Organisation des Nations unies pour l'éducation, la science et la culture, Niamey, 1969.

130. Traore, S., El Hadj
A l'écoute des anciens du village, Bamako, 1972.

131. Urvoy, Y.
L'Art dans le territoire du Niger, IFAN, 1955.

132. Vergnaud, F.
Sahara, Éditions du Seuil, Paris, 1959.

133. Völger, G.
Markt in der Sahel, Catalogue d'exposition du Deutsches Ledermuseum, Offenbach-sur-le-Main.

134. Westermann, D.
Geschichte Afrikas, Greven-Verlag, Cologne, 1952.

135. Wrage, W.
Jenseits des Atlas, Verlag Neumann-Neudamm, Melsungen, 1971.

136. Wrage, W.
Frühlingsfahrt in der Sahara, Verlag Neumann-Neudamm, Melsungen, 1972.

137. Wrage, W.
Die Strasse der Kasbahs, Verlag Neumann-Neudamm, Melsungen.

138. Zahan, D.
The Mossi Kingdoms, in *West African Kingdoms in the 19th Century,* Londres, 1967.

Je dédie ce livre avec gratitude à tous les amis et à toutes les institutions qui m'ont soutenu et en particulier aux Africains dont l'hospitalité m'a permis de réaliser ces voyages. Les photos ont été prises entre 1968 et 1979, dont un tiers avec du matériel 24 x 36 (appareils Zeiss, Icarex, Minolta, Nikkormat), le reste avec un Mamiya M 645 (4,5 x 6). La photo 92 est de W. Hirschmann, Treuchtlingen, la photo 93 de P. Boehm, Munich, que je remercie tous deux de leur aide.

Les illustrations du texte sont tirées du livre de Jean Gabus Au Sahara, arts et symboles, *paru aux éditions de La Baconnière, S.A., Boudry.*

Alger
Oran
Tlemcen
Tanger
Meknès
Fès
Rabat
Maroc
Atlas
Laghouat
Touggou
Ghardaia
Marrakech
Atlas
Rissani
Sidjilmessa
Béchar
Algérie
Agadir
Taroudant
Zagora
El Goléa
Tafilalet
Timimoun
Goulimine
vallée du Draa
Tindouf
Seguia el Amra
Adrar
Touat
Aoulef
In Salah
Temassinine
El Aioun
Smara
Akabli
Tidikelt
Amadror
Erg Chech
Zemmour
Bir Moghrein
Hoggar
Villa Cisneros
Ouallen
Terhazza
Rio de Oro
Idjil
Zouerate
Taoudenni
Tamanrasset
El Guettara
Chinguetti
Amrennan
Timmissao
Atar
Ouadane
Tessalit
Mauritanie
Bir Ounan
Mali
Laouni
Akjoujt
Mabrouk
Adrar
Bou Djebeha
Adrar des Ifoghas
In Guezzam
Tichit
Nouakchott
Tidjikdja
Arawan
Kidal
In Abangharit
Aoudaghost
Tademekka
Tamchakett
Oualata
Bourem
Tombouctou
Kiffa
Timbedra
Nema
Sénégal
Aïoun El Atrouss
Goundam
Gao
Koumbi Saleh
Menaka
Nioro du Sahel
Dakar
Sénégal
Douentza
Tahoua
Kaolack
Macina
Mopti
Filingue
Bouza
Gambie
Kayes
Djenné
Hamdallaye
Ouahigouya
Dori
Niamey
Segou
Bamako
Ouagadougou
Kaya
Sokoto
Guinée Bissau
Kangaba
Fada n'Gourma
Guinée
Haute-Volta
Niani
Fouta Djalon
Dahomey
Ghana
Niger
Sierra Leone
Côte-d'Ivoire
Togo

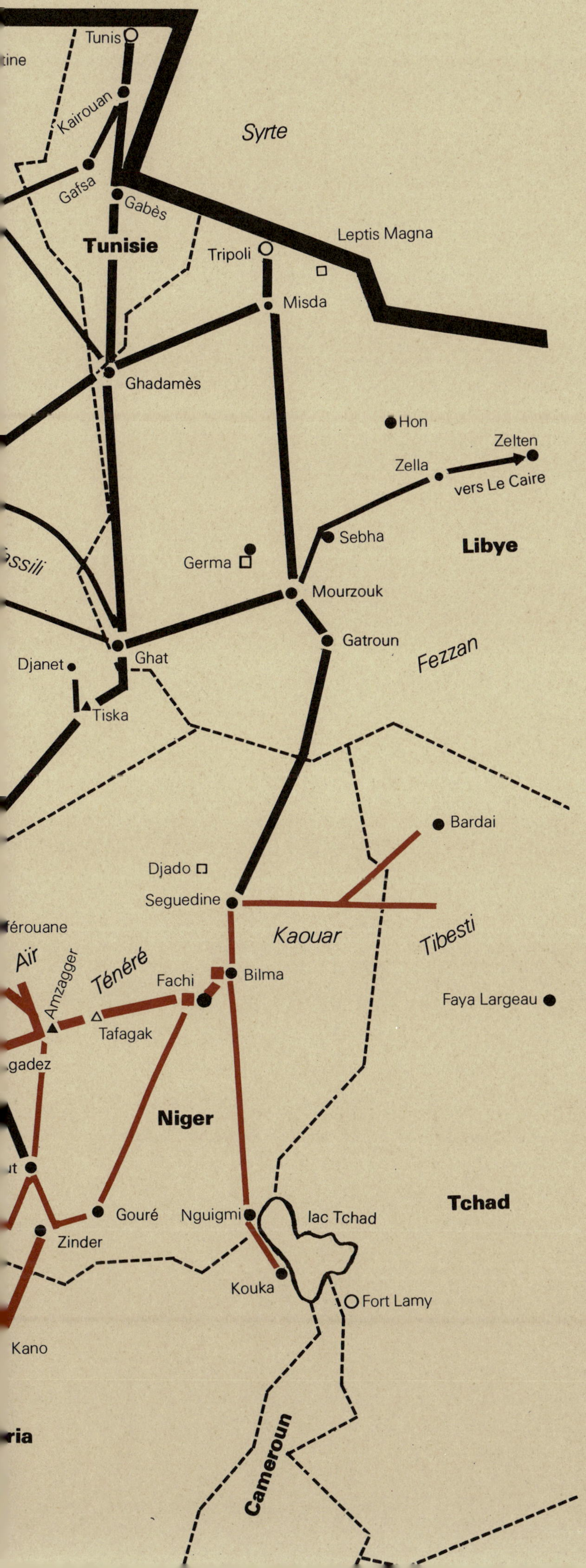

saline
saline désaffectée
points d'eau importants
montagnes importantes
villes et oasis
centres importants
capitales actuelles
villes en ruines
anciennes capitales en ruines
routes du sel de première importance
routes du sel secondaires
grandes voies commerciales transsahariennes
voies commerciales transsahariennes secondaires

(voir autres cartes au verso)

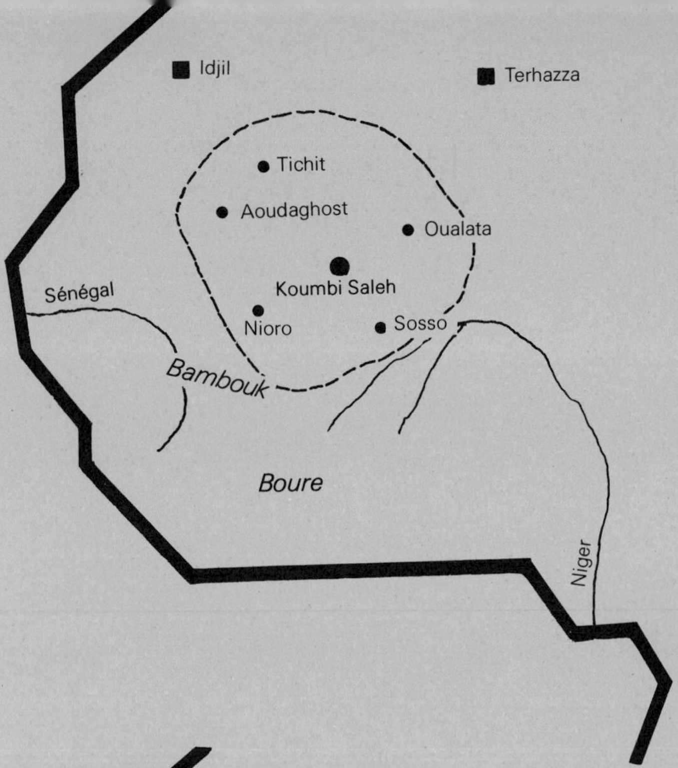

L'empire du Ghana au XIe siècle
Koumbi Saleh : capitale de l'ancien Ghana (Wagadou)

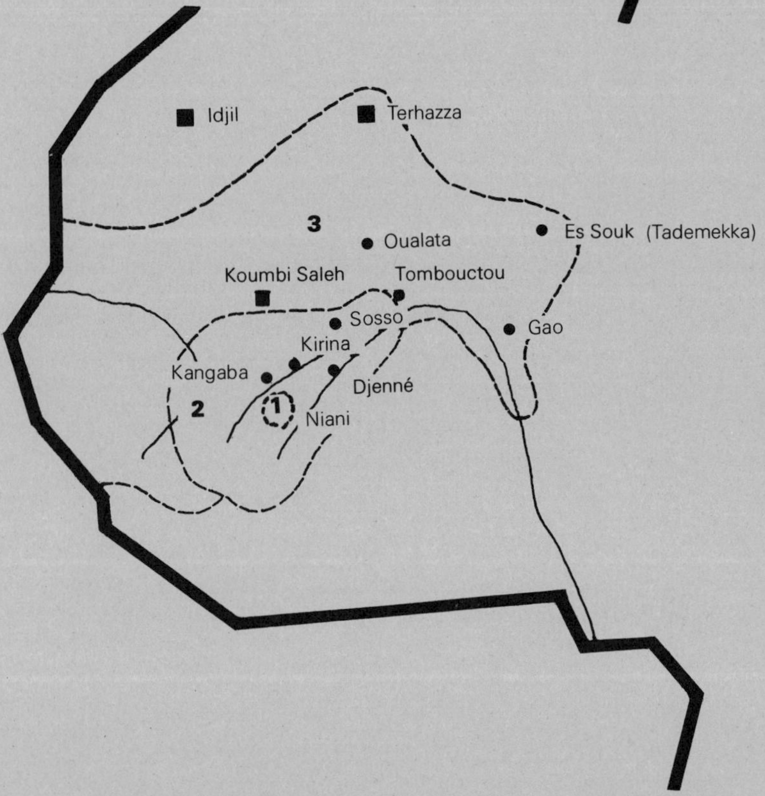

L'empire du Mali aux XIIIe et XIVe siècles

1. La province du Manding, patrie de Soundiata, fondateur de l'empire. Niani : capitale du Mali
2. Le cœur de l'empire du Mali
3. Expansion maximale de l'empire malien sous Mansa Moussa

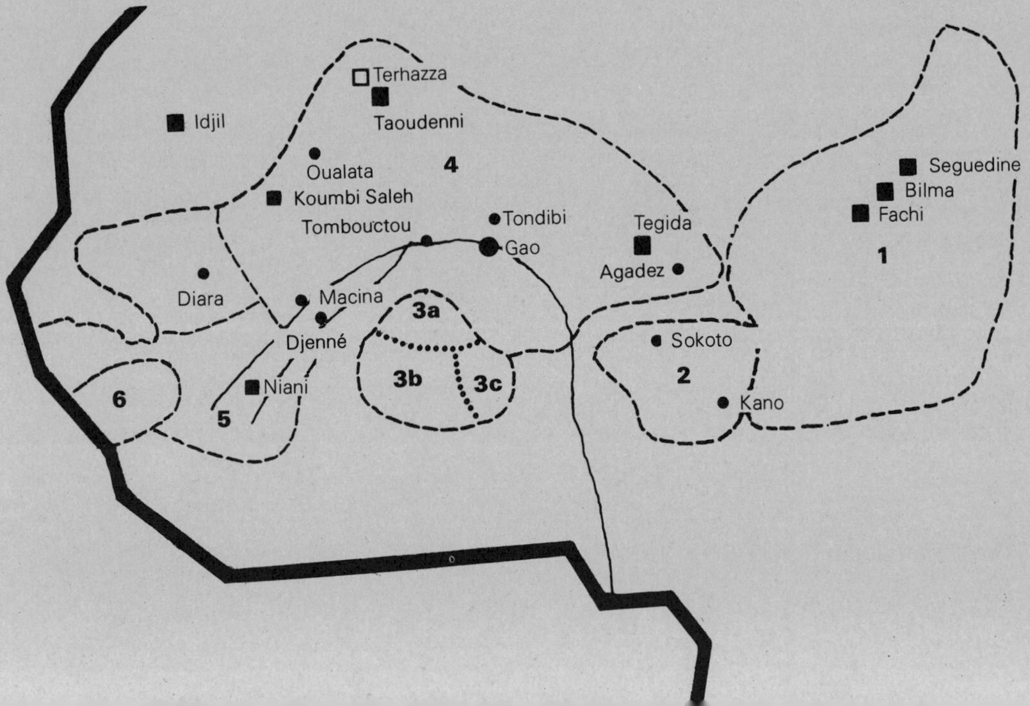

Le Soudan aux XVe et XVIe siècles. L'empire des Songhai

1. L'empire Kanem-Bornou
2. États Haoussa-Gobir
3. Empires Mossi
3a. Ouahigouya
3b. Ouagadougou
3c. Fada n'Gourma
4. L'empire des Songhai
5. Le Mali au XVe siècle
6. Fouta Djalon (Peul)